交通运输管理类规划教材

交通运输业涉税实务

主　编　王冬梅
副主编　陈　叶

北京交通大学出版社
·北京·

内 容 简 介

本书根据高等院校交通运输专业的教学要求编写，以交通运输业主要业务作为基本主线，介绍了交通运输业主要业务的税务处理。全书分为8章，主要内容为：涉税概论、增值税、企业所得税、个人所得税、资源课税、财产课税、行为目的课税、税收征收管理。无论正文、案例和习题都依据最新的税法规定进行了系统的论述。

本书根据我国营业税改征增值税的有关规定进行了梳理，同时在随书附赠的电子资料中加入了每章主要法律依据、相应案例、各税种的纳税申报资料、各章节的PPT资料以及习题答案，方便读者在手机终端随时随地查阅。

本书可作为高等院校交通运输专业本科教材，也可作为相关专业在职人员的培训和自学参考用书。

图书在版编目（CIP）数据

交通运输业涉税实务/王冬梅主编. —北京：北京交通大学出版社，2017.7
（交通运输管理类规划教材）
ISBN 978-7-5121-3332-7

Ⅰ. ①交… Ⅱ. ①王… Ⅲ. ①交通运输业-税收管理-中国 Ⅳ. ①F512.6 ②F812.42

中国版本图书馆CIP数据核字（2017）第197490号

交通运输业涉税实务
JIAOTONG YUNSHUYE SHESHUI SHIWU

出 版 人：章梓茂
责任编辑：郭东青
出版发行：北京交通大学出版社　　电话：010-51686414
地　　址：北京市海淀区高梁桥斜街44号　　邮编：100044
印 刷 者：北京时代华都印刷有限公司
经　　销：全国新华书店
开　　本：185 mm×260 mm　印张：17.75　字数：458千字
版　　次：2017年7月第1版　2017年7月第1次印刷
书　　号：ISBN 978-7-5121-3332-7/F·1725
定　　价：39.90元

本书如有质量问题，请向北京交通大学出版社质监组反映。对您的意见和批评，我们表示欢迎和感谢。
投诉电话：010-51686043，51686008；传真：010-62225406；E-mail：press@bjtu.edu.cn。

前　言

随着我国市场经济的改革和发展，现代税收体系的建立和完善，税收课程已经成为交通运输类各专业学生的基础必修或选修课程。本教材突出交通运输业专业特色，以交通运输企业所发生的主要业务涉税处理作为写作的出发点，并在例题和课后作业等方面全部以运输业及其相关企业为例。

本教材最主要的特点是针对性和实用性强。目前，国内专门针对交通运输业税收方面的教材存在空白。本书注重实际工作对知识内容的要求，以实际工作常见业务作为标准，在知识内容数量的把握上坚持“够用”原则，不求面面俱到，抓重点，重基础。

这本教材渗透着作者多年从事高等学校本科生税收课程教学和企业税收实务工作的大量心得，在字里行间体现着我们对交通运输业税收问题的深深体会。本书的特色与创新主要表现在以下方面。

（1）在教材内容上：我们侧重对税收基本理论和政策的阐述和分析，力图在系统的基础上深入浅出地解释税收问题；税收是一门致用之学，其实践性很强，本教材加大了典型例题的分析，在内容上注意理论与实务的结合。在本书写作中从始至终体现简约创新的风格，拒绝拉杂陈长，也拒绝陈词滥调。

（2）在结构框架上：以税收基本概念和基本理论作为线条，对现行税收制度进行讲解，以课税对象的不同作为主线对交通运输业涉及的主要税种和相关优惠政策进行介绍，所以结构非常清晰。

（3）在教材定位上：以高等学校交通运输专业本科生为对象，以相关专业基础理论知识“必需、够用”为原则，重点强化税法实用性和可操作性的内容，达到理论与实践的有机结合。使学生获得涉税方面的基本理论和知识，掌握我国主要的税收法律、法规和规章的同时，能够运用税收政策分析问题、解决问题，使学生通过本教材的学习与训练，具备解决实际经济事项涉税问题的能力。

（4）在辅助资料上：为了确保本教材的实践性和可视性，本教材在主要税种章节加入了案例分析和纳税申报表，详见随书附赠 M + book 资料，同时读者也可以登录网站阅读全套纳税申报资料，网址见本教材参考文献［11］。相关资料的加入使本教材的内容更加翔实，可视性更强。

本教材的特色与创新具体表现在各章的写作思路上：

学习要求—正文—本章小结—主要法律依据—习题

学习要求：按照各章知识点的重要程度以重点掌握、一般掌握、理解、了解不同程度进行说明。

正文：各章在基本内容和主要税制构成要素介绍的基础上，为了实现更好的学习效果做了如下设计：① 为了扩大读者的知识面、增加教材的可视性，每章引入小资料；② 对于难点和重点问题设计了小思考；③ 实体税的章节对于主要知识点都设计了精选例题。

本章小结：对该章的内容进行了浓缩，使读者对一章的最主要内容一目了然，达到深入浅出的效果。

主要法律依据：为了读者对各章内容有准确的掌握，便于学生进一步深入自学，列示了各章涉及的税收法律法规标题、文号、颁布时间。

习题：在各章最后根据本章重点以及难点精选了思考题，按照教学计划和教学大纲的要求编写了单选题、多选题、判断题、实务计算题。为了教师教学方便以及学生自我检查在教材最后附有习题最终答案。

本书由北京交通大学经济管理学院王冬梅和中国铁路总公司财务部税务管理处高级会计师陈叶统筹。其中第 1 章由王冬梅编写，第 2 章由姜爱华编写，第 3 章由秦芝胤编写，第 4 章由孙思微编写，第 5 至第 7 章由陈傲编写，第 8 章由李东编写。陈叶对本书进行了最后的全文审稿。

感谢北京交通大学出版社的郭东青编辑对本书出版给予的指导和帮助。本书在编写过程中，参阅了大量的书刊和网络资料，在此谨向所有参考文献的作者和网络资源的提供者表示深深的感谢！

由于水平有限，书中可能存在不足与不当之处，敬请专家和读者批评指正。

编　者

2017 年 5 月 8 日

目 录

第 1 章

交通运输业涉税概论

学习要求

重点掌握：税收的定义、税制要素的构成。

一般掌握：税收法律关系、我国现行税法制度。

理　　解：税收原则、我国税法的制定与实施。

了　　解：税收的特征、交通运输业涉及的主要税种及其税率。

1.1　税收的概念

1.1.1　税收的定义

税收（tax）是国家为满足社会公共需要，凭借公共权力，按照法律所规定的标准和程序，参与国民收入分配，强制地、无偿地取得财政收入的一种方式。马克思指出："赋税是政府机器的经济基础，而不是其他任何东西。""国家存在的经济体现就是捐税。"恩格斯指出："为了维持这种公共权力，就需要公民缴纳费用——捐税。"

对税收的内涵可以从以下几个方面来理解。

1. 税收是国家财政收入的最主要形式

在现代经济社会，国家财政收入除了税收之外，还有国有资产收益、国债收入、收费收入以及其他收入等多种形式。其中，国有资产收益是指国家凭借国有资产所得权获得的利润、租金、股息、红利、资金使用费等收入的总称。国债收入是指国家通过信用方式取得的有偿性收入。收费收入是指国家政府机关或事业单位在提供公共服务、实施行政管理或提供特定公共设施的使用时，向受益人收取一定费用的收入形式。在上述各种财政收入形式中，税收是取得财政收入最主要、最普遍和最可靠的形式，也是各国财政最主要的收入来源。20 世纪 80 年代中期以来，我国税收收入占财政收入的比重都在 90% 以上。

2. 行使征税权的主体是国家

征税的主体是国家，除了国家之外，任何机构和团体，都无权征税。税收又称为国家税收，是国家为了履行其向社会提供公共产品职能的需要而存在的，它随着国家的产生而产生，并随着国家的消亡而消亡。因此，行使征税权的主体必然是国家，税收法律由国家制定，征税活动由国家组织进行，税收收入由国家支配管理。由于政府是国家的具体形式和现实体现，因此，具体征税权由代表国家的政府行使。

3. 国家凭借行政权征税

国家征税依据的是其政治权力，或者说是公共权力。这种公共权力是社会全体成员集体让渡或授予给政府的，凭借这种权力，政府征收税收。这种政治权力凌驾于财产权利之上，没有国家的政治权力为依托，国家征税就无法实现。而与公共权力相对应的必然是对公共产品的提供和管理的义务。所以国家一般具有双重身份，既是社会公共产品的提供者，又是公共财产的所有者。

4. 征税目的是为社会提供公共产品

国家在履行其公共职能的过程中，必须要有相应的人力和物力消耗，形成一定的支出。国家履行其公共职能的支出，一般具有受益的非排斥性和享用的非竞争性特点，也就是国家提供的公共产品能使社会成员普遍受益，不存在一部分社会成员享用，而排斥另一部分社会成员享用。因此，国家履行公共职能的公共支出一般不可能采取自愿出价的方式，而只能采取强制征税方式，由居民和经济组织来负担。反过来也就是说，国家征税的目的是国家为了满足履行其提供公共产品的财政需要。

公共产品是由一个社会全体成员共同享用的产品或劳务。与私人产品相比，公共产品具有以下特征：不可分割性、收益的非排他性、非竞争性。税收活动的根本目的是满足整个社会公共产品的需要，公共产品的特征决定了只有征收税收才是其资金提供的最有效方式。

西方有一句税收谚语：“税收是我们为文明社会所付出的代价。”美国财政学者薄徕恩新说过“租税是一种强制性的分担，取自私有财产或所得以为公共目的。最主要的目的有三：一是公安；二是公道；三是社会福利。”

5. 税收必须借助法律形式实施

调整经济关系是法律规范的重要作用之一，法律调整与其他规范调整相比，具有体现国家意志、强制执行、普遍适用的特点，这就决定了税收必须借助于法律这一形式来实施。由于征税会引起经济组织或个人一部分利益的减少，因此必然会使国家与纳税义务人（以下简称“纳税人”）之间发生利益冲突。国家只有运用法律的权威性，才能把税收秩序有效地建立起来；也只有通过法律形式，才能保证国家及时、足额地取得税收收入。

1.1.2 税收的特征

税收作为凭借国家政治权力所进行的特殊分配，具有自己鲜明的特征。税收同国家取得财政收入的其他方式相比，具有无偿性、强制性和固定性的形式特征。这三个形式特征通常被称为税收“三性”，是税收本身所固有的，是一切社会形态下税收的共性。

1. 税收的无偿性

税收的无偿性或不直接返还性，即国家或政府征税后，税款作为政府财政收入，用于提供各种公共物品和劳务，满足各种社会需要，不再直接归还给纳税人。这种无偿性的特征是由于征税过程和税款使用过程的分离而产生的。由于这两个过程的分离和彼此独立，使得每个纳税人从政府支出中所获利益与所纳税款在价值量上不一定相等，由此，在形式上体现为不直接归还性。

税收的无偿性是从个体纳税人角度而言的，其享有的公共利益与其缴纳的税款并非一一对等。但就纳税人的整体而言则是对等的，政府使用税款的目的是向社会全体成员包括具体纳税人提供社会公共产品和公共服务。因此，税收的无偿性表现为个体的无偿性、整体的有偿性。

2. 税收的强制性

税收的强制性是指在国家税法规定的范围内，任何单位和个人都必须依法纳税，否则就要受到法律的追究。纳税人在发生纳税行为时，除依法履行纳税义务外，别无其他选择。税收的强制性是税收无偿性的必然要求，因为税收的无偿性必然引起社会的局部利益与整体利益之间的矛盾。因此税收必须具有强制性，才能保证国家财政收入的可靠和稳定，才能保证社会整体利益不受侵犯。

3. 税收的固定性

税收的固定性是指国家通过法律形式，预先规定实施征税的范围和标准，以便征纳双方共同遵守。这种固定性首先表现在国家通过法律，把对什么征税、征多少税和向谁征税等问题在征税之前就明确下来，而不是任意确定；其次，征税的标准必须是统一的；最后，税收征纳关系是以法律为依据，并且在一定时期内是相对稳定的。税收的固定性是国家财政收入的需要，国家的存在、国家机器的正常运转以及国家行使其职能都需要稳定可靠的财政收入，财政收入要求的这种固定性，必然要求财政收入的重要来源——税收也必须具有固定性。

税收的固定性是相对于某一个时期而言的。国家可以根据经济和社会发展需要适时地修订税法，但这与税收整体的相对固定性并不矛盾。

税收无偿性、强制性和固定性的特征，是中外古今一切税收的共性。税收的三个特征是统一的整体，相互联系，缺一不可。无偿性是税收这种特殊分配手段本质的体现，强制性是实现税收无偿征收的保证，固定性是无偿性和强制性的必然要求。三者相互配合，保证了政府财政收入的稳定。

☞ 小思考1－1

某市物价局在价格检查活动中，发现某煤气销售点存在擅自提高销售价格的情况，对此物价局责令其改正并实行了罚没处罚。请思考：罚没处罚可以归入税收吗？

不能。罚没收入虽然具有强制性、无偿性特征，但不具有固定性。要同时具备强制性、无偿性、固定性三个特征的财政收入才是税收，缺一不可。

1.1.3 税收原则

税收原则（principle of taxation）是指政府在设计税收制度、实施税法过程中所应遵循的基本指导思想，也是评价税收制度优劣、考核税务行政管理状况的基本标准。在现代经济社会中，税收是政府实现资源配置优化、收入分配公平、促进经济稳定和发展的手段。如何使税收制度的建立和实施达到这几方面的目的，是税收原则讨论的基本内容。

☞ 小资料1－1

税收原则的提出和发展

从历史上看，首先比较明确提出税收原则的经济学家，是英国重商主义前期的托马斯·霍布斯、重商主义后期的威廉·配第、詹姆斯·斯图亚特以及德国新官房学派代表人物尤斯梯等，他们的观点对后人的理论产生了重要影响。

把税收原则明确化、系统化的第一人是古典政治经济学派的创始人亚当·斯密，他在1776年发表的《国民财富的性质与原因的研究》中，提出了平等、确实、便利、最小征收费用等四大课税原则。这些原则为理论界对税收原则进行深入的研究奠定了基础。之后，英、法、德等国家的经济学家，如西斯蒙第、穆勒、萨伊、赫尔德、诺曼等，又相继提出了一些税收原则，试图从不同角度对斯密的税收原则予以补充。其中，发展得最为完备的当属德国社会政策学派的代表人物瓦格纳，他认为国家对经济活动具有积极的干预作用，应谋求改正收入分配不公的现象。在这种指导思想下，他提出四项税收原则：财政政策原则、国民经济原则、社会公正原则和税务行政原则，极大地丰富了税收原则理论。

从古至今，关于税收原则的讨论，无论是形式上还是内容上都日趋深入，其中有些原则已为世界各国广泛采用，对各国的税制建设具有重要意义。但是，税收原则又是一定时代的产物，不是永恒不变的，不同国家在不同时期对税收原则的选择往往有所侧重。纵观税收原则发展演变的历史，现代税收的最基本原则有公平、效率原则。

1. 税收公平原则

税收公平原则是指政府征税要使每个纳税人承担的税收负担与其经济

状况相适应，并使各纳税人之间的税收负担水平保持均衡。

税收是在市场对个人收入分配已经决定的前提下，对个人收入进行的再分配。在市场经济下，个人收入的初次分配是按要素报酬进行的。劳动取得工资，资本取得利息和股息，土地供应取得地租。个人的劳动能力、拥有的资本规模大小直接决定了个人收入的水平和结构。由市场决定的个人收入分配从公平分配的意义上来看存在很大的局限性。这种市场分配的缺陷也不可能由市场本身解决，需要由政府运用税收来予以解决。从纠正市场分配的缺陷的角度，税收的公平原则应是创造平等竞争环境，按受益征税，依据能力负担。简单地说，可以概括为竞争原则、受益原则和能力原则。

1）竞争原则

税收的竞争原则是着眼于收入分配的前提条件，通过税收为市场经济的行为主体——企业和个人创造竞争环境，鼓励平等竞争。因此，在市场已经为行为主体创造了平等竞争的环境下，税收应不干预经济活动。对于在由于市场的缺陷而无法为行为主体提供平等竞争环境的前提下，税收应为行为主体的平等竞争创造条件。如由于企业资源条件差异、行业垄断、个人的遗产继承等原因而导致不平等竞争，形成收入和财富的差异，税收就应对形成不平等竞争和收入财富差异的条件进行调节，促进平等竞争。

2）受益原则

受益原则，是指各社会成员应按各自从政府提供的公共产品中享用的利益来纳税，或者说政府提供公共产品的成本应按各社会成员享用的份额进行承担。显然，这一原则是来自市场经济的“自由交换”的法则，即各社会成员以纳税形式来购买政府提供的公共产品。如果这一原则得以实施，政府提供公共产品的成本就可以同它的边际效益挂钩，而各社会成员若能如实纳税，那么公共产品提供中的“免费搭车”现象就可以避免。

问题在于，公共产品是一种集合性消费，通常具有非排他的内在属性，每个人的享用程度难以量化，因而受益原则就难以普遍应用。有些情形，受益原则可以直接应用，如对桥梁和公路征收燃油税，实行社会保障制度征收社会保障税等；有些情形，由于享用程度不可分解，受益原则则不适用，如国防费和行政管理费等。

3）能力原则

能力原则，是指税收征收以各社会成员的支付能力为标准，而不考虑各自对公共产品的享用程度。或者说，提供公共产品的成本按各社会成员的实际支付能力分摊。纳税能力大的多纳税，纳税能力小的少纳税，无纳税能力的不纳税。显然，这一原则具有收入再分配的作用，有利于实现社会公平。

按照能力原则，政府征税应使不同纳税人承受的税收负担与其经济状况相适应，并使各个纳税人之间的负担水平保持均衡。能力原则有横向公平和纵向公平两层含义。横向公平，即相同经济条件的纳税人承担等量税收。纵向公平，即不同纳税能力的纳税人承担不同的税收，纳税能力强者多纳税，纳税能力弱者少纳税，无纳税能力者不纳税。

能力原则的问题在于如何确定纳税支付能力的标准，也就是按什么标准来度量每个人的纳税支付能力。关于度量标准，有客观说和主观说之分。客观说主张以个人的所得、财产和消费支出为标准，主观说主张以在享用公共产品时个人感受到的牺牲程度为标准。综观世界各国税制，实际上都是以客观标准作为度量支付能力的标准，主观说难以度量，会演变为人为的标准，难以付诸实施。

反映个人纳税能力的指标主要有所得、支出、财富三种。

（1）以个人所得作为衡量纳税能力的指标。所得的主要组成部分是劳动所得、来自资本所有权的所得、资本所得（拥有资本的价值增值）、获得的赠予及遗产等。所得一般被认为是衡量纳税能力的最好尺度，因为所得最能决定一个人在一定时期内的消费或增加财产的能力，所得多的表示能力大，最能体现公平合理性；另外以个人所得作为衡量个人纳税能力的指标，具有资料全面、基础广泛、易于掌握的特点。但也有一些人持反对意见，他们认为在纳税人各种所得中，若不区分勤劳所得与不劳而获的意外所得或其他所得，而统一按一般所得来征税，也是不公平的；纳税人用所得税后的收入进行投资、储蓄等，若对其所获取的股息、利息征税，这显然存在着重复征税的问题；由于具有同等能力的个人因不同偏好，如在劳动和闲暇选择偏好不同，从而具有不同收入；同样收入的纳税人因不同的个人情况，从而具有不同的纳税能力，因而给纳税能力的确定也带来了技术上的困难。

（2）以个人支出作为衡量纳税能力的指标。以支出作为测定纳税能力的标准，是因为消费支出可以充分反映一个人的支付能力。消费多者，其纳税能力大，反之消费少者的纳税能力小。一般而言，个人支出可以通过纳税人的总收入来估算，然后根据消费支出来设计税率。其优点是：第一，无须计算净财富的增加，特别是应计资本利得，可以减轻征管的困难；第二，按消费支出征税可以避免所得税对储蓄决策等的扭曲。但以支出作为税基也有一些不足，其主要缺陷是：在管理上不如收入易于掌握，这是因为个人收入相对集中，而支出极其分散；具有支出相同的纳税人因个人情况（如婚否，子女的多少，健康和疾病等差异）不同，纳税能力也有所不同，由于个人、家庭消费支出结构的不同，如果按支出相同同样征税会有失公平性。

（3）以个人财富作为衡量纳税能力的指标。财产代表个人的财富，以财产来测定纳税能力是较公平的。对财产征税相当于对个人的未来所得征税，从这一点上说财产税与所得税相同。对财产征税，其理由是：一是纳税人可以利用财产取得收入，且拥有财产也会使其具有某种满足；二是个人通过遗产继承或受赠等而增加的财产拥有量，都会给纳税人带来好处而增加其纳税能力。但按纳税人的财产来测定纳税能力也有一些缺陷，表现在：第一，数额相等的财产不一定会给纳税人带来相等的收益；第二，财产的拥有者中有负债者与无债者的情况不同，财产中的不动产与动产情况也不同；第三，财产种类多样，估价困难，征管难度较大。

从所得、支出、财富三种指标比较分析，相对而言，所得基础广泛，管理上可行，是反映个人纳税能力的最重要的指标。而支出、财富也是反映个人纳税能力的重要指标。因此，公平税收应主要以个人所得为课税基础，同时还可以选择支出和财富为课税基础。

2. 税收效率原则

税收效率原则是指政府课税必须使社会所承受的非税款负担最小，即以较少的税收成本换取较多的税收收入。税收的效率原则要求政府征税活动一方面要有利于资源的有效配置，促进经济行为的合理化和社会经济效率的提高，或者对经济效率的不利影响最小；另一方面要以尽可能小的税收成本来取得税收收入，即税务机关的征收费用和纳税人的纳税费用最小化。

征税给社会带来的非税款负担具体可分为两类：一类是税收的超额负担；另一类是征税过程中本身承担的负担，亦称征收费用。税收的效率也因此分为税收的经济效率和税收的行政效率两个方面。

1）税收的经济效率

税收的经济效率指税收对经济资源配置、对经济机制运行的消极影响越小越好。税收要促进社会生产力的发展，不影响或很少影响国民经济的正常运行。超额负担越小，税收的经济效率越高；反之，税收的经济效率越低。超额负担是指由于征税所产生的某种影响，这种影响使得社会因征税而付出的代价超过了政府从征税中得到的好处，也可以说是税收给社会带来福利损失。

在西方经济学家看来，降低税收超额负担的根本途径在于尽可能保持税收对市场机制运行的“中性”。所谓“中性”，包括两方面的含义：其一，政府征税使社会所付出的代价应以征税数额为限，除此之外，不能让纳税人或社会承受其他的经济牺牲或超额负担；其二，政府征税应当避免对市场机制运行产生不良影响，特别是不能超越市场而成为影响资源配置和经济决策的力量，而应当依靠市场机制的那只“看不见的手”。

在现实经济生活中，税收对经济的影响不可能限于征税数额本身而保持“中性”，也就是说，税收超额负担的发生通常不可避免。因此，倡导税收“中性”的实际意义在于：尽可能减少税收对经济的干扰作用“度”，尽量压低因征税而使纳税人或社会承受的超额负担“量”。

英国以前开征的“窗户税” 小资料1－2

“窗户税”1696年诞生于英国。那时，具体计算每户居民收入多少比较困难，政府难以依据居民收入多少来确定其税收。当时，窗户是富足的象征，富人的住宅大都开有很多漂亮的窗户，而穷人房屋的窗户则很少。

用窗户数量作为计税依据便成为一种非常奇特的管理办法，那些住宅窗户多的人，就须缴纳较多的税款，而窗户少的人则少缴税。据研究，“窗户税”并未给政府增加多少财政收入，倒是制造了一个独特的英国式奇观。为了保持房屋的美观，许多人从里面堵上了窗户，却保持了窗户的外体，一些人则干脆在房屋的外墙画上假窗。窗户税的开征一方面政府没有得到税收；另一方面导致人们的居住不舒适，这种福利的损失是无谓的，可视为税收超额负担，违反税收效率原则。

2）税收的行政效率

税收行政效率就是要求以尽可能少的税收成本征收尽可能多的税收收入，即单位税收收入的税收成本——税收成本率越低越好。所谓税收成本，是指在税收征纳过程中所发生的各类费用支出。它有狭义和广义之分。狭义的税收成本亦称“税收征收费用”，是指政府部门在实施税收计划、征管各个税种中所支出的费用，包括税务机关的人员工资、薪金和奖金支出，办公用具和办公设备支出；税务部门在征税过程中因实施或采用各种方法、措施而支出的费用；改变税种和设立新税种所付出的代价，等等。

广义的税收成本除税务机关征税的行政管理费用外，还包括纳税人在按照税法规定纳税过程中所发生的费用，即西方所称的“税收遵从费用”，如纳税人雇用会计师、税务顾问或职业报税者所花费的费用；纳税人在纳税方面花费的时间费用等。

税收征收费用相对来说容易计算，即使有些费用不明显，也可大致估计。税收遵从费用则相对不易计算，特别是纳税人所花费的时间、心理方面的代价，无法用金钱来计算，没有精确的指标加以衡量。亦有人将其称为“税收隐蔽费用”。因此，各国政府对其税收本身效率的考察，基本上是以税收征收费用占全部税收收入的比重为主要依据。比重越低，说明税收行政效率越高，以较小的税收成本换取了较多的税收收入；比重越高，说明税收行政效率越低，取得税收收入是以较大的税收成本为代价的。

☞ 小思考1-2

如何辩证地看待税收公平原则与效率原则的关系？

税收的公平原则与效率原则是密切相关的。公平原则强调量能负担，但可能干扰生产和消费决策，影响经济发展，破坏税收效率；而效率原则强调税收应尽量避免对经济产生干扰，实现资源有效配置和经济增长，这就有可能拉开贫富之间差距，从而破坏公平原则。处理好公平与效率之间的矛盾，对一国经济的发展，社会的安定具有重要意义。在处理这对矛盾时，要兼顾公平的需要和效率的提高，既要考虑经济的稳定发展，又要考虑到贫富之间的差距不能过分拉大，不能片面追求效率或片面追求公平，要兼顾公平与效率。

1.2　税收法律关系

1.2.1　税法的定义

税法是国家制定的用以调整国家与纳税人之间在征纳税方面的权利与义务关系的法律规范的总称。税法内容主要包括：各税种的法律法规以及为了保证这些税法得以实施的税收征管制度和税收管理体制。我们所说的税法有广义和狭义之分。广义概念上的税法包括所有调整税收法律关系的税收法律、法规、规章和规范性文件，是税法体系的总称；而狭义概念上的税法特指由全国人民代表大会及其常务委员会制定和颁布的税收法律。

税法主要具有以下特点。

（1）从立法过程上看，税法属于成文法而不属于不成文法。成文法是由特定的机关按一定的立法程序所立的、以规范化的文字形式表现出来的法律；不成文法是不经过通常的立法程序所立的、不具有规范化的文字表现形式的法律。习惯法属于不成文法的一种，税法不属于习惯法的根本原因在于国家征税权凌驾于生产资料所有权之上，是对纳税人收入的再分配。税法属于侵权规范。

（2）从法律性质上看，税法属于义务性法规，以规定纳税人的义务为主。其道理在于：①税收是纳税人的经济利益向国家的无偿让渡；②权利义务对等是一个基本的法律原则，但这是就法律主体的全部权利义务而言的，并不是说某一法律主体在每一具体法律、法规中的权利义务都是对等的，否则就没有授权性法规与义务性法规之分。从税法的角度看，纳税人则以尽义务为主，所以税法为义务性法规。

（3）从内容上看，税法属于综合性的。税法不是单一的法律，而是由实体法、程序法、争讼法等构成的综合法律体系。其内容涉及课税的基本原则、征纳双方的权利义务、税收管理规则、法律责任、解决税务争议的法律规范等。其结构大致有宪法加税收法典；宪法加税收基本法加税收单行法律、法规；宪法加税收单行法律、法规等不同类型。

税收与税法密不可分，税收的本质特征具体体现为税收制度，而税法则是税收制度的法律表现形式。税法是税收的法律表现形式，税收则是税法所确定的具体内容。税收是经济学的概念，税法是法学的概念。有税必有法，无法不成税。制定什么样的税法，就有什么样的税收。税收是一种经济活动，属于经济基础范畴，而税法则是一种法律制度，属于上层建筑。

1.2.2　税收法律关系

税收法律关系是税法所确认和调整的国家与纳税人之间在税收分配过程中形成的权利义务关系。

1. 税收法律关系的构成

任何法律关系都是由权利主体、权利客体、法律关系的内容三要素构成的，税收法律关系也不例外，其三要素之间互相联系，不可分割，形成统一的整体。

1）权利主体

税收法律关系的权利主体即税收法律关系的参加者，税收法律关系中享有权利和承担义务的当事人。在我国税收法律关系的权利主体包括征纳双方，一方面是征税主体，即代表国家征税的税务机关、海关（关税、进出口环节的增值税和消费税由海关负责征收）等；另一方面是纳税主体，即税法规定的负有纳税义务的人，包括法人、自然人和其他组织，在华的外国企业、组织、外籍人、无国籍人。权利主体双方的法律地位平等，但双方的权利与义务并不对等，这是税收法律关系的一个重要特征。

在我国税收法律关系中，对纳税主体的确定采用的是属地兼属人原则。处理税法对纳税主体的效力时，国际通行的原则有以下三个。其一，属人原则：凡是本国的公民、居民或单位，不管其身居国内还是国外，都要受本国税法的管辖；其二，属地原则：凡是本国领域内的公民、居民或单位，不管其身份如何，都要受本国税法的管辖；其三，属地兼属人原则，我国税法即采用这一原则。

2）权利客体

税收法律关系的权利客体是税收法律关系主体的权利、义务所共同指向的对象，它是税收法律关系产生的前提、存在的载体，也就是税法构成要素中的征税对象，包括应税商品、货物、财产、资源、货币等物质财富和主体的纳税行为。

税收法律关系的权利客体是国家利用税收杠杆调整和控制的目标，在一定时期根据客观经济形势发展的需要，通过扩大或缩小征税范围调整征税对象，以达到限制或鼓励国民经济中某些产业、行业发展的目的。

3）法律关系的内容

税收法律关系的内容是权利主体所享有的权利和所应承担的义务，是税收法律关系中最实质的部分，是税法的灵魂。

作为征税一方的国家税务主管机关，其权利主要有：依法征税、进行税务检查、对违章者进行处罚；其义务主要有：宣传辅导税法、把征收的税款及时结缴国库、依法受理纳税人对税收争议的申述等。

作为纳税一方的各类纳税人的权利与义务具体内容见1.2.3节“交通运输企业纳税人的权利与义务”。

2. 税收法律关系的特点

1）主体的一方只能是国家

税收是国家参与社会产品分配而形成的特殊关系，没有国家的直接参与，就不能称其为税收分配，其法律关系自然也就不是税收法律关系。这与民法、经济法等法律部门中公民、法人等当事人之间也能构成法律关系主体双方完全不同，构成税收法律关系主体的一方可以是任何具有纳税义务的法人和自然人，但另一方只能是国家。

2）体现国家单方面的意志

任何法律都体现国家的意志，但在这一前提下有些法律也在一定程度上体现其主体的意志。例如：民事法律关系要依据双方意思表示一致方可成立；而税收法律关系只体现国家单方面的意志，不体现纳税人的意志，即税收法律关系的成立不以征纳双方意思表示一致为要件，纳税事宜不可能由国家同纳税人商量确定。

3）权利义务具有不对等性

在税收法律关系中权利主体双方法律地位平等，但是因为主体双方是行政管理者与被管理者的关系，所以双方的权利与义务不对等（国家享有较多的权利，承担较少义务；纳税人则相反）。这与一般民事法律关系中主体双方权利与义务平等是不一样的，这是税收法律关系的一个重要特征。

1.2.3　交通运输企业纳税人的权利与义务

1. 交通运输企业纳税人的权利

纳税人的权利是指纳税人在依法履行纳税义务时，由法律确认、保障与尊重的权利和利益，以及当纳税人的合法权益受到侵犯时，纳税人所应获得的救助与补偿权利。按照我国现行税法规定，纳税人以及扣缴义务人（以下统称纳税人）的权利主要包括以下方面。

1）知情权

纳税人有权向税务机关了解国家税收法律、行政法规的规定以及与纳税程序有关的情况，享有被告知与自身纳税义务有关信息的权利。纳税人的知情权主要包括：现行税收法律、行政法规和税收政策规定；办理税收事项的时间、方式、步骤以及需要提交的资料；应纳税额核定及其他税务行政处理决定的法律依据、事实依据和计算方法；与税务机关在纳税、处罚和采取强制执行措施时发生争议或纠纷时，纳税人可以采取的法律救济途径及需要满足的条件。

2）保密权

纳税人有权要求税务机关对其商业秘密及个人隐私保密。包括纳税人的技术信息、经营信息和纳税人、主要投资人以及经营者不愿公开的个人事项。上述事项，如无法律、行政法规明确规定或者纳税人的许可，税务机关将不会对外部门、社会公众和其他个人提供。但根据法律规定，税收违法行为信息不属于保密范围。

3）税收监督权

纳税人有权控告和检举税务机关、税务人员的违法违纪行为，如索贿受贿、徇私舞弊、玩忽职守，不征或者少征应征税款，滥用职权多征税款或者故意刁难纳税人等。同时，纳税人也有权检举其他纳税人的税收违法行为。

4）纳税申报方式选择权

纳税人可以直接到办税服务厅办理纳税申报或者报送代扣代缴、代收代缴税款报告表，也可以按照规定采取邮寄、数据电文或者其他方式办理上述申报、报送事项。但采取邮寄或数据电文方式办理上述申报、报送事项的，需经主管税务机关批准。

5）申请延期申报权

纳税人不能按期办理纳税申报或者报送代扣代缴、代收代缴税款报告表的，应当在规定的期限内向税务机关提出书面延期申请，经核准，可在核准的期限内办理。经核准延期办理申报、报送事项的，应当在税法规定的纳税期内按照上期实际缴纳的税额或者税务机关核定的税额预缴税款，并在核准的延期内办理税款结算。

6）申请延期缴纳税款权

纳税人因有特殊困难，不能按期缴纳税款的，经省、自治区、直辖市国家税务局、地方税务局批准，可以延期缴纳税款，但是最长不得超过三个月。这里所指的特殊困难主要是指：①因不可抗力，导致纳税人发生较大损失，正常生产经营活动受到较大影响的；②当期货币资金在扣除应付职工工资、社会保险费用后，不足以缴纳税款的。纳税人满足以上任何一个条件可以申请延期缴纳税款，税务机关应当自收到申请延期缴纳税款报告之日起20日内做出批准或者不予批准的决定；不予批准的，从缴纳税款期限届满之日起加收滞纳金。

7）申请退还多缴税款权

纳税人超过应纳税额缴纳的税款，税务机关发现后应当立即退还；纳税人自结算缴纳税款之日起三年内发现的，可以向税务机关要求退还多缴的税款并加算银行同期存款利息，税务机关及时查实后应当立即退还；涉及从国库中退库的，依照法律、行政法规有关国库管理的规定退还。税务机关发现纳税人多缴纳税款的，应当自发现之日起10日内办理退库；纳税人发现多缴税款的，税务机关应当自接到纳税人退还申请之日起30日内查实并办理退库手续。

8）依法享受税收优惠权

纳税人依法享有申请减税、免税、退税的权利，即纳税人有权根据法律、行政法规的规定向税务机关申请享受税收优惠的权利。但必须按照法定程序进行申请、审批。减税、免税期满，纳税人应当自期满次日起恢复纳税。减税、免税条件发生变化的，应当自发生变化之日起15日内向税务机关报告；不再符合减税、免税条件的，应当依法履行纳税义务。纳税人享受的税收优惠需要备案的，应当按照税收法律、行政法规和有关政策规定，及时办理事前或事后备案。

9）委托税务代理权

纳税人可以委托税务代理人代为办理以下事项：办理、变更或者注销税务登记，办理除增值税专用发票外的发票领购手续，纳税申报或扣缴税款报告，税款缴纳和申请退税，制作涉税文书，审查纳税情况，建账建制，办理财务、税务咨询，申请税务行政复议，提起税务行政诉讼以及国家税务总局规定的其他业务。按规定必须由纳税人自行办理的其他税务事宜，税务代理人不得办理。

10）陈述与申辩权

纳税人对税务机关所做出的行政处罚决定，享有陈述权、申辩权。

陈述权是指纳税人对税务机关做出的决定所享有的陈述自己意见的权利。申辩权是指纳税人认为对税务机关做出的决定所主张的事实、理由和依据享有申诉和解释说明的权利。如果纳税人有充分的证据证明自己的行为合法，税务机关就无权对其实行行政处罚，即使纳税人的陈述或申辩不充分合理，税务机关也应当解释其行政处罚行为的原因，并将纳税人的陈述内容和申辩理由记录在案，以便在行政复议或司法审查过程中能有所依据。

11）对未出示税务检查证和税务检查通知书的拒绝检查权

纳税人在接受税务检查时，有权要求检查人员出示税务检查证和税务检查通知书，未出示税务检查证和税务检查通知书的，纳税人有权拒绝检查。

12）税收法律救济权

纳税人对税务机关做出的决定，依法享有申请行政复议、提起行政诉讼、请求国家赔偿等权利。

13）依法要求听证的权利

在对纳税人做出规定金额以上罚款的行政处罚之前，税务机关会向纳税人送达《税务行政处罚事项告知书》，告知纳税人已经查明的违法事实、证据、行政处罚的法律依据和拟将给予的行政处罚。对此，纳税人有权要求举行听证。税务机关应组织听证。如纳税人认为税务机关指定的听证主持人与本案有直接利害关系，有权申请主持人回避。对应当进行听证的案件，税务机关不组织听证，行政处罚决定不能成立，但纳税人放弃听证权利或者被正当取消听证权利的除外。

14）索取有关税收凭证的权利

税务机关征收税款时，必须给纳税人开具完税凭证。扣缴义务人代扣、代收税款时，纳税人要求扣缴义务人开具代扣、代收税款凭证时，扣缴义务人应当开具。税务机关扣押商品、货物或者其他财产时，必须开付收据；查封商品、货物或者其他财产时，必须开付清单。

2. 交通运输企业纳税人的义务

依照宪法、税收法律和行政法规的规定，纳税人在纳税过程中负有以下义务。

1）依法进行税务登记的义务

纳税人应当自领取营业执照之日起30日内，持有关证件，向税务机关申报办理税务登记。税务登记主要包括领取营业执照后的设立登记，税务登记内容发生变化后的变更登记，依法申请停业、复业登记，依法终止纳税义务的注销登记等。

2）依法设置账簿、保管账簿和有关资料以及依法开具、使用、取得和保管发票的义务

纳税人应当按照有关法律、行政法规和国务院财政、税务主管部门的规定设置账簿，根据合法、有效凭证记账，进行核算；从事生产经营的，必须按照国务院财政、税务主管部门规定的保管期限保管账簿、记账凭证、完税凭证及其他有关资料；账簿、记账凭证、完税凭证及其他有关资料不得伪造、变造或者擅自损毁。此外，纳税人在购销商品、提供或者接受经营服务以及从事其他经营活动中，应当依法开具、使用、取得和保管发票。

3）财务会计制度和会计核算软件备案的义务

纳税人的财务、会计制度或者财务、会计处理办法和会计核算软件，应当报送税务机关备案。纳税人的财务、会计制度或者财务、会计处理办法与国务院或者国务院财政、税务主管部门有关税收的规定相抵触的，应依照国务院或者国务院财政、税务主管部门有关税收的规定计算应纳税款、代扣代缴和代收代缴税款。

4）按照规定安装、使用税控装置的义务

国家根据税收征收管理的需要，积极推广使用税控装置。纳税人应当按照规定安装、使用税控装置，不得损毁或者擅自改动税控装置。如纳税人未按规定安装、使用税控装置，或者损毁或者擅自改动税控装置的，税务机关将责令纳税人限期改正，并可根据情节轻重处以规定数额内的罚款。

5）按时、如实申报的义务

纳税人必须依照法律、行政法规规定或者税务机关依照法律、行政法规的规定确定的申报期限、申报内容如实办理纳税申报，报送纳税申报表、财务会计报表以及税务机关根据实际需要要求纳税人报送的其他纳税资料。

扣缴义务人必须依照法律、行政法规规定或者税务机关依照法律、行政法规的规定确定的申报期限、申报内容如实报送代扣代缴、代收代缴税款报告表以及税务机关根据实际需要要求扣缴义务人报送的其他有关资料。

纳税人即使在纳税期内没有应纳税款，也应当按照规定办理纳税申报。享受减税、免税待遇的，在减税、免税期间应当按照规定办理纳税申报。

6）按时缴纳税款的义务

纳税人应当按照法律、行政法规规定或者税务机关依照法律、行政法规的规定确定的期限，缴纳或者解缴税款。未按照规定期限缴纳税款或者未按照规定期限解缴税款的，税务机关除责令限期缴纳外，从滞纳税款之

日起，按日加收滞纳税款万分之五的滞纳金。

7）代扣、代收税款的义务

法律、行政法规规定负有代扣代缴、代收代缴税款义务的扣缴义务人，必须依照法律、行政法规的规定履行代扣、代收税款的义务。扣缴义务人依法履行代扣、代收税款义务时，纳税人不得拒绝。纳税人拒绝的，扣缴义务人应当及时报告税务机关处理。

8）接受依法检查的义务

纳税人、扣缴义务人有接受税务机关依法进行税务检查的义务，应主动配合税务机关按法定程序进行的税务检查，如实地向税务机关反映自己的生产经营情况和执行财务制度的情况，并按有关规定提供报表和资料，不得隐瞒和弄虚作假，不能阻挠、刁难税务机关及其工作人员的检查和监督。

9）及时提供信息的义务

纳税人除应通过税务登记和纳税申报向税务机关提供与纳税有关的信息外，还应及时提供其他信息。如纳税人有歇业、经营情况变化、遭受各种灾害等特殊情况的，应及时向税务机关说明，以便税务机关依法妥善处理。

10）报告其他涉税信息的义务

为了保障国家税收能够及时、足额征收入库，税收法律还规定了纳税人有义务向税务机关报告如下涉税信息：纳税人有义务就与关联企业之间的业务往来，向当地税务机关提供有关的价格、费用标准等资料；企业合并、分立的报告义务；报告全部账号的义务；处分大额财产报告的义务。

1.2.4 我国税法的制定和实施

1. 我国税法的制定

按税法法律级次的不同，我国现行税法体系由税收法律、税收法规、税收规章构成。也就是说，有权制定税法的机关，根据国家立法体制的规定，所制定的一系列税收法律、法规、规章和规范性文件，共同构成了我国现行的税收法律体系。只是由于制定机关不同，其法律级次不同，法律效力也不相同。

我国有权制定税收法律、法规和政策的国家机关主要有全国人民代表大会及其常务委员会、国务院、财政部、国家税务总局、海关总署、国务院关税税则委员会等。

1）全国人民代表大会及其常务委员会制定的税收法律

《中华人民共和国宪法》规定，全国人民代表大会和全国人民代表大会常务委员会行使国家立法权。《中华人民共和国立法法》第八条规定，税收基本制度，只能由全国人民代表大会及其常务委员会制定法律。税收法律在中华人民共和国主权范围内普遍适用，具有仅次于宪法的法律效力，其效力高于税收法规、规章，税收法规、规章不得与其相抵触。

目前，由全国人民代表大会及其常务委员会制定的税收实体法律有《中华人民共和国个人所得税法》《中华人民共和国企业所得税法》《中华人民共和国车船税法》等；税收程序法律有《中华人民共和国税收征收管理法》。

2）全国人民代表大会及其常务委员会授权国务院制定的具有法律效力的税收暂行条例

根据《中华人民共和国立法法》第九条规定，税收基本制度尚未制定法律的，全国人民代表大会及其常务委员会有权授权国务院制定行政法规。国务院作为我国的最高行政机关，根据全国人大及其常委会的授权制定的税收暂行条例具有税收法律的性质和地位，其法律效力较行政法规高，在立法程序上要报全国人大常委会备案，由国务院总理签署国务院令公布实施。现行增值税、消费税、车辆购置税、土地增值税、房产税、城镇土地使用税、耕地占用税、契税、资源税、船舶吨税、印花税、城市维护建设税、烟叶税、关税等诸多税种，都是国务院制定的税收条例。这些税收条例的制定和公布施行，也为全国人民代表大会及其常务委员会的立法工作提供了有益的经验和条件，为这些税收条例在条件成熟时上升为税收法律做好了准备。

3）国务院制定的税收行政法规

《中华人民共和国宪法》规定，国务院可根据宪法和法律规定行政措施，制定行政法规，发布决定和命令。国务院制定的税收行政法规的地位低于税收法律，高于地方法规和税收规章，在全国范围内普遍适用。我国现行税法体系中，税收法律的相应的实施条例或实施细则由国务院制定，如《中华人民共和国企业所得税法实施条例》《中华人民共和国个人所得税法实施细则》《中华人民共和国车船税法实施条例》《中华人民共和国税收征收管理法实施细则》等都属于税收行政法规。

4）地方人民代表大会及其常委会制定的税收地方性法规

根据《地方各级人民代表大会和地方各级人民政府组织法》的规定，省、自治区、直辖市的人民代表大会以及省、自治区的人民政府所在地的市和经国务院批准的较大的市的人民代表大会有制定地方性法规的权力。由于我国在税收立法上坚持“统一税法”的原则，因此地方权力机关制定税收地方法规要严格按照税收法律的授权行事。目前，除了海南省、民族自治地区按照全国人大授权立法规定，在遵循宪法、法律和行政法规的原则基础上，可以制定有关税收的地方性法规外，其他省、市一般都无权制定税收地方性法规。

5）国务院财税主管部门制定的税收规章

国务院财税主管部门，主要是财政部、国家税务总局、海关总署和国务院关税税则委员会。国务院财税主管部门可以根据税收法律和税收行政法规，在部门权限内制定税收部门规章。其制定规章的范围包括：一是根据行政法规的授权，制定税收行政法规实施细则；二是在税收法律或者行政法规具体适用过程中，为进一步明确界限或者补充内容而做出的具体规定；三是在部门权限范围内发布有关税收政策和税收征管的规章。

税收部门规章在全国范围内具有普遍适用效力，但不得与税收法律、税收行政法规相抵触。

6）地方人民政府制定的地方政府规章

省、自治区、直辖市以及省、自治区的人民政府所在地的市和经国务院批准的较大的市的人民政府，可以根据法律和国务院的行政法规，制定地方性规章。例如，国务院发布实施的城镇土地使用税、契税、房产税等地方性税种的暂行条例，都规定省、自治区、直辖市人民政府可根据条例制定实施细则。比如，《中华人民共和国城镇土地使用税暂行条例》规定，省、自治区、直辖市人民政府，应当在条例规定的税额幅度内，根据市政建设状况、经济繁荣程度等条件，确定所辖地区的适用税额幅度。

按照“统一税法”的原则，上述地方政府制定税收规章，都必须在税收法律、法规明确授权的前提下进行，并且不得与税收法律、税收法规相抵触。没有税收法律、法规的授权，地方政府是无权制定税收规章的。

7）省以下税务机关制定的规范性文件

这是指省或者省以下税务机关在其权限范围内制定的适用于其管辖区域内的具体税收规定。通常是有关税收征管的规定，在特定区域内生效。这些规范性文件的制定依据，是税收法律、行政法规、规章及上级税务机关的规范性文件。

8）中国政府与外国政府（地区）签订的税收协定

税收协定是两个或两个以上的主权国家，为了协调相互之间在处理跨国纳税人征税事务和其他涉税事项，依据国际关系准则，签订的协议或条约。税收协定属于国际法中“条约法”的范畴，是划分国际税收管辖权的重要法律依据，对当事国具有同国内法效力相当的法律约束力。《中华人民共和国税收征收管理法》规定，中华人民共和国同外国缔结的有关税收的条约、协定同本法有不同规定的，依照条约、协定的规定办理。

目前，中央人民政府与香港和澳门两个特别行政区也签署了税收安排，特别行政区实行独立税收制度，参照原在香港、澳门实行的税收政策，自行立法规定税种、税率、税收宽免和其他税务事项。立法会是特别行政区的立法机关，其制定的税收法律在特别行政区内具有仅次于基本法的法律效力。特别行政区法律须报全国人民代表大会常务委员会备案，但备案不影响生效。

2. 税法实施遵循的原则

税法实施遵循的原则，即税法适用原则，是指税务行政机关和司法机关运用税收法律规范解决具体问题所必须遵循的准则。税法适用原则在一定程度上体现着税法的立法原则，但相比之下，税法适用原则含有更多的法律技术性准则，更为具体化。税法适用原则的功能和目的主要在于明确各种税法的效力所及的范围和效力的强弱，以期解决税法由于其体系庞杂和修改频繁而造成的法律适用上的困难。我国税法适用原则一般包括以下原则。

1）法律优位原则

法律优位原则，其基本含意是，层次高的法律优于层次低的法律。法律优位原则明确了税收法律的效力高于税收行政法规的效力，税收行政法规的效力高于税收行政规章的效力。效力低的税法与效力高的税法发生冲突，效力低的税法即是无效的。法律优位原则在税法中的作用主要体现在处理不同等级税法的关系上。

2）法律不溯及既往原则

法律不溯及既往原则的基本含意是，一部新税法实施后，对新税法实施之前人们的行为不得适用新法，而只能延用旧法。该原则为许多国家所坚持，我国也不例外。其出发点在于维护税法的稳定性和可预测性，使纳税人能在知道结果的前提下做出相应的经济决策，税收的调节作用才会较为有效。否则，就会违背税收法律主义和税收合作信赖主义，对纳税人也是不公平的。

3）特别法优于普通法原则

特别法优于普通法原则是指在同一层次的法律中，特别法优于普通法。这一原则的含义是：①对同一事项两部法律分别订有一般和特别规定时，特别规定的效力高于一般规定的效力；②凡是特别法中做出规定的，即排斥普通法的适用。不过这种排斥仅就特别法中的具体规定而言，并不是说随着特别法的出现，原有的居于普通法地位的税法即告废止；③当对某些税收问题需要做出特殊规定，但是又不便于普遍修订税法时，即可以通过特别法的形式予以规范。

4）新法优于旧法原则

新法优于旧法原则也称后法优于先法原则。其含义是，当新法、旧法对同一事项有不同规定时，新法的效力优于旧法。其作用是避免因法律修订使新法、旧法对同一事项有不同的规定而给法律适用带来混乱，为法律的更新与完善提供法律适用上的保障。新法优于旧法原则的适用，以新法生效实施为标志，新法生效实施以后准用新法，新法实施以前包括新法公布以后尚未实施这段时间，仍延用旧法，新法不发生效力。

5）实体从旧、程序从新原则

实体从旧、程序从新原则提供了处理新法和旧法关系的原则，其含义包括两个方面：一是实体税法不具备溯及力，新税法与旧税法的界限仍是新税法的实施日期，在此之前发生的纳税义务，当时有效的旧税法仍具有支配力；二是程序性税法在特定条件下具备一定的追溯力，即对于新税法公布实施以前发生的纳税义务在新税法公布实施以后进入税款征收程序的，原则上新税法具有约束力。

1.3　税收制度

税收制度是国家为取得税收收入而制定的调整国家与纳税人在征税与纳税方面权利与义务关系的法律规范的总称。通过确立这些法律规范，一方面可以约束纳税人，规定纳税人必须履行的纳税义务；另一方面也是为了约束税务机关，规定税务机关必须履行的征税职责。可见，税收制度是国家以税收形式取得财政收入的法律规范，这些规范既是国家征税的依据，也是纳税人纳税的准则，是实现税收职能作用的具体体现。

1.3.1　税制要素

税制要素是税收制度的构成要素，又是税收制度的表现形式。国家在制定税收制度时，有些基本要素必须明确地加以规定，如对什么征税、对谁征税、征多少税及征税的环节和纳税期限等。这些基本要素包括纳税人、课税对象、税率、纳税环节、纳税期限、纳税地点、税收减免等。其中，纳税人、课税对象、税率是构成税收制度的三个最基本要素。

1. 纳税人

纳税人（tax payer），也称纳税主体或纳税义务人，是税法中规定的直接负有纳税义务的单位和个人。它主要解决向谁征税或由谁纳税的问题。纳税人是纳税的主体，包括自然人、法人和其他组织。所谓自然人是指基于自然出生而成为民事法律关系主体的人，作为纳税人的自然人，即我们平常所说的公民个人，主要指城乡居民和个体工商户。所谓法人是指具有民事权利主体资格的社会组织，即被法律承认的有民事权利能力和民事行为能力的组织。作为纳税人的法人和其他组织，主要是指各类企业和部分事业单位、国家机关、学校及部队等单位。

在实际纳税过程中，与纳税人相关的概念有：代扣代缴义务人、负税人。

为了实行源泉控制，保证国家财政收入，税法除规定纳税人以外，有时还规定代扣代缴义务人（又称扣缴义务人）。扣缴义务人是指按照税法的规定，有义务从特有的纳税人收入中扣除其应纳税款并代为缴纳，即负有代扣代缴税款义务的单位和个人。如《中华人民共和国个人所得税法》规定："个人所得税，以所得人为纳税人，以支付所得的单位或者个人为扣缴义务人。"税务机关按规定应付给扣缴义务人代扣手续费。同时，扣缴义务人必须按税法规定代扣税款，并按规定期限缴库，否则依税法规定要受法律制裁。《中华人民共和国税收征收管理法》第六十九条规定："扣缴义务人应扣未扣、应收而不收税款的，由税务机关向纳税人追缴税款，对扣缴义务人处应扣未扣、应收未收税款百分之五十以上三倍以下的罚款。"征税机关一般对收入零星、纳税人分散的税源，采用源泉控制的征收方法，在税法上明确规定扣缴义务人。这样可以保证国家财政收入，防止偷逃税，简化纳税手续，提高征管效率。

负税人是指最终承受税收负担或最终实际负担税款的单位和个人。纳税人与负税人是两个既有联系又有区别的概念。纳税人是直接向税务机关缴纳税款的单位和个人，负税人是实际负担税款的单位和个人。纳税人如果能够通过一定途径把税款转移出去，纳税人就不再是负税人。否则，纳税人同时也是负税人。例如，在我国对生产销售烟、酒等应税消费品的企业征收消费税，这些纳税人可以将缴纳的消费税税款计入应税消费品的销售价格，转移给消费者负担，因此使得纳税人和负税人不一致。纳税人和负税人是否一致，主要取决于税种的性质。一般来说，对所得和财产征税，纳税人同时又是负税人，二者是一致的。而对商品和劳务征税，容易引起商品和劳务价格的变化，使税收负担由生产者或销售者转移到消费者或购买者身上。在这种情况下，负税人和纳税人往往是不一致的，这种情况也称为税负转嫁。

2. 课税对象

课税对象（tax object），又称征税对象，是征税的客体，表明对什么征税，是征税的标的物。课税对象是税收制度最基本的要素之一，这是因为：①一种税的课税对象界定了该税种的征税范围，凡列入课税对象的，就属于该税种的征税范围，否则，就不属于该税种的征税范围，就不征这种税。例如，个人所得税的征税对象是个人所得，在个人的各种所得中，哪些列入征税范围，哪些不列入征税范围，必须在个人所得税税法中加以明确界定。如果一种税没有自己的课税对象，那么，这种税就失去了存在的意义。②课税对象是一种税区别于另一种税的最主要标志。也就是说各个税种的不同，最主要的起因在于课税对象的不同。③其他要素的内容一般都是以课税对象为基础确定的。例如纳税人，国家开征一种税，所以要选择这些单位和个人作为纳税人，而不选择其他单位和个人作为纳税人，其原因是这些单位和个人涉及税法或税收条例中规定的课税对象，或者是发生了规定的课税行为。可见，纳税人同课税对象相比，课税对象是第一性的。凡拥有课税对象或发生了课税行为的单位和个人，才有可能成为纳税人。

课税对象随着社会生产力的发展变化而变化。自然经济时期，土地和人丁是主要的课税对象。随着商品经济的发展，以人丁为课税对象的税收逐渐被淘汰。商品的流转额、企业利润和个人所得逐渐成为主要的征税对象。在可以成为课税对象的客体比较广泛的情况下，选择课税对象一般应遵循有利于保证财政收入，有利于调节经济和适当简化的原则。

在税收理论和实际工作中，与课税对象有关的概念主要有税目、计税依据等。

1）税目

税目（tax item），又称课税品目，是课税对象的具体项目，反映具体的征税范围，代表征税的广度。确定税目对于征税对象比较复杂的税种来说是十分重要的。每一种税都有自己的征税对象，也有各自不同的征税范围。有的税种的征税对象比较简单，征税范围比较明确，征收中易于掌握，没有另行规定税目的必要。但是，从大多数税种来看，各自的征税对象一般都比较复杂，征税范围内的项目繁多，在征收中不易掌握，且税种内不同的项目之间又需要采用不同的税率档次进行调节，这就需要对征税对象进行进一步的划分，做出具体的界定，这个规定的界限范围就是税目。例如，我国消费税的征税对象是应税消费品，而税目按照应税消费品的类别划分为烟、酒、高档化妆品、贵重首饰及珠宝玉石、鞭炮和焰火、高档手表、高尔夫球及球具、木制一次性筷子、实木地板、游艇、成品油、摩托车、小汽车、电池、涂料等税目。

2）计税依据

计税依据（tax basis），又称课税依据或税基，是指税收制度中规定的计算各种应征税款的依据或标准。纳税人的应纳税额是按照计税依据乘以适用税率计算出来的。课税对象与计税依据的关系是，课税对象是指征税的目的物，计税依据则是在目的物已经确定的前提下，对目的物计算税款的依据或标准。课税对象是从质的方面对征税所作的规定，而计税依据则是从量的方面对征税所作的规定，是课税对象量的表现。

3. 税率

税率（tax rate）是应纳税额与计税依据之间的关系或比例，是计算税额的尺度，代表课税的深度，关系着国家税收收入的多少和纳税人的负担程度，因而它是体现税收政策的中心环节。税率在实际应用中可分为三种形式：比例税率、定额税率、累进税率，如图1－1所示。

- 税率形式
  - 比例税率
    - 单一比例税率
    - 差别比例税率
      - 货物劳务比例税率
      - 行业差别比例税率
      - 地区差别比例税率
    - 幅度比例税率
  - 定额税率
    - 单一定额税率
    - 差别定额税率
      - 地区差别定额税率
      - 分类分项定额税率
  - 累进税率
    - 全累进税率
    - 超累进税率
      - 超额累进税率
      - 超率累进税率

图1－1 税率的形式

1）比例税率

比例税率（proportional tax rate）是指应纳税额与征税对象数量之间的等比关系。这种税率对同一征税对象或同一税目，不论征税对象的数额大小只规定一个比例的税率，它适用于从价计征的税种。比例税率有三种形式：单一比例税率、差别比例税率和幅度比例税率。

（1）单一比例税率，即一个税种只规定一个征税比例的税率。例如，我国企业所得税采用25%的基本税率。

（2）差别比例税率，即根据征税对象或纳税人的不同性质，规定不同征税比例的税率。可分为以下几种：①货物劳务比例税率，即一种（或一类）货物或劳务采用一个税率；②行业差别比例税率，即对不同行业采用不同的税率；③地区差别比例税率，即对同一征税对象，按照不同地区分别适用不同的税率。

（3）幅度比例税率，即对同一征税对象，税法只规定最低税率和最高税率，在这个幅度内，各地区可以根据自己的实际情况确定适当的税率，如我国现行征收的契税。

2）定额税率

定额税率（fixed tax rate），又称固定税率，这种税率是根据征税对象的计量单位直接规定固定的征税数额，税额的多少只同征税对象的实物数量有关，同价格无关，它适用于从量计征的税种。定额税率在表现形式上分为单一定额税率和差别定额税率两种形式。差别定额税率有以下表现形式：地区差别定额税率，如城镇土地使用税、耕地占用税；分类分项定额税率，如车船税。

3）累进税率

累进税率（progressive tax rate）是指同一征税对象随着数量的增加，征收比例也随之升高的税率。其特点是：①税额计算比较复杂；②累进幅度比较缓和，税收负担较为合理；③边际税率和平均税率不一致，税收负担的透明度较差。累进税率多用于收益课税，可以实现税收负担的纵向公平。

累进税率的累进依据是对征税对象划分级数时其数额的具体表现形式，累进税率中一般有绝对额和相对率两种表示征税对象数额的形式，因此，累进税率的累进依据也分为绝对额和相对率两种形式。累进税率，无论是按绝对额累进还是按相对率累进，在累进方法上都可分为全累进税率和超累进税率。

全累进税率是指纳税人的全部纳税对象都按照与之相应的那一级的税率计算应纳税额；超累进税率是指把纳税人的纳税对象按规定划分为若干等级，每一等级分别采用不同的税率，分别计算税款；超累进税率按累进依据划分，分为超额累进税率和超率累进税率。

超额累进税率，是指把征税对象按数额的大小分成若干等级，每一等级规定一个税率，税率依次提高，纳税人的征税对象依据所属等级同时适用几个税率分别计算，将计算结果相加后得出应纳税款。目前我国个人所得税法对工资、薪金所得，个体工商户生产、经营所得，对企事业单位的承包经营、承租经营所得的征税采用超额累进税率。

超率累进税率，是指以征税对象数额的相对率划分为若干级距，分别规定相应的差别税率，相对率每超过一个级距的，对超过的部分就按高一级的税率计算征税。目前我国采用这种税率的有土地增值税。

4. 纳税环节

纳税环节（tax payment stage）是指税法上规定的课税对象从生产到消费的流转过程中应当缴纳税款的环节。商品从生产到消费往往要经过许多流转环节，每一种税应当在哪个环节缴纳，税法须有明确规定。一般是根据有利于生产或流通、便于征收管理、确保财政收入等原则确定。按照纳税环节的多少，可将税收制度分为两类，即一次课征制和多次课征制。一次课征制即同一税种在商品流转的全过程中，只选择某一个环节征收的制度。多次课征制即同一税种在商品流转的全过程中，选择两个或两个以上环节课征的制度。

5. 纳税期限

纳税期限（tax calendar）是指纳税人、扣缴义务人发生纳税义务、扣缴义务后向国家缴纳或者解缴税款的期限。我国现行税制的纳税期限有三种形式。

（1）按期纳税，即根据纳税义务的发生时间，通过确定纳税间隔期，实行按期纳税。按期纳税的纳税间隔期分为一日、三日、五日、十日、十五日、一个月或者一个季度。纳税人的具体纳税期限，由主管税务机关根据纳税人应纳税额的大小分别核定。

（2）按次纳税，即根据纳税行为的发生次数确定纳税期限。不能按照固定期限纳税的，可以按次纳税。我国现行的关税、契税、耕地占用税等均采用按次纳税的办法缴税。

（3）按年计征、分期预缴，即按规定的期限预缴税款，年度结束后汇算清缴，多退少补。如企业所得税、房产税、土地使用税等均采用这种纳税方式。

6. 纳税地点

纳税地点（tax payment place）是指纳税人申报缴纳税款的地点。明确纳税地点，一是为了避免对同一应税收入、应税行为重复征税或漏征税款；二是为了保证各地财政按规定取得收入。不同的税种的纳税地点不完全相同，例如，我国现行增值税的纳税地点大致可分为以下几种：①固定业户向其机构所在地主管税务机关申报纳税；②固定业户到外县（市）销售货物的，应根据具体情况或回业户所在地向主管税务机关申报纳税，或向销售地主管税务机关申报纳税；③非固定业户和临时经营者，向销售地主管税务机关申报纳税；④进出口货物向报关地海关申报纳税。

7. 税收减免

税收减免是对某些纳税人或征税对象的鼓励或照顾措施。减税（tax credit or tax cut）是从应征税款中减征部分税款；免征（tax exemption）是免征全部税款。减免税包括以下三项内容。

（1）起征点。起征点是税法规定对征税对象开始征税的起点。征税对象的数额未达到起征点的不征税；其数额达到或超过起征点的，就征税对象的全部数额征税。

（2）免征额。免征额是税法规定在征税对象的全部数额中免予征税的数额，它是按照一定标准从征税对象全部收入总额中预先减除的部分。

（3）减税免税规定。减税免税规定是对特定的纳税人和特定的课税对象所作的某种减征或免征税款的规定。

☞ 小思考1-3

计税依据和起征点、免税额是怎样的关系？

征税对象的数额 < 起征点，计税依据 = 0；

征税对象的数额 > 起征点，计税依据 = 征税对象的数额；

征税对象的数额 < 免征额，计税依据 = 0；

征税对象的数额 > 免征额，计税依据 = 征税对象的数额 - 免征额。

1.3.2 我国现行税收制度概述

我国现行税收制度共设有 17 个税种，以课税对象为标准可以分为五类。

1. 货物劳务税类（4 个税种）

货物劳务税类包括增值税、消费税、关税和烟叶税。这些税种是在生产、流通或者服务业中，按照纳税人取得的销售收入或者营业收入征收的。

2. 所得税类（2 个税种）

所得税类包括企业所得税和个人所得税。这些税种是按照生产、经营者取得的利润或者个人取得的收入征收的。

3. 资源税类（4 个税种）

资源税类包括资源税、城镇土地使用税、耕地占用税和土地增值税。这些税种是对从事资源开发或者使用城镇土地者征收的，可以体现国有资源的有偿使用，并对纳税人取得的资源级差收入进行调节。

4. 财产税类（3 个税种）

财产税包括房产税、契税、车船税。这些税种是以纳税人拥有或使用的财产作为征税对象征收的。

5. 行为目的税类（4 个税种）

行为目的税包括印花税、城市维护建设税、车辆购置税、船舶吨税。这些税种是为了达到特定目的，对特定对象和特定行为征收的。

上述 17 个税种构成我国现行税收体系。我国现行税收制度设立的税种，已经深入到社会再生产过程的各个环节，各税种互相配合，对生产、交换、分配和消费发挥调节作用，通过对微观物质利益诱导的方法达到宏观调节作用。根据不同的征税对象及其实现收入和缴纳税款的先后次序，大体上可分为以下四个层次。

第一个层次是对生产和流通阶段形成收入的过程进行调节，如增值税、消费税等流转税。这是对生产经营企业与个人的收入进行的第一次普遍调节，具有事前调节的作用。主要通过调节产品或企业的盈利水平来指导生产、流通和消费。

第二个层次是对利润形成阶段、对生产经营者的各种级差收入进行调节，如资源税、城镇土地使用税等。这主要是通过调节各种级差收益，消除因客观因素造成的盈利水平过分悬殊的问题，给生产经营者创造一个平等的外部条件，有利于他们能在同一水平上展开竞争。

第三个层次是在分配阶段对生产经营者实现的利润进行调节，如企业所得税等。通过所得税的征收，使各种生产经营者有一个均衡适度、相对合理的留利水平，税后利润由自己安排使用，实现自负盈亏。

第四个层次是对纳税人财产和收入的调节，如房产税、契税、个人所得税等，以此来调节社会成员的财产收入水平，缩小社会成员之间的收入差距。

企业在生产经营的每个环节，都可能发生税收支出，按照我国现行税收制度，企业作为纳税人在生产经营各环节可能需要交纳的税种汇总如表 1－1 所列。

表 1－1 我国主要税费在生产经营环节的分布

税种	投资创建	购进	生产	销售	费用结算	利润结算	终止清算
增值税		*		*			*
消费税			*	*			*
关税		*		*			
城市维护建设税				*			*
教育费附加				*			*
资源税				*			
企业所得税						*	*
个人所得税						*	
土地增值税				*			
城镇土地使用税	*		*				
房产税	*		*				
车船税	*		*				
车辆购置税		*					
印花税	*	*	*	*	*		

1.3.3 我国交通运输业涉及的主要税种、税率

交通运输企业提供的主要服务有运输、储存、装卸、搬运、包装、流通加工、配送、信息处理等。运输，是指利用运输工具将货物或者旅客送

达目的地，使其空间位置得到转移的业务活动。包括陆路运输服务、水路运输服务、航空运输服务和管道运输服务。

根据我国现行税收制度的有关规定，交通运输业提供的服务主要涉及增值税、印花税、城市维护建设税和教育费附加等税种。对于交通运输企业的利润会涉及企业所得税，对于职工的工资会涉及个人所得税。购买运输工具需要交纳车辆购置税，企业在生产经营过程中需要有场所、车船等，可能会涉及房产税、城镇土地使用税、车船税等。根据我国现行税收制度，我国交通运输业涉及的主要税种汇总如表1－2所列。

表1－2　我国交通运输业涉及的主要税种

税类	税　种
货物劳务税类	增值税
所得税类	企业所得税、个人所得税
资源税类	城镇土地使用税、耕地占用税
财产税类	房产税、车船税、契税
行为税类	城市维护建设税、印花税、车辆购置税、土地增值税

不同的税种，计税方法、税率都不同，根据我国税收制度的规定，对交通运输业在其经营过程中涉及的主要税种的涉税说明、税率进行整理，详细如表1－3所列。

表1－3　我国交通运输业税种涉税说明、税率一览表

序号	税种	交通运输业涉税说明	税率
1	增值税	提供加工修理业务	一般纳税人：17%
			小规模纳税人：3%
		提供交通运输服务	一般纳税人：11%
			小规模纳税人：3%
		提供物流辅助服务	一般纳税人：6%
			小规模纳税人：3%
2	城市维护建设税	缴纳增值税、消费税的同时缴纳	城市市区：7%
			县城、建制镇：5%；
			其他地区：1%
3	教育费附加	缴纳增值税、消费税的同时缴纳	3%
4	企业所得税	居民企业	基本税率25%
		非居民企业	10%、25%

续表

序号	税种	交通运输业涉税说明	税率
5	房产税	交通运输企业自用房产	按房产计税价值的1.2%计征
		交通运输企业出租房产	按租金收入的12%计征
6	城镇土地使用税	交通运输企业所拥有土地使用权的办公场所、仓库、配送中心等	定额税率
7	车船税	交通运输企业拥有的应税车船	定额税率
8	车辆购置税	交通运输企业购置车辆等运载工具	10%
9	印花税	交通运输企业建立账册、订立合同等	采用比例税率和定额税率两种
10	耕地占用税	占用耕地建立仓库、货场、配送中心、修建线路等	定额税率
11	契税	交通运输企业承受土地、房屋权属	3% ~5%的幅度税率

本章小结

税收是国家为满足社会公共需要，凭借公共权力，按照法律所规定的标准和程序，参与国民收入分配，强制、无偿地取得财政收入的一种方式。税收同国家取得财政收入的其他方式相比，具有无偿性、强制性和固定性的形式特征。税收原则是指政府在设计税收制度、实施税法过程中所应遵循的基本指导思想，也是评价税收制度优劣、考核税务行政管理状况的基本标准。现代税收最基本的原则有公平、效率原则。税法是国家制定的用以调整国家与纳税人之间在征纳税方面的权利与义务关系的法律规范的总称。税收法律关系是税法所确认和调整的国家与纳税人之间在税收分配过程中形成的权利义务关系，税收法律关系是由权利主体、权利客体、法律关系的内容三要素构成的，其三要素之间互相联系，不可分割，形成统一的整体。按税法法律级次的不同，我国现行税法体系由税收法律、税收法规、税收规章构成。税制要素是税收制度的构成要素，又是税收制度的表现形式。税制要素包括征税对象、纳税人、税率、纳税环节、纳税期限、纳税地点、税收减免等。其中，征税对象、纳税人、税率是构成税收制度的三个最基本要素。

习　题

一、思考题

1. 什么是税收？
2. 税收具有哪些特征？
3. 现代税收基本的原则有哪些？
4. 交通运输企业纳税人的主要权利有哪些？
5. 交通运输企业纳税人的主要义务有哪些？
6. 什么是税制要素，主要税制要素有哪些？
7. 税率有哪些形式，它们主要的区别是什么？
8. 按征税对象税收如何分类？
9. 简述我国现行税收制度。
10. 交通运输业涉及的主要税种有哪些？

二、单项选择题

1. 税收法律关系客体包括货币、实物和（　　）

A. 纳税主体　　B. 行为

C. 税率　　D. 法律关系的内容

2. 国家征税目的是为社会提供（　　）

A. 服务　　B. 劳务　　C. 商品　　D. 公共产品

3. 以征税对象为标准，税收可以分为货物劳务税、所得税、资源税、财产税和（　　）。

A. 行为目的税　　B. 直接税　　C. 间接税　　D. 调节税

4. 在我国税收法律关系中，对权利主体的另一方即纳税主体的确定，采取的是（　　）。

A. 属地原则　　B. 属人原则

C. 属地兼属人原则　　D. 权利与义务对等原则

5. 下列各项中，属于纳税人享有的权利是（　　）。

A. 申请延期纳税　　B. 办理税务登记

C. 进行纳税申报　　D. 依法缴纳税款

6. 税收的效率分为税收的（　　）和税收的行政效率两个方面。

A. 经济效率　　B. 工作效率

C. 纳税效率　　D. 征收效率

7. 我国现行征收的税种，区分不同税种的主要标志是（　　）。

A. 纳税人　　B. 征税对象

C. 适用税率　　D. 纳税环节

8. 下列各项税收法律法规中，属于部门规章的是（　　）。

A. 个人所得税法　　B. 增值税暂行条例

C. 企业所得税法实行条例　　D. 消费税暂行条例实施细则

9. 税收法律关系是税法所确认和调整的国家与（　　）之间在税收分配过程中形成的权利义务关系。

A. 纳税人　　B. 企业　　C. 自然人　　D. 法人

10. 我国税收行政法规是由（　　）制定的。

A. 国务院

B. 全国人民代表大会及其常委会

C. 国务院所属的税务主管机关

D. 地方政府

三、多项选择题

1. 税收同国家取得财政收入的其他方式相比，具有（　　）的特征。

A. 无偿性　　B. 强制性

C. 固定性　　D. 自觉性

2. 现代税收最基本原则有（　　）原则。

A. 公平　　B. 效率

C. 无偿　　D. 强制

3. 国家税务主管机关的权利有（　　）。

A. 制定税收法律　　B. 依法征税

C. 进行税务检查　　D. 对违章者进行税务处罚

4. 税收制度的三个最基本要素是（　　）。

A. 课税对象　　B. 纳税人

C. 税率　　D. 纳税环节

5. 税收法律关系是由（　　）构成的。

A. 权利主体　　B. 权利客体

C. 法律关系的内容　　D. 纳税人

6. 我国现行税法体系由（　　）构成。

A. 税收法律　　B. 税收法规

C. 税务规章　　D. 税收制度

7. 在税收立法中要体现公平原则，公平应体现在（　　）。

A. 负担能力大者应多纳税，负担能力小者应少纳税，没有负担能力者不纳税

B. 生产经营环境优越并有超额收入或级差收益者应多纳税，反之则少纳税

C. 不同地区及不同行业间及多种经济成分之间的实际税负必须尽可能公平

D. 不论负担能力大小，不论生产经济环境如何，应一视同仁，平等负担税负

8. 我国税法适用原则一般包括以下原则：法律优位原则、法律不溯及既往原则和（　　）。

A. 新法优于旧法原则　　B. 特别法优于普通法原则

C. 实体从旧、程序从新原则　　D. 国际法优于国内法

9. 税收的公平原则应是创造平等竞争环境，按受益征税，依据能力负担。简单地说，可以概括为（　　）。

A. 竞争原则　　B. 受益原则

C. 能力原则　　D. 效率原则

10. 在我国税收法律关系中，权利主体的一方是代表国家行使征税职责的国家机关。它包括（　　）

A. 税务机关　　B. 环境保护部门

C. 农业主管部门　　D. 海关

第 2 章

交通运输业增值税

学习要求

重点掌握：增值税的征税范围、纳税人、税率，增值税应纳税额的计算。

一般掌握：增值税的类型、特点。

理　　解：增值税的征收管理、增值税专用发票的使用与认证。

了　　解：增值税出口退（免）税。

主要法律依据

增值税（value added tax）是以商品和劳务在流转过程中产生的增值额作为征税对象而征收的一种流转税。按照我国增值税法的规定，增值税是对在我国境内销售货物，提供加工修理修配劳务（以下简称提供应税劳务），销售服务，无形资产及不动产（以下简称发生应税行为），以及进口货物的企业、单位和个人，就其货物销售、提供应税劳务、发生应税行为的增值额和货物进口金额为计税依据而课征并实行税款抵扣制的一种流转税。

增值税法是指国家制定的用以调整增值税征收与缴纳之间权利及义务关系的法律规范。

我国现行增值税的基本法律规范，是 2008 年 11 月 10 日中华人民共和国国务院令第 538 号公布的《中华人民共和国增值税暂行条例》、2008 年 12 月 15 日以财政部、国家税务总局第 50 号公布的《中华人民共和国增值税暂行条例实施细则》以及 2016 年 3 月发布的《财政部　国家税务总局关于全面推开营业税改征增值税试点的通知》。

2.1　增值税概述

我国从 1979 年起在部分城市试行增值税。1982 年财政部制定了《增值税暂行办法》，并自 1983 年 1 月 1 日开始在全国试行。1984 年 9 月，在总结经验的基础上，国务院又制定了《中华人民共和国增值税条例（草案）》，并自当年 10 月起施行。1993 年 12 月 13 日，国务院又发布了《中华人民共和国增值税暂行条例》，并自1994年1月1日起施行。自1994年我国正式施行《中华人民共和国增值税暂行条例》后，选择采用生产型增值税，一方面是出于财政收入的考虑；另一方面则是为了抑制投资膨胀。随着我国社会主义市场经济体制的逐步完善和经济全球化的纵深发展，推进增值税转型改革的必要性日益突出。为进一步完善税制，国务院决定全面实施增值税转型改革，修订《中华人民共和国增值税暂行条例》，从2004年开始，我国推行了增值税转型改革试点，在2008年11月5日经国务院第34次常务会议审议通过，11月10日以中华人民共和国国务院令第538号公布，并从2009年1月1日起在全国实施从生产型增值税转变为消费型增值税的改革。即自2009年1月1日起，全国所有增值税一般纳税人新购进设备（除购进的应征消费税的小汽车、摩托车和游艇外）所含的进项税额都可以计算抵扣。增值税转型的改革是推进我国税收制度进一步改革的重要方面，对于我国进一步完善市场经济的税收制度、与国际接轨、促进经济发展都有重大的意义。

2011年年底，国家决定在上海试点营业税改征增值税的工作，并已逐步将试点地区扩展到全国。2016年3月24日，经国务院批准，财政部和国家税务总局发布了《关于全面推开营业税改征增值税试点的通知》（财税〔2016〕36号），决定自2016年5月1日起，在全国范围内全面推开“营改增”试点，将建筑业、房地产业、金融业、生活服务业等全部营业税纳税人，纳入试点范围，由缴纳营业税改为缴纳增值税。

☞ **小资料2－1　我国营业税改增值税改革的指导思想与主要原则**

我国营业税改增值税改革的指导思想是：建立健全有利于科学发展的税收制度，促进经济结构调整，支持现代服务业发展。在这一思想指导下，遵循以下原则。

（1）统筹设计、分步实施。正确处理改革、发展、稳定的关系，统筹兼顾经济社会发展要求，结合全面推行改革需要和当前实际，科学设计，稳定推进。

（2）规范税制，合理负担。在保证增值税规范运行的前提下，根据财政承受能力和不同行业发展特点，合理设置税制要素，改革试点行业总体税负不增加或略有下降，基本消除重复征税。

（3）全面协调，平稳过渡。妥善处理试点前后增值税和营业税政策的衔接、试点纳税人与非试点纳税人税制的协调，建立健全适应第三产业发展的增值税管理体系，确保改革试点有序进行。

2.1.1　增值税的概念

近代税制的发展早期，间接税往往是作为辅助的税种发展起来的，税率也较低，而原来的主要税种以直接税为主，尤其侧重与不动产有关的税种。伴随工业社会的到来，财富的形式发生了一定的变化，与生产有关的产品以及服务逐渐变为征税的主要对象。早在15世纪至19世纪德国就出现过一种特别消费税，受德国这种税制的影响，法国于1917年产生了近代意义的累积税，由于文化传统的不同，法国人通常将这种累积税称为营业税。由于这种累积税存在种种弊端，法国在30年内进行过多次重大的营业税税制改革，改革的动因包含有多重因素。营业税税率过低而无法形成有效的财政收入；营业税在单一环节（最后销售环节）课征而偷漏税过于严重；营业税的重叠征税性质，鼓励了企业的兼并与一体化，以减少流转环节，使中小企业逐渐处于弱势地位，形成社会制度的不公平；重叠征税的税种对出口货物的退税不易处理。传统营业税的弊端可以说是世界范围内实行营业税国家的共性问题，故在20世纪初已有学者在研究营业税的改进并提出增值税之概念。

关于增值税的概念，目前学者们较为一致的观点是，美国耶鲁大学经济学教授亚当斯（T. S. Adams）是提出增值税概念的第一人，他1917年在国家税务学会《营业税》（*The Taxation of Business*）报告中首先提出了对增值额征税的概念，指出对营业毛利（销售额-进货额）征税比对利润征税的公司所得额好得多，这一营业毛利相当于工资薪金、租金、利息和利润之和，即相当于增值额。1921年，亚当斯在美国经济季刊发表《联邦所得税的基本问题》（*Fundamental Problems of Federal Income Taxation*）进一步提出，将企业负担的租税改为销售额的形态，准许销售税与购入税相互抵扣。1919年，德国的西门子博士（W. von Siemens）发表《精巧的销售税》（*Veredolt Umsatzsteuer*）一文，建议以税基相减法的增值税替代多阶段的交易税。1939年，美国学者保罗史图登斯基（Paul Studenski）指出，多阶段交易税会随交易次数而成金字塔的累积作用，建议改为增值税。

目前，增值税的应用与推广在全世界已成为现实，由于增值税具备税基宽、能消除重复征税和内部制约机制严密等内在的优越性，以及给一国财政、经济和外贸等方面带来的综合积极效应，越来越为世界各国所认识，世界上已经有170多个国家和地区开征了增值税。但1954年法国采用这个税种的时候，它只不过是被看作一种特殊类型的消费税，并没有引起外国的多大兴趣。增值税今天能为世界各国所接受和采用，是一种实践的结果，而不是出于某个思想家的宏伟构思。

小资料2-2

关于增值税的诞生

在1954年增值税诞生于法国之前的三十多年里，有不少学者或多或少地研究过增值税的专题，其理论与观点都已沉淀在浩如烟海的旧文献之中，如法国的于连·罗杰（Julien Roger），但推动增值税走上历史舞台的有两名重要人物，一名是美国哥伦比亚大学的卡尔·肖普（C. S. Shoup）教授，另一名是法国的莫里斯·洛雷（Maurice Laure，旧译劳莱，为英文译法）。经过漫长的思想发展过程，在第二次世界大战结束之后，肖普教授领导了一个专家小组在日本推广增值税，据日本金子宏教授记载，1950 年日本国基于肖普建议，增值税曾作为代之于事业税的税种被采用，但未及实施即于 1954 年被废止。1954 年时任法国税务总局局长助理的莫里斯·洛雷积极推动法国增值税税制的制定与实施，并取得了成功，被誉为增值税之父。

增值税是指以商品在流转过程中产生的增值额为征税对象的一种流转税。所谓增值额，从理论上说，是指企业或个人在生产经营过程中创造的那部分价值。按照马克思的商品价值理论，增值额相当于商品价值（$C+V+M$）扣除在生产中消耗的生产资料的转移价值（C）之后的余额（$V+M$），它主要包括工资、利润、利息、租金和其他属于增值性的费用。理论上的增值额可以从以下两个方面分析。

（1）从一个生产经营单位分析，增值额是指纳税人在一定时期内销售产品或提供劳务所得的收入大于购进商品或取得劳务时所支付的金额的差额，是纳税人在其生产经营活动中所创造的新增价值。

（2）从一种商品的生产经营全过程分析，增值额是商品从生产到流通过程中各个环节的增加值之和，即为最终产品的价值。

应该指出的是，理论上的增值额和实践中的增值额是有区别的。由于各国经济、税收制度的差别，各国税法规定的扣除项目也有所不同，依不同国家税法规定计算出来的增值额也不同。增值税的计税依据一般为法定增值额，而不是理论上的增值额。所谓法定增值额，是指各国政府根据各自的国情、政策要求，在增值税制度中人为地确定增值额。一般来说，各国在确定征税的增值额时，对外购流动资产价款都允许从货物价值中扣除，造成法定增值额与理论增值额不一致的主要原因是各国在规定扣除范围时，对外购固定资产的处理方法不同。对外购固定资产价款，各国的规定并不一致，有的国家允许扣除，有的国家不允许扣除这部分价款，并且即使是允许扣除的国家，允许扣除的具体规定也有差异。正是这些对外购固定资产扣除的处理差异，各国的理论增值额和法定增值额会有所不同。

从计税原理而言，增值税是对商品生产和流通中各环节的新增价值或商品附加值进行征税，所以称为“增值税”。然而，由于新增价值或商品附加值在商品流通过程中是一个难以准确计算的数据（这是因为：很难准确划分企业的增值项目和非增值项目；增值额是一个难以准确计算的数额；计算增值额的方法复杂等），因此，在增值税的实际操作上采用间接计算办法，即从事货物销售及提供应税劳务的纳税人，根据货物或应税劳务销售额，按照规定的税率计算税款，然后从中扣除上一道环节已纳增值额税款，其余额即为纳税人应缴纳的增值税税款。这种办法也体现了对新增价值征税的原则。

2.1.2 增值税的类型

根据对外购固定资产所含税金扣除方式的不同，增值税则可以分为生产型增值税、收入型增值税、消费型增值税。

1. 生产型增值税

生产型增值税指的是在征收增值税时，只能扣除属于非固定资产项目的那部分生产资料的税款，不允许扣除固定资产价值中所含有的税款，固定资产折旧作为增值额的一部分。生产型增值税计算出的法定增值额包括当期计入成本的固定资产损耗的价值和纳税人新创造的价值，其增值额等于当期的工资、利息、税金、利润和当期折旧额之和。该类型增值税的征税对象大体上相当于国民生产总值，因此称为生产型增值税。在这种类型的增值税下，其税基范围超过了增值额概念的范围，相当于将固定资产转移的价值又作为新价值进行征税。同时，由于纳税人外购资本品部分已缴纳的税额得不到抵扣，这部分税额便资本化为固定资产价值的一部分，并分期转移到货物的价值中去，该货物的销项税额中还包含一部分购进环节的增值税。货物流转次数越多，对已征税款的重复征税也就越严重。我国在增值税转型改革前就属于此类型的增值税，印度尼西亚所采用的也是此类型的增值税，属于一种过渡性的增值税类型。它对资本有机构成低的行业、企业和劳动密集型生产企业有利，可以保证财政收入但是对固定资产存在重复征税，不利于投资。

2. 收入型增值税

收入型增值税指的是在征收增值税时，对购进固定资产的价款只允许扣除固定资产折旧部分所含的税款，未提折旧部分不得计入扣除项目金额，其计算出的增值额即为纳税人新创造的价值。该类型增值税的征税对象大体上相当于国民收入，因此称为收入型增值税。在这种类型的增值税下，其税基与增值额概念范围正好吻合，从理论上而言，它属于一种标准的增值税。虽然收入型增值税考虑到固定资产的价值的损耗与转移是分期进行的，其税基完全符合了增值税的概念，而其价值转移中不能获得任何凭证，其增值税要依据会计账簿中提取的固定资产折旧额来进行抵扣，不能很好地利用增值税专用发票的交叉稽核功能，具有一定的主观性和随意性。因此，采用的国家较少，主要有阿根廷、摩洛哥等国家。因外购固定资产价款是以计提折旧的方式分期转入产品价值的，且转入部分没有合法的外购凭证，凭票扣税的计算方法较为困难，征税成本大。

3. 消费型增值税

消费型增值税指的是在征收增值税时，允许将当期购进用于生产应税商品的固定资产价值中所含的税款全部一次性扣除，所计算出的法定增值额等于纳税人当期全部销售额扣除全部外购生产资料价款后的余额。这样，就整个社会而言，生产资料都排除在征税范围之外。该类型增值税的征税对象仅相当于社会消费资料的价值，因此称为消费型增值税。在消费型增值税的情况下，固定资产购进的当期，显然会使得增值税税基小于理论上的增值税，但由于这种情况最适宜采用规范的发票扣税法，而发票扣税法能对每笔交易的税额进行计算，故该法在法律上和技术上都远较其他方法优越，是一种先进而规范的增值税类型，为欧共体及许多发达国家和发展中国家所采用。

通过对以上三种不同类型的增值税的比较，可以看出消费型增值税是增值税发展的主流。但这三种类型都各有其优缺点，有其适用的范围，各国应根据自己国内的经济状况、财政状况，采用适合的类型，促进经济的发展。目前世界上实行增值税的大多数国家，均采用消费型增值税，中国从2009年1月1日起，在全国所有地区实施消费型增值税。

2.1.3 增值税的特征

1. 增值税的基本特征

增值税是中国最主要的税种之一，增值税作为一种流转税，既保留了按流转额征收的长处，又避免了按流转额全额征税的弊端。增值税税制体现了“道道课征，税不重复”的基本特征，体现了公平、透明、普遍、便利的原则。其基本特点主要有以下几个方面。

1）不重复征税，具有中性税收的特征

增值税只对销售货物或者劳务中的附加值进行征税，对于从销售环节转接过来已经征税的部分则不再重复征税，能够解决同一产品由一个厂进行加工或者由多个厂进行加工而产生的重复征税问题，所以从理论上来说不存在重复征税。但如果采用生产型增值税，还会存在部分重复征税的问题。

2）逐环节征税，逐环节扣税，税收负担由商品的最终消费者承担

增值税是一种流转税，因此增值税的税负可以转嫁。增值税作为流转税在计算征收时实行税款抵扣制度，即在对某项应税商品的每个流转环节逐一征税的同时，还按照税法的规定在每个环节对纳税人的已纳税金进行抵扣。因此，对应税商品各个流转环节的纳税人来说，经营者本身并未承担税款，全部税负最终由消费者承担。

3）税基广阔，征收具有普遍性和连续性

增值税的征收过程从产品的生产开始，一直延伸到产品的批发和零售等经济环节，能够打通增值税的各个链条。凡从事销售应税商品或应税劳务，每经过一个环节，只要产生了增值额均需缴纳增值税，增值税相比其他税种来说纳税人更加广泛，这使得增值税可以普遍征收和道道征收。

2. 我国增值税的其他特点

1）实行价外税

我国现阶段增值税实行价外计税的方法，即以不含增值税税额的销售价格为计税依据，销售额不含增值税金。增值税专用发票上分别注明增值税税款和不含增值税的价格，以消除增值税对成本、利润、价格的影响。

2）对不同经营规模的纳税人采取不同的计征方法

我国现行增值税计征方法的设计，在借鉴国际通行做法的同时，也考虑到我国的实际情况，将纳税人区分为两类并采取不同的税款计征方法：一类是一般纳税人，对其采用购进扣税法计算征收税款；另一类是小规模纳税人，对其采取简易方法计算征收。

2.2　增值税的征税范围、纳税人及税率

2.2.1　增值税的征税范围

根据《中华人民共和国增值税暂行条例》《中华人民共和国增值税暂行条例实施细则》《营业税改征增值税试点实施办法》的规定，在中华人民共和国境内（以下简称境内）销售货物、提供应税劳务、发生应税行为以及进口货物的单位和个人，为增值税的纳税人。纳税人应当依照《中华人民共和国增值税暂行条例》《中华人民共和国增值税暂行条例实施细则》《营业税改征增值税试点实施办法》的规定缴纳增值税。

增值税的征税范围包括在中华人民共和国境内销售或者进口货物、提供应税劳务和发生的应税行为。发生应税行为是指在境内销售服务、无形资产或者不动产。其中销售服务，包括交通运输服务、邮政服务、电信服务、建筑服务、金融服务、现代服务和生活服务。

根据《中华人民共和国增值税暂行条例》《中华人民共和国增值税暂行条例实施细则》《营业税改征增值税试点实施办法》的规定，我们将增值税的征税范围分为一般规定和特殊规定。

1. 增值税征税范围的一般规定

1）销售或者进口的货物

货物是指有形动产，包括电力、热力、气体在内，不包括有形不动产和无形资产。

销售货物，是指有偿转让货物的所有权。有偿，是指从购买方取得货币、货物或者其他经济利益。

在中华人民共和国境内销售货物，是指销售货物的起运地或者所在地在境内。

2）提供的应税劳务

提供的加工、修理修配劳务是指有偿提供的加工、修理修配劳务。所谓加工是指受托加工货物，即委托方提供原料及主要材料，受托方按照委托方的要求制造货物并收取加工费的业务；所谓修理修配是指受托对损伤和丧失功能的货物进行修复，使其恢复原状和功能的业务。提供的应税劳务，是指有偿提供加工、修理修配劳务。单位或者个体工商户聘用的员工为本单位或者雇主提供加工、修理修配劳务，不包括在内。

3）发生的应税行为

应税行为是指在中华人民共和国境内销售服务、无形资产或者不动产。

在中华人民共和国境内销售服务、无形资产或者不动产，是指：

① 服务（租赁不动产除外）或者无形资产（自然资源使用权除外）的销售方或者购买方在境内；

② 所销售或者租赁的不动产在境内；

③ 所销售自然资源使用权的自然资源在境内；

④ 财政部和国家税务总局规定的其他情形。

下列情形不属于在境内销售服务或者无形资产：

① 境外单位或者个人向境内单位或者个人销售完全在境外发生的服务；

② 境外单位或者个人向境内单位或者个人销售完全在境外使用的无形资产；

③ 境外单位或者个人向境内单位或者个人出租完全在境外使用的有形动产；

④ 财政部和国家税务总局规定的其他情形。

销售服务、无形资产或者不动产，是指有偿提供服务、有偿转让无形资产或者不动产，但下列非经营活动的情形除外：

① 行政单位收取的同时满足以下条件的政府性基金或者行政事业性收费；

- 由国务院或者财政部批准设立的政府性基金，由国务院或者省级人民政府及其财政、价格主管部门批准设立的行政事业性收费；
- 收取时开具省级以上（含省级）财政部门监（印）制的财政票据；
- 所收款项全额上缴财政。

② 单位或者个体工商户聘用的员工为本单位或者雇主提供取得工资的服务；

③ 单位或者个体工商户为聘用的员工提供服务；

④ 财政部和国家税务总局规定的其他情形。

4）发生的应税行为的征税范围

（1）交通运输服务。交通运输服务包括陆路运输服务、水路运输服务、航空运输服务、管道运输服务。

☞ 小资料2－3

《营业税改征增值税试点实施办法》对交通运输服务的注释

交通运输服务，是指利用运输工具将货物或者旅客送达目的地，使其空间位置得到转移的业务活动。包括陆路运输服务、水路运输服务、航空运输服务和管道运输服务。

1. 陆路运输服务

陆路运输服务，是指通过陆路（地上或者地下）运送货物或者旅客的

运输业务活动，包括铁路运输服务和其他陆路运输服务。

（1）铁路运输服务，是指通过铁路运送货物或者旅客的运输业务活动。

（2）其他陆路运输服务，是指铁路运输以外的陆路运输业务活动。包括公路运输、缆车运输、索道运输、地铁运输、城市轻轨运输等。

出租车公司向使用本公司自有出租车的出租车司机收取的管理费用，按照陆路运输服务缴纳增值税。

2. 水路运输服务

水路运输服务，是指通过江、河、湖、川等天然、人工水道或者海洋航道运送货物或者旅客的运输业务活动。

水路运输的程租、期租业务，属于水路运输服务。

程租业务，是指运输企业为租船人完成某一特定航次的运输任务并收取租赁费的业务。

期租业务，是指运输企业将配备有操作人员的船舶承租给他人使用一定期限，承租期内听候承租方调遣，不论是否经营，均按天向承租方收取租赁费，发生的固定费用均由船东负担的业务。

3. 航空运输服务

航空运输服务，是指通过空中航线运送货物或者旅客的运输业务活动。

航空运输的湿租业务，属于航空运输服务。

湿租业务，是指航空运输企业将配备有机组人员的飞机承租给他人使用一定期限，承租期内听候承租方调遣，不论是否经营，均按一定标准向承租方收取租赁费，发生的固定费用均由承租方承担的业务。

航天运输服务，按照航空运输服务缴纳增值税。

航天运输服务，是指利用火箭等载体将卫星、空间探测器等空间飞行器发射到空间轨道的业务活动。

4. 管道运输服务

管道运输服务，是指通过管道设施输送气体、液体、固体物质的运输业务活动。

无运输工具承运业务，按照交通运输服务缴纳增值税。

无运输工具承运业务，是指经营者以承运人身份与托运人签订运输服务合同，收取运费并承担承运人责任，然后委托实际承运人完成运输服务的经营活动。

（2）邮政服务。包括邮政普遍服务、邮政特殊服务、其他邮政服务。

（3）电信服务。包括基础电信服务、增值电信服务。

（4）建筑服务。包括工程服务、安装服务、修缮服务、装饰服务、其他建筑服务。

（5）金融服务。包括贷款服务、直接收费金融服务、保险服务、金融商品转让。

（6）现代服务。包括研发和技术服务、信息技术服务、文化创意服务、物流辅助服务、租赁服务、鉴证咨询服务、广播影视服务、商务辅助服务、其他现代服务。

☞ 小资料2－4

《营业税改征增值税试点实施办法》对物流辅助服务的注释

物流辅助服务，包括航空服务、港口码头服务、货运客运场站服务、打捞救助服务、装卸搬运服务、仓储服务和收派服务。

（1）航空服务，包括航空地面服务和通用航空服务。

航空地面服务，是指航空公司、飞机场、民航管理局、航站等向在境内航行或者在境内机场停留的境内外飞机或者其他飞行器提供的导航等劳务性地面服务的业务活动。包括旅客安全检查服务、停机坪管理服务、机场候机厅管理服务、飞机清洗消毒服务、空中飞行管理服务、飞机起降服务、飞行通讯服务、地面信号服务、飞机安全服务、飞机跑道管理服务、空中交通管理服务等。

通用航空服务，是指为专业工作提供飞行服务的业务活动，包括航空摄影、航空培训、航空测量、航空勘探、航空护林、航空吊挂播洒、航空降雨、航空气象探测、航空海洋监测、航空科学实验等。

（2）港口码头服务，是指港务船舶调度服务、船舶通讯服务、航道管理服务、航道疏浚服务、灯塔管理服务、航标管理服务、船舶引航服务、理货服务、系解缆服务、停泊和移泊服务、海上船舶溢油清除服务、水上交通管理服务、船只专业清洗消毒检测服务和防止船只漏油服务等为船只提供服务的业务活动。

港口设施经营人收取的港口设施保安费按照港口码头服务缴纳增值税。

（3）货运客运场站服务，是指货运客运场站提供货物配载服务、运输组织服务、中转换乘服务、车辆调度服务、票务服务、货物打包整理、铁路线路使用服务、加挂铁路客车服务、铁路行包专列发送服务、铁路到达和中转服务、铁路车辆编解服务、车辆挂运服务、铁路接触网服务、铁路机车牵引服务等业务活动。

（4）打捞救助服务，是指提供船舶人员救助、船舶财产救助、水上救助和沉船沉物打捞服务的业务活动。

（5）装卸搬运服务，是指使用装卸搬运工具或者人力、畜力将货物在运输工具之间、装卸现场之间或者运输工具与装卸现场之间进行装卸和搬运的业务活动。

（6）仓储服务，是指利用仓库、货场或者其他场所代客贮放、保管货物的业务活动。

（7）收派服务，是指接受寄件人委托，在承诺的时限内完成函件和包裹的收件、分拣、派送服务的业务活动。

收件服务，是指从寄件人收取函件和包裹，并运送到服务提供方同城的集散中心的业务活动。

分拣服务，是指服务提供方在其集散中心对函件和包裹进行归类、分发的业务活动。

派送服务，是指服务提供方从其集散中心将函件和包裹送达同城的收件人的业务活动。

（7）生活服务。包括文化体育服务、教育医疗服务、旅游娱乐服务、餐饮住宿服务、居民日常服务、其他生活服务。

（8）销售无形资产。包括技术、商标、著作、商誉、自然资源使用权和其他权益性无形资产。

（9）销售不动产。包括建筑物、构筑物等。

2. 增值税征税范围的特殊规定

（1）单位或者个体工商户的下列行为，视同销售货物。

① 将货物交付其他单位或者个人代销。

② 销售代销货物。

③ 设有两个以上机构并实行统一核算的纳税人，将货物从一个机构移送其他机构用于销售，但相关机构设在同一县（市）的除外。

④ 将自产、委托加工的货物用于非应税项目。

⑤ 将自产、委托加工的货物用于集体福利或者个人消费。

⑥ 将自产、委托加工或购进的货物作为投资，提供给其他单位或者个体工商户。

⑦ 将自产、委托加工或购进的货物分配给股东或者投资者。

⑧ 将自产、委托加工或购进的货物无偿赠送其他单位或者个人。

（2）下列情形视同销售服务、无形资产或者不动产。

① 单位或者个体工商户向其他单位或者个人无偿提供服务，但用于公益事业或者以社会公众为对象的除外。

② 单位或者个人向其他单位或者个人无偿转让无形资产或者不动产，但用于公益事业或者以社会公众为对象的除外。

③ 财政部和国家税务总局规定的其他情形。

（3）混合销售。

一项销售行为如果既涉及服务又涉及货物，为混合销售。

从事货物生产、批发或者零售的单位和个体工商户的混合销售行为，按照销售货物缴纳增值税；其他单位和个体工商户的混合销售行为，按照销售服务缴纳增值税。

从事货物生产、批发或者零售的单位和个体工商户，包括以从事货物的生产、批发或者零售为主，并兼营销售服务的单位和个体工商户在内。

2.2.2 增值税的纳税人和扣缴义务人

1. 纳税人

在中华人民共和国境内销售货物、提供应税劳务、发生应税行为以及进口货物的单位和个人，为增值税的纳税人。

所谓单位，是指企业、行政单位、事业单位、军事单位、社会团体及其他单位。所谓个人，是指个体工商户和其他个人。

在境内销售或进口货物、提供应税劳务的单位租赁或承包给其他单位或者个人经营的承租人或承包人为纳税人。

由于我国增值税目前实行增值税专用发票抵扣税款的制度，因此客观上要求纳税人具备健全的会计核算制度和能力，能够正确核算销项税额、进项税额和应纳税额。在实际经济生活中我国增值税纳税人众多，众多纳税人的会计水平存在较大差异，加上某些经营规模小的纳税人其销售货物或者提供应税劳务、发生应税行为的对象多是最终消费者而不开具增值税专用发票，为了严格加强对增值税的征收管理和对某些经营规模小的纳税人简化计税办法，参照国际惯例，我国将增值税纳税人按其经营规模划分为小规模纳税人和一般纳税人，既简化增值税的计算和征收，也有利于减少税收征管漏洞。

1）小规模纳税人

小规模纳税人是指年应征增值税销售额（以下简称“年应税销售额”）在财政部、国家税务总局规定的标准以下，并且会计核算不健全，不能按规定报送有关税务资料的增值税纳税人。所称会计核算不健全是指不能正确核算增值税的销项税额、进项税额和应纳税额。

根据《中华人民共和国增值税暂行条例》《中华人民共和国增值税暂行条例实施细则》《营业税改征增值税试点实施办法》的规定，小规模纳税人年应征增值税销售额的规定标准如下。

（1）从事货物生产或者提供应税劳务的纳税人，以及以从事货物生产或者提供应税劳务为主，并兼营货物批发或者零售的纳税人，年应征增值税销售额在50万元以下的。

以从事货物生产或者提供应税劳务为主，是指纳税人的年货物生产或者提供应税劳务的销售额占年应税销售额的比重在50%以上。

（2）从事货物批发或者零售的纳税人，以及以从事货物批发或者零售为主，并兼营货物生产或者提供应税劳务的纳税人，年应征增值税销售额在80万元以下的。

（3）从事应税行为的纳税人，年应征增值税销售额未超过500万元的。

年应征增值税销售额，是指纳税人在连续不超过12个月的经营期内累计应征增值税销售额，包括纳税申报销售额、稽查查补销售额、纳税评估调整销售额、税务机关代开发票销售额和免税销售额。其中稽查查补销售额和纳税评估调整销售额计入查补税款申报当月的销售额，不计入税款所属期销售额。经营期，是指在纳税人存续期内的连续经营期间，含未取得销售收入的月份。

年应征增值税销售额超过小规模纳税人标准的其他个人按小规模纳税人纳税；非企业性单位、不经常发生应税行为的企业可选择按小规模纳税人纳税。

2）一般纳税人

一般纳税人是指年应征增值税销售额，超过财政部、国家税务总局规定的小规模纳税人标准的企业和企业性单位。

兼有销售货物、提供应税劳务以及应税行为的纳税人，应税货物及劳务销售额与应税行为销售额分别计算，分别适用增值税一般纳税人资格认定标准。

对于增值税一般纳税人的认定，有以下四种情形。

一是必须认定，指年应税销售额超过标准的纳税人，包括个体工商户，必须认定为一般纳税人。

二是依申请认定，指年应税销售额未超过标准以及新开业的纳税人，如符合有关条件又想成为一般纳税人的，即可依相关规定和程序进行资格申请及认定。年应税销售额未超过财政部、国家税务总局规定的小规模纳税人标准以及新开业的纳税人，可以向主管税务机关申请一般纳税人资格认定。对提出申请并且同时符合下列条件的纳税人，主管税务机关应当为其办理一般纳税人资格认定：

① 有固定的生产经营场所；

② 能够按照国家统一的会计制度规定设置账簿，根据合法、有效凭证核算，能够提供准确税务资料。

三是选择性认定，指年应税销售额超过标准的非企业性单位、不经常发生应税行为的企业可进行选择认定成为一般纳税人或继续保留小规模纳税人身份。

四是不得认定，指个体工商户以外的其他个人。年应税销售额超过规定标准的其他个人不属于一般纳税人。

纳税人应当向其机构所在地主管税务机关申请一般纳税人资格认定。一般纳税人资格认定的权限，在县（市、区）国家税务局或者同级别的税务分局。

2. 扣缴义务人

中华人民共和国境外（以下简称“境外”）的单位或者个人在境内提供应税行为，在境内未设有经营机构的，以其境内代理人为增值税扣缴义务人；在境内没有代理人的，以购买方为增值税扣缴义务人。

境外单位或者个人在境内发生应税行为，在境内未设有经营机构的，扣缴义务人按照下列公式计算应扣缴税额

$$应扣缴税额 = [购买方支付的价款/(1+税率)]\times 税率$$

2.2.3 增值税的税率和征收率

我国增值税采用比例税率。对增值税一般纳税人和小规模纳税人分别采用一般计税方法和简易计税方法计税。采用一般计税方法时适用增值税税率，采用简易计税方法时适用增值税征收率征收增值税。

1. 增值税税率

1）纳税人发生销售或者进口货物、提供应税劳务行为

（1）基本税率。增值税一般纳税人销售或者进口货物，提供应税劳务，除低税率适用范围外，基本税率一律为17%。

（2）低税率。自2017年7月1日起，简并增值税税率结构，取消13%的增值税税率。纳税人销售或者进口下列货物的，按11%征收增值税。

一般纳税人销售或者进口下列货物，税率为11%。

农产品（含粮食，不含淀粉；含干姜、姜黄，不含麦芽、复合胶、人发制品）、自来水、暖气、石油液化气、天然气、食用植物油（含橄榄油，不含肉桂油、桉油、香茅油）、冷气、热水、煤气、居民用煤炭制品、食用盐、农机、饲料、农药、农膜、化肥、沼气、二甲醚、图书、报纸、杂志、音像制品、电子出版物。

2）纳税人发生销售服务、无形资产或者不动产行为

纳税人提供交通运输、邮政、基础电信、建筑、不动产租赁服务，销售不动产，转让土地使用权，按11%征收增值税。

纳税人提供有形动产租赁服务，按17%征收增值税。

纳税人发生提供增值电信服务、金融服务、现代服务（租赁服务除外）、生活服务、转让土地使用权以外的其他无形资产的应税行为，税率为6%。

3）零税率

增值税零税率的适用对象是纳税人出口货物和财政部、国家税务总局规定的销售服务和无形资产，税率为零；但是，国务院另有规定的除外。例如，国际计划外出口的原油、援外出口货物、禁止出口的货物。

根据“营改增”税收政策的规定，境内的单位和个人销售，下列应税服务和无形资产符合条件时适用零税率。

（1）中华人民共和国境内的单位和个人提供的国际运输服务、向境外单位提供的研发服务和设计服务，适用增值税零税率。

① 国际运输服务，是指在境内载运旅客或者货物出境；在境外载运旅客或者货物入境；在境外载运旅客或者货物。起点或终点在境外的运单、提单或客票所对应的各航段或路段的运输服务，属于国际运输服务。

② 航天运输服务参照国际运输服务，适用增值税零税率。

③ 向境外单位提供完全在境外消费的下列服务：研发服务；合同能源管理服务；设计服务；广播影视节目（作品）的制作合法性服务；软件

服务；电路设计及测试服务；信息系统服务；业务流程管理服务；离岸服务外包业务；转让技术。

（2）其他零税率政策。按照国家有关规定应取得相关资质的国际运输服务项目，纳税人取得相关资质的，适用增值税零税率政策，未取得相关资质的，适用增值税免税政策。

境内的单位或个人提供程租服务，如果租赁的交通工具用于国际运输服务和港澳台运输服务，由出租方按规定申请适用增值税零税率。

境内的单位和个人向境内单位或个人提供期租、湿租服务，如果承租方利用租赁的交通工具向其他单位或个人提供国际运输服务和港澳台运输服务，由承租方适用增值税零税率。境内的单位或个人向境外单位或个人提供期租、湿租服务，由出租方适用增值税零税率。

境内单位和个人以无运输工具承运方式提供的国际运输服务，由境内实际承运人适用增值税零税率；无运输工具承运业务的经营者适用增值税免税政策。

（3）境内单位和个人发生的与香港、澳门、台湾有关的应税行为，除另有规定外，参照上述规定执行。

小资料2－5

零税率与免税的区别

税率为零不是简单地等同于免税。出口货物和应税服务免税仅指在出口环节不征收增值税，而零税率是指对出口货物和应税服务除了在出口环节不征增值税外，还要对该产品和应税服务在出口前已经缴纳的增值税进行退税，使该出口产品和应税服务在出口时完全不含增值税税款，从而以无税产品和应税服务进入国际市场。当然我国目前并非对全部出口产品和应税服务都完全实行零税率。我国根据经济形势的变化和调节出口产品与应税服务结构规定了出口退税率，对大部分出口产品与应税服务实行零税率。

---

2. 增值税征收率

增值税小规模纳税人及一般纳税人发生的一些特殊情况采用简易征收办法，对小规模纳税人及一般纳税人采用简易征收办法征收的税率称为征收率。

1）基本规定

考虑到小规模纳税人经营规模小，且会计核算不健全，难以按上述增值税税率计税和使用增值税专用发票抵扣进项税款，因此实行按销售额与征收率计算应纳税额的简易办法。增值税征收率为3%。

2）其他规定

（1）纳税人销售自己使用过的物品，按下列政策执行，不得抵扣进项税额。

① 一般纳税人销售自己使用过的属于《中华人民共和国增值税暂行

条例》第十条规定不得抵扣且未抵扣进项税额的固定资产，按照简易办法依照3%征收率减按2%征收增值税。一般纳税人销售自己使用过的除固定资产以外的物品，应当按照适用税率征收增值税。

② 小规模纳税人（除其他个人外，下同）销售自己使用过的固定资产，减按2%征收率征收增值税。

小规模纳税人销售自己使用过的除固定资产以外的物品，应按3%的征收率征收增值税。

③ 纳税人销售旧货，按照简易办法依照3%征收率减按2%征收增值税。

所称旧货，是指进入二次流通的具有部分使用价值的货物（含旧汽车、旧摩托车和旧游艇），但不包括自己使用过的物品。

上述纳税人销售自己使用过的固定资产、物品和旧货适用按照简易办法依照3%征收率减按2%征收增值税的，按下列公式确定销售额和应纳税额

$$销售额=含税销售额/(1+3\%)$$

$$应纳税额=销售额\times 2\%$$

一般纳税人选择简易办法计算缴纳增值税后，36个月内不得变更。

（2）小规模纳税人适用5%的增值税征收率的情形。

① 小规模纳税人销售其取得（不含自建）的不动产（不含个体工商户销售购买的住房和其他个人销售的不动产）。

② 小规模纳税人销售其自建的不动产。

③ 小规模纳税人出租其取得的不动产（不含个人出租住房）。

3. 兼营行为的税率选择

兼营不同税率的货物或应税劳务和应税服务，是指纳税人生产或销售不同税率的货物，或者既销售货物又提供增值税应税劳务和应税服务。比如，某企业既销售税率为17%的家用电器，又销售税率为11%的图书、杂志；某农业机械厂既生产销售税率为11%的农机，又利用现有设备从事税率为17%的加工、修理修配业务。

对于这种兼营行为，税务处理办法是：纳税人销售货物、加工修理修配劳务、服务、无形资产或者不动产适用不同税率或者征收率的，应当分别核算适用不同税率或者征收率的销售额，未分别核算销售额的，按照以下方法适用税率或者征收率。

（1）兼有不同税率的销售货物、加工修理修配劳务、服务、无形资产或者不动产，从高适用税率。

（2）兼有不同征收率的销售货物、加工修理修配劳务、服务、无形资产或者不动产，从高适用征收率。

（3）兼有不同税率和征收率的销售货物、加工修理修配劳务、服务、无形资产或者不动产，从高适用税率。

2.3 增值税应纳税额的计算

2.3.1 增值税计税销售额

1. 计税销售额的基本规定

销售额是指纳税人销售货物或者提供应税劳务和应税服务向购买方（承受应税劳务和应税服务也视为购买方）收取的全部价款和价外费用。特别需要强调的是，尽管销项税额也是销售方向购买方收取的，但是由于增值税采用价外计税方式，用不含税价作为计税依据，因而销售额中不包括向购买方收取的销项税额。

价外费用是指销售方向购买方收取的手续费、补贴、基金、集资费、返还利润、奖励费、违约金、滞纳金、延期付款利息、赔偿金、代收款项、代垫款项、包装费、包装物租金、储备费、优质费、运输装卸费及其他各种性质的价外费用。但下列项目不包括在内：

① 受托加工应征消费税的消费品所代收代缴的消费税；

② 同时符合以下条件的代垫运输费用：承运部门的运输费用发票开具给购买方的，纳税人将该项发票转交给购买方的；

③ 以委托方名义开具发票代委托方收取的款项；

④ 销售货物的同时代办保险等而向购买方收取的保险费，以及向购买方收取的代购买方缴纳的车辆购置税、车辆牌照费。

凡随同销售货物或提供应税劳务和应税服务向购买方收取的价外费用，无论其会计制度如何核算，均应并入销售额计算应纳税额。税法规定各种性质的价外收费都要并入销售额计算征税，目的是防止以各种名目的收费减少销售额逃避纳税的现象。上述4项允许不计入价外费用是因为在满足了上述相关条件后可以确认销售方在其中仅仅是代为收取了有关费用，这些价外费用确实没有形成销售方的收入。

应当注意，根据国家税务总局规定：对增值税一般纳税人（包括纳税人自己或代其他部门）向购买方收取的价外费用和逾期包装物押金，应视为含税收入，在征税时换算成不含税收入再并入销售额。

我国增值税属于价外税，以不含税销售额计算销售额，税款和价格分开，计税销售额只包括成本和利润两部分内容。一般纳税人、小规模纳税人销售货物、提供应税劳务或应税服务采用销售额和销项税额合并定价（又称为含税销售额、含税价格或价税合一）的，均应按下列公式将含增值税的销售额换算为不含税的销售额后再计算应纳税额

$$销售额=含增值税销售额/[1+增值税税率(或征收率)]$$

公式中的增值税税率为17%、11%或6%，征收率为3%。

纳税人销售货物或者应税劳务的价格明显偏低又无正当理由的，以及视同销售行为，按下列顺序确定销售额：

① 按纳税人最近时期同类货物或者提供同类应税劳务及应税服务的平均销售价格确定；

② 按其他纳税人最近时期同类货物的或提供同类应税服务平均销售价格确定；

③ 按组成计税价格确定，组成计税价格的公式为

组成计税价格 = 成本 ×（1 + 成本利润率）

公式中的成本对于销售自产货物为实际生产成本，销售外购货物为实际采购成本，提供应税服务为实际服务成本。公式中的成本利润率由国家税务总局确定。除应税消费品以外，其他货物的成本利润率由国家税务总局统一规定为10%。

对于在征收增值税的同时还要征收消费税的应税消费品，其增值税的计税销售额是包括消费税但不包括增值税的销售额。其组成计税价格计算公式为

组成计税价格 = 成本 ×（1 + 成本利润率）+ 消费税额

或

组成计税价格 =［成本 ×（1 + 成本利润率）］/（1 − 消费税率）

属于按照从价定率征收消费税的货物，其公式中的成本利润率根据不同的消费品分别确定，具体执行国家税务总局颁布的《消费税若干具体问题的规定》中规定的应税消费品全国平均成本利润率。

销售额以人民币计算，纳税人以人民币以外的货币结算销售额的，应当折合成人民币计算。其销售额的人民币折合率可以选择销售额发生的当天或者当月1日的人民币汇率中间价。纳税人应事先确定采用何种折合率，确定后1年内不得变更。

【例2−1】 A企业某月发生以下业务：销售给甲企业货物1 200件，单价1 600元；销售给乙企业同类产品1 800件，单价1 550元；销售给丙企业同类货物450件，单价600元；A企业当月生产一种新产品800件，生产成本每件2 500元，500件用于发放职工福利，300件用于赠送客户使用。确定企业当月的计税销售额（不考虑消费税）。

解 销售给甲企业货物计税销售额 = 1 200 × 1 600 = 1 920 000（元）

销售给乙企业货物计税销售额 = 1 800 × 1 550 = 2 790 000（元）

销售给丙企业的货物价格明显偏低并无正当理由，按纳税人最近时期同类货物的平均售价确定，即

（1 200 × 1 600 + 1 800 × 1 550）/（1 200 + 1 800）= 1 570（元/件）

销售给丙企业货物计税销售额 = 450 × 1 570 = 706 500（元）

生产的新产品无论是用作职工福利还是赠送客户都视同销售，无同类产品售价，按组成计税价格确定计税销售额，即

组成计税价格 = 成本 ×（1 + 成本利润率）

= 800 × 2 500 ×（1 + 10%）= 2 200 000（元）

A企业当月的计税销售额 = 1 920 000 + 2 790 000 + 706 500 + 2 200 000 =

7 616 500（元）

2. 计税销售额的其他规定

在销售活动中，有多种销售方式。不同销售方式下销售者取得的销售额会有所不同。对不同销售方式如何确定其计征增值税的销售额，税法也分别予以明确规定。税法对以下几种销售方式分别做了规定。

1）以折扣方式销售

折扣销售是指销货方在销售货物或提供应税劳务和应税服务时，因购货方购货数量较大等原因而给予购货方的价格优惠。根据税法规定，纳税人销售货物并向购买方开具增值税专用发票后，由于购货方在一定时期内累计购买货物达到一定数量，或者由于市场价格下降等原因，销货方给予购货方相应的价格优惠或补偿等折扣、折让行为，销货方可按现行《增值税专用发票使用规定》的有关规定开具红字增值税专用发票。《国家税务总局关于印发〈增值税若干具体问题的规定〉的通知》（国税发〔1993〕154号）第二条第（二）项规定："纳税人采取折扣方式销售货物，如果销售额和折扣额在同一张发票上分别注明的，可按折扣后的销售额征收增值税。"纳税人采取折扣方式销售货物，销售额和折扣额在同一张发票上分别注明是指销售额和折扣额在同一张发票上的"金额"栏分别注明的，可按折扣后的销售额征收增值税。未在同一张发票上的"金额"栏注明折扣额，而仅在发票的"备注"栏注明折扣额的，折扣额不得从销售额中减除。

"营改增"税收政策也规定纳税人提供应税服务，将价款和折扣额在同一张发票上分别注明的，以折扣后的价款为销售额；未在同一张发票上分别注明的，以价款为销售额，不得扣减折扣额。

这里需要注意以下几点。第一，折扣销售不同于销售折扣。销售折扣是指销货方在销售货物或提供应税劳务和应税服务后，为了鼓励购货方及早偿还货款而协议许诺给予购货方的一种折扣优待。销售折扣发生在销货之后，是一种融资性质的理财费用，因此，销售折扣不得从销售额中减除。第二，销售折扣又不同于销售折让。销售折让是指货物销售后，由于其品种、质量等原因购货方未予退货，但销货方需给予购货方的一种价格折让。销售折让与销售折扣相比较，虽然都是在货物销售后发生的，但因为销售折让是由于货物的品种和质量引起销售额的减少，因此，销售折让可以折让后的货款为销售额。第三，折扣销售仅限于货物价格的折扣，如果销货者将自产、委托加工和购买的货物用于实物折扣的，则该实物款额不能从货物销售额中减除，且该实物应按增值税条例"视同销售货物"中的"赠送他人"计算征收增值税。

2）采取以旧换新方式销售

所谓以旧换新是指纳税人在销售自己的货物时，有偿收回旧货物的行为。税法规定，采取以旧换新方式销售货物的，应按新货物的同期销售价格确定销售额，不得扣减旧货物的收购价格。之所以这样规定，既是因为销售货物与收购货物是两个不同的业务活动，销售额与收购额不能相互抵减，也是为了严格增值税的计算征收，防止出现销售额不实、减少纳税的现象。考虑到金银首饰以旧换新业务的特殊情况，对金银首饰以旧换新业务，可以按销售方实际收取的不含增值税的全部价款征收增值税。

3）采取还本销售方式销售

还本销售是指纳税人在销售货物后，到一定期限由销售方一次或分次退还给购货方全部或部分价款。这种方式实际上是一种筹资行为，是以货物换取资金的使用价值，到期还本不付息的方法。税法规定，采取还本销售方式销售货物，其销售额就是货物的销售价格，不得从销售额中减除还本支出。

4）采取以物易物方式销售

以物易物是一种较为特殊的购销活动，是指购销双方不是以货币结算，而是以同等价款的货物相互结算，实现货物购销的一种方式。在实务中，有的纳税人以为以物易物不是购销行为，销货方收到购货方抵顶货款的货物，认为自己不是购货；购货方发出抵顶货款的货物，认为自己不是销货。这两种认识都是错误的。正确的方法应当是，以物易物双方都应作购销处理，以各自发出的货物核算销售额并计算销项税额，以各自收到的货物按规定核算购货额并计算进项税额。应注意，在以物易物活动中，应分别开具合法的票据，如收到的货物不能取得相应的增值税专用发票或其他合法票据的，不能抵扣进项税额。另外，包装物押金不应混同于包装物租金，包装物租金在销货时作为价外费用并入销售额计算销项税额。

5）包装物押金的税务处理

包装物是指纳税人包装本单位货物的各种物品。根据税法规定，纳税人为销售货物而出租出借包装物收取的押金，单独记账核算的，时间在1年以内，又未过期的，不并入销售额征税，但对因逾期1年未收回包装物不再退还的押金，应按所包装货物的适用税率计算销项税额。

2.3.2 小规模纳税人应纳税额计算

小规模纳税人销售货物或者提供应税劳务和应税服务采取简易计税方法计算应纳税额，即不含增值税的销售额和规定的征收率计算应纳税额，并不得抵扣进项税额。小规模纳税人应纳税额计算公式为

$$应纳税额 = 销售额 \times 征收率$$

简易计税方法的销售额不包括其应纳的增值税税额，纳税人采用销售额和应纳增值税税额合并定价方法的，按照下列公式计算销售额：

$$销售额 = 含税销售额/(1 + 征收率)$$

【例2-2】 某小规模纳税人提供交通运输业服务，某月提供应税服务取得含税销售额40 000元，但因购进货物支付20 000元，计算应纳增值税。

解 对于小规模纳税人，不得抵扣进项税，小规模纳税人适用征收率为3%。

计税销售额 =40 000/(1 +3%) =38 834.95（元）

应纳税额 =38 834.95 ×3% =1 165.05（元）

2.3.3　一般纳税人应纳税额计算

1. 一般纳税人应纳税额的计算

一般纳税人销售货物或者提供应税劳务、应税行为，应纳税额为当期销项税额抵扣当期进项税额后的余额。应纳税额的计算公式为

应纳税额 = 当期销项税额 - 当期进项税额

如果计算出的应纳税额为正数，计算结果即纳税人当期应当缴纳的税额；如果计算出的应纳税额为负数，即当期的进项税额大于当期的销项税额时，不足抵扣的部分可以结转下一个纳税周期继续抵扣。

一般纳税人应纳税额的计算公式为

应纳税额 = 当期销项税额 - 当期进项税额 - 上期留抵的进项税额

销项税额是指纳税人销售货物或者提供应税劳务、应税行为，按照销售额和增值税暂行条例以及其他规定规定的税率计算并向购买方收取的增值税税额。

当期销项税额 = 当期不含税销售额 × 税率（17%、11%或6%）

或

当期销项税额 = 当期组成计税价格 × 税率（17%、11%或6%）

销项税额"当期"的时间就是增值税纳税义务发生时间，纳税人增值税纳税义务发生时间是根据不同的结算方式来确定的，具体内容见2.5节"增值税的征收管理"。

进项税额是纳税人购进货物或者接受应税劳务、应税行为所支付或者负担的增值税税额。只有一般纳税人准予抵扣进项税额，小规模纳税人不予抵扣。

【例2-3】某交通运输企业为增值税一般纳税人，某年4月该企业承接境内运输业务，收取运费价税合计888万元；当月购进柴油并取得增值税专用发票，注明价款400万元、税款68万元；当月购进两辆货车用于货物运输，取得增值税专用发票，注明价款60万元、税款10.2万元；计算该企业当月应纳增值税。

解　应税销售额 =888/(1 +11%) =800（万元）

当期销项税额 =800 ×11% =88（万元）

当期进项税额 =68 +10.2 =78.2（万元）

当期应纳增值税 =88 -78.2 =9.8（万元）

2. 进项税额的确定

纳税人购进货物或者接受应税劳务和应税行为支付或者负担的增值税税额，为进项税额。进项税额是与销项税额相对应的另一个概念。在开具增值税专用发票的情况下，它们之间的对应关系是：销售方收取的销项税额，就是购买方支付的进项税额。对于任何一个一般纳税人而言，由于其

在经营活动中，既会发生销售货物或提供应税劳务和应税行为，又会发生购进货物或接受应税劳务和应税行为，因此，每一个一般纳税人都会有收取的销项税额和支付的进项税额。增值税的核心就是用纳税人收取的销项税额抵扣其支付的进项税额，其余额为纳税人实际应缴纳的增值税税额。

需要注意的是，并不是纳税人支付的所有进项税额都可以从销项税额中抵扣。为体现增值税的配比原则，当纳税人购进的货物或接受的应税劳务和应税行为不是用于增值税应税项目，而是用于非应税项目、免税项目或用于集体福利、个人消费等情况时，其支付的进项税额就不能从销项税额中抵扣。税法对不能抵扣进项税额的项目做了严格的规定，如果违反税法规定，随意抵扣进项税额就将以偷税论处。因此，严格把握哪些进项税额可以抵扣，哪些进项税额不能抵扣是十分重要的。

1）准予从销项税额中抵扣的进项税额

根据《中华人民共和国增值税暂行条例》《营业税改征增值税试点实施办法》的规定，准予从销项税额中抵扣的进项税额，限于下列增值税扣税凭证上注明的增值税税额和按规定的扣除率计算的进项税额。

（1）从销售方或者提供方取得的增值税专用发票（含税控机动车销售统一发票和中华人民共和国税收缴款凭证）上注明的增值税税额。

（2）从海关取得的海关进口增值税专用缴款书上注明的增值税税额。纳税人进口货物，凡已缴纳了进口环节增值税的，不论其是否已经支付货款，其取得的海关进口增值税专用缴款书均可作为增值税进项税额抵扣凭证，在规定的期限内申报抵扣进项税额；没有从销售方或海关取得注明增值税税额的法定扣税凭证，就不能抵扣进项税额。

（3）纳税人购进农产品，取得一般纳税人开具的增值税专用发票或海关进口增值税专用缴款书的，以增值税专用发票或海关进口增值税专用缴款书上注明的增值税税额为进项税额；从按照简易计税方法依照3%征收率计算缴纳增值税的小规模纳税人取得增值税专用发票的，以增值税专用发票上注明的金额和11%的扣除率计算进项税额；取得（开具）农产品销售发票或收购发票的，以农产品销售发票或收购发票上注明的农产品买价和11%的扣除率计算进项税额。进项税额计算公式如下：

$$进项税额=买价\times扣除率(11\%)$$

（4）增值税一般纳税人取得的小规模纳税人由税务机关代开的增值税专用发票，按增值税专用发票注明的税额抵扣进项税额。

（5）接受境外单位或者个人提供的应税服务，从税务机关或者境内代理人取得的解缴税款的中华人民共和国税收缴款凭证上注明的增值税税额。

2）不得抵扣的进项税额

纳税人购进货物或者接受应税劳务和应税行为，取得的增值税扣税凭证不符合法律、行政法规或者国务院税务主管部门有关规定的，其进项税额不得从销项税额中抵扣。下列项目的进项税额不得从销项税额中抵扣。

（1）用于简易计税方法计税项目、非增值税应税项目、免征增值税项目、集体福利或者个人消费的购进货物、应税劳务和应税行为。

纳税人的交际应酬消费属于个人消费。

（2）非正常损失的购进货物及相关的应税劳务及交通运输业服务。

（3）非正常损失的在产品、产成品所耗用的购进货物（不包括固定资产）或者应税劳务及交通运输业服务。

（4）非正常损失的不动产，以及该不动产所耗用的购进货物、设计服务和建筑服务。

（5）非正常损失的不动产在建工程中所耗用的购进货物、设计服务和建筑服务。

（6）购进的旅客运输服务、贷款服务、餐饮服务、居民日常服务和娱乐服务。

（7）财政部和国家税务总局规定的其他情形。

适用一般计税方法的纳税人，兼营简易计税方法计税项目、非增值税应税劳务、免征增值税项目而无法划分不得抵扣的进项税额，按照下列公式计算不得抵扣的进项税额。

不得抵扣的进项税额＝当期无法划分的全部进项税额×(当期简易计税方法计税项目销售额＋非增值税应税劳务营业额＋免征增值税项目销售额)/(当期全部销售额＋当期全部营业额)

已抵扣进项税额的购进货物或接受应税劳务和应税行为但事后改变用途，用于简易计税方法计税项目、非增值税应税项目、用于免征增值税项目、用于集体福利或者个人消费、购进货物发生非正常损失、在产品或产成品发生非正常损失，根据《中华人民共和国增值税暂行条例》及其实施细则和“营改增”税收政策的规定，应当将该项购进货物或者应税劳务和应税行为的进项税额从当期的进项税额中扣减；无法确定该进项税额的，按当期实际成本计算应扣减的进项税额。

【例2－4】某运输企业为增值税一般纳税人，月末盘存发现上月购进的原材料被盗，原材料价值10 000元，其中包括运输费用1 200元。计算进项税额的抵减额。

解 进项税额转出数额＝(10 000－1 200)×17%＋1 200×11%＝1 628（元）

【例2－5】某运输企业为增值税一般纳税人，某月该运输企业奖励给10名优秀员工每人一件自己生产的产品，产品每件成本为500元，计算进项税额的转出。

解 进项税额转出数额＝500×10×17%＝850（元）

3）专用发票进项税额抵扣的时间限定

（1）增值税一般纳税人取得的增值税专用发票和机动车销售统一发票，应在开具之日起规定日内到税务机关办理认证，并在认证通过的次月申报期内，向主管税务机关申报抵扣进项税额。

（2）海关进口增值税实行专用缴款书“先比对后抵扣”管理办法，

自2013年7月1日起，增值税一般纳税人进口货物取得的属于增值税扣税范围的海关缴款书，需经税务机关稽核比对相符后，其增值税税额方能作为进项税额在销项税额中抵扣。实行海关进口增值税专用缴款书"先比对后抵扣"管理办法的增值税一般纳税人取得2010年1月1日以后开具的海关缴款书，应在开具之日起规定日内向主管税务机关报送《海关完税凭证抵扣清单》（包括纸质资料和电子数据）申请稽核比对。

（3）增值税一般纳税人取得的增值税扣税凭证已认证或已采集上报信息但未按照规定期限申报抵扣；实行纳税辅导期管理的增值税一般纳税人以及实行海关进口增值税专用缴款书"先比对后抵扣"管理办法的增值税一般纳税人，取得的增值税扣税凭证稽核比对结果相符但未按规定期限申报抵扣，属于发生真实交易且符合规定的客观原因的，经主管税务机关审核，允许纳税人继续申报抵扣其进项税额。

符合规定的增值税纳税人（例如纳税信用为A、B、C级的增值税一般纳税人）取得销售方使用新系统开具的增值税发票（包括增值税专用发票、货物运输业增值税专用发票、机动车销售统一发票），可以不再进行扫描认证，登录本省增值税发票查询平台，查询、选择用于申报抵扣或者出口退税的增值税发票信息，未查询到对应发票信息的，仍可进行扫描认证。

2.3.4 进口货物应纳税额计算

1. 进口货物征税的范围

根据《中华人民共和国增值税暂行条例》的规定，申报进入中华人民共和国海关境内的货物，均应缴纳增值税。确定一项货物是否属于进口货物，必须首先看其是否有报关进口手续。一般来说，境外产品要输入境内，都必须向我国海关申报进口，并办理有关报关手续。只要是报关进口的应税货物，不论其是国外产制还是我国已出口而转销国内的货物，是进口者自行采购还是国外捐赠的货物，是进口者自用还是作为贸易或其他用途等，均应按照规定缴纳进口环节的增值税。

2. 进口货物的纳税人

进口货物的收货人或办理报关手续的单位和个人，为进口货物增值税的纳税人。也就是说，进口货物增值税纳税人的范围较宽，包括国内一切从事进口业务的企业事业单位、机关团体和个人。

对于企业、单位和个人委托代理进口应征增值税的货物，鉴于代理进口货物的海关完税凭证，有的开具给委托方，有的开具给受托方的特殊性，对代理进口货物以海关开具的完税凭证上的纳税人为增值税纳税人。在实际工作中一般由进口代理者代缴进口环节增值税。纳税后，由代理者将已纳税款和进口货物价款费用等与委托方结算，由委托者承担已纳税款。

3. 进口货物应纳税额的计算

纳税人进口货物，按照组成计税价格和《中华人民共和国增值税暂行条例》规定的税率计算应纳税额。组成计税价格是指在没有实际销售价格时，按照税法规定计算出作为计税依据的价格。进口货物的组成计税价格为进口货物所支付的全部金额，包括进口货物关税，但不包括应缴纳的增值税。如果进口的货物属于征收消费税的应税产品，则组成计税价格还要包括进口环节的消费税。

如果进口不缴纳消费税的货物，其组成计税价格的计算公式为

组成计税价格＝关税完税价格＋关税

如果进口缴纳消费税的货物，其组成计税价格的计算公式为

组成计税价格＝关税完税价格＋关税＋消费税

或

组成计税价格＝(关税完税价格＋关税)/(1－消费税)

按照《中华人民共和国海关法》和《中华人民共和国进出口关税条例》的规定，一般贸易下进口货物的关税完税价格以海关审定的成交价格为基础的到岸价格作为完税价格。所谓成交价格是一般贸易项下进口货物的买方为购买该项货物向卖方实际支付或应当支付的价格；到岸价格，包括货价，加上货物运抵我国关境内输入地点起卸前的包装费、运费、保险费和其他劳务费等费用构成的一种价格。

确定进口货物的组成计税价格后，其应纳增值税税额的计算公式为

应纳税额＝组成计税价格×适用税率

按进口的货物不同，公式中的适用税率为17%或11%。

在计算进口环节的应纳增值税税额时不得抵扣任何税额，即在计算进口环节的应纳增值税税额时，不得抵扣发生在我国境外的各种税金。以上两点实际上是贯彻了出口货物的目的地原则或称消费地原则。即对出口货物原则上在实际消费地征收商品或货物税。对进口货物而言，出口这些货物的出口国在出口时并没有征出口关税和增值税、消费税，到我国口岸时货物的价格基本就是到岸价格，即所谓的关税完税价格。如果此时不征进口关税和其他税收，那么与国内同等商品的税负差异就会很大。因此在进口时首先要对之征收进口关税。如果是应征消费税的商品则要征收消费税。在此基础上才形成了增值税的计税依据即组成计税价格。这与国内同类商品的税基是一致的。由于货物出口时出口国并没有征收过流转税，因此在进口时计算增值税税额时就不用进行进项税额抵扣。

纳税人进口货物取得的合法海关完税凭证，是计算增值税进项税额的唯一依据，其价格差额部分以及从境外供应商取得的退还或返还的资金，不作进项税额转出处理。

【例2－6】某交通运输公司从国外购进轿车一辆，支付离岸买价42万元，支付到达我国海关前的运输费用5万元，保险费用3万元，该轿车在进口环节缴纳关税10万元，缴纳消费税6万元，计算该公司应缴纳的进口环节增值税。

解 组成计税价格＝关税完税价格＋关税＋消费税

＝42＋5＋3＋10＋6＝66（万元）

应纳税额 = 组成计税价格 × 税率 = 66 × 17% = 11.22（万元）

2.4　增值税的税收优惠

1.《中华人民共和国增值税暂行条例》第十五条规定的免征增值税项目

（1）农业生产者销售的自产农产品。

农业，是指种植业、养殖业、林业、牧业、水产业。农产品，是指农业初级产品。具体范围由财政部、国家税务总局确定。

（2）避孕药品和用具。

（3）古旧图书。古旧图书，是指向社会收购的古书和旧书。

（4）直接用于科学研究、科学试验和教学的进口仪器、设备。

（5）外国政府、国际组织无偿援助的进口物资和设备。

（6）由残疾人的组织直接进口供残疾人专用的物品。

（7）销售自己使用过的物品。自己使用过的物品，是指其他个人自己使用过的物品。

2. 根据财政部、国家税务总局《跨境应税行为适用增值税零税率和免税政策的规定》与交通运输业相关的跨境应税行为适用增值税免税政策

境内的单位和个人销售的下列服务免征增值税，但财政部和国家税务总局规定适用增值税零税率的除外。

（1）存储地点在境外的仓储服务。

（2）标的物在境外使用的有形动产租赁服务。

（3）为出口货物提供的邮政服务、收派服务、保险服务。

（4）向境外单位提供的完全在境外消费的物流辅助服务（仓储服务、收派服务除外）。

（5）以无运输工具承运方式提供的国际运输服务。

3. 营业税改征增值税试点过渡政策规定的与交通运输业相关的免征增值税规定

（1）台湾航运公司、航空公司从事海峡两岸海上直航、空中直航业务在大陆取得的运输收入。台湾航运公司，是指取得交通运输部颁发的“台湾海峡两岸间水路运输许可证”且该许可证上注明的公司登记地址在台湾的航运公司。

台湾航空公司，是指取得中国民用航空局颁发的“经营许可”或者依据《海峡两岸空运协议》和《海峡两岸空运补充协议》规定，批准经营两岸旅客、货物和邮件不定期（包机）运输业务，且公司登记地址在台湾的航空公司。

（2）纳税人提供的直接或者间接国际货物运输代理服务。纳税人提供直接或者间接国际货物运输代理服务，向委托方收取的全部国际货物运输代理服务收入，以及向国际运输承运人支付的国际运输费用，必须通过金融机构进行结算。

纳税人为大陆与香港、澳门、台湾地区之间的货物运输提供的货物运输代理服务参照国际货物运输代理服务有关规定执行。

委托方索取发票的，纳税人应当就国际货物运输代理服务收入向委托方全额开具增值税普通发票。

（3）纳税人提供技术转让、技术开发和与之相关的技术咨询、技术服务。

（4）将土地使用权转让给农业生产者用于农业生产。

4. 增值税起征点的规定

个人发生销售货物、劳务和应税行为的销售额未达到增值税起征点的，免征增值税；达到起征点的，全额计算缴纳增值税。

增值税起征点仅适用于按照小规模纳税人纳税的个体工商户和其他个人。

增值税起征点幅度如下。

（1）按期纳税的，为月销售额5 000～20 000元（含本数）。

（2）按次纳税的，为每次（日）销售额300～500元（含本数）。

起征点的调整由财政部和国家税务总局规定。省、自治区、直辖市财政厅（局）和国家税务局应当在规定的幅度内，根据实际情况确定本地区适用的起征点，并报财政部和国家税务总局备案。

5. 其他与增值税减免税有关的规定

（1）纳税人兼营免税、减税项目的，应当分别核算免税、减税项目的销售额；未分别核算销售额的，不得免税、减税。

（2）纳税人销售货物、劳务和应税行为适用免税规定的，可以放弃免税，依照《中华人民共和国增值税暂行条例》的规定缴纳增值税。放弃免税后，36个月内不得再申请免税。

（3）纳税人既有增值税即征即退、先征后退项目，也有出口等其他增值税应税项目的，增值税即征即退和先征后退项目不参与出口项目免抵退税计算。纳税人应分别核算增值税即征即退、先征后退项目和出口等其他增值税应税项目，分别申请享受增值税即征即退、先征后退和免抵退税政策。

2.5　增值税的征收管理

2.5.1　纳税义务发生时间

《中华人民共和国增值税暂行条例》和“营改增”税收政策明确规定了增值税纳税义务的发生时间。纳税义务发生时间，是纳税人发生应税行为应当承担纳税义务的起始时间。税法明确规定纳税义务发生时间的作用在于：①正式确认纳税人已经发生属于税法规定的应税行为，应承担纳税义务；②有利于税务机关实施税务管理，合理规定申报期限和纳税期限，监督纳税人切实履行纳税义务。

（1）纳税人销售货物或者提供应税劳务，其纳税义务发生时间为收讫销售款项或者取得索取销售款项凭据的当天；先开具发票的，为开具发票的当天。

收讫销售款项或者取得索取销售款项凭据的当天按销售结算方式的不同，具体如下。

① 采取直接收款方式销售货物，不论货物是否发出，均为收到销售款或者取得索取销售款凭据的当天。

② 采取托收承付和委托银行收款方式销售货物，为发出货物并办妥托收手续的当天。

③ 采取赊销和分期收款方式销售货物，为书面合同约定的收款日期的当天，无书面合同的或者书面合同没有约定收款日期的，为货物发出的当天。

④ 采取预收货款方式销售货物，为货物发出的当天，但生产销售生产工期超过 12 个月的大型机械设备、船舶、飞机等货物，为收到预收货款或者书面合同约定的收款日期的当天。

⑤ 委托其他纳税人代销货物，为收到代销单位的代销清单或者收到全部或者部分货款的当天；未收到代销清单及货款的，为发出代销货物满 180 天的当天。

⑥ 销售应税劳务，为提供劳务同时收讫销售款或者取得索取销售款的凭据的当天。

⑦ 纳税人发生除将货物交付其他单位或者个人代销和销售代销货物以外的视同销售货物行为，为货物移送的当天。

（2）纳税人进口货物，其纳税义务发生时间为报关进口的当天。

（3）纳税人发生应税行为并收讫销售款项或者取得索取销售款项凭据的当天；先开具发票的，为开具发票的当天。

收讫销售款项，是指纳税人销售服务、无形资产、不动产过程中或者完成后收到款项。

取得索取销售款项凭据的当天，是指书面合同确定的付款日期；未签订书面合同或者书面合同未确定付款日期的，为服务、无形资产转让完成的当天或者不动产权属变更的当天。

（4）纳税人提供建筑服务、租赁服务采取预收款方式的，其纳税义务发生时间为收到预收款的当天。纳税人从事金融商品转让的，为金融商品所有权转移的当天。

（5）纳税人发生视同销售服务、无形资产或者不动情形的，其纳税义务发生时间为服务、无形资产转让完成的当天或者不动产权属变更的当天。

（6）增值税扣缴义务发生时间为纳税人增值税纳税义务发生的当天。

上述销售货物或应税劳务及应税服务纳税义务发生时间的确定，明确了企业在计算应纳税额时，对“当期销项税额”时间的限定，是增值税计税和征收管理中重要的规定。目前，一些企业没有按照上述规定的纳税义务发生时间将实现的销售收入及时入账并计算纳税，而是采取延迟入账或不计销售收入等做法，以拖延纳税或逃避纳税，这些做法都是错误的。企业必须按上述规定的时限及时、准确地记录销售额和计算当期销项税额。

小思考2－1

对于分期付款方式下销售商品的，是按合同约定时间还是按发票开具时间计算缴纳增值税

增值税纳税人采用分期付款结算方式销售的，纳税义务的发生时间和发票的开具时间为合同约定的收款日期的当天。但如果发票不是按合同约定的时间，而是提前开具发票的，则应按所开发票时间计算缴纳增值税。

2.5.2 纳税期限

（1）根据《中华人民共和国增值税暂行条例》的规定，增值税的纳税期限分别为1日、3日、5日、10日、15日、1个月或者1个季度。

纳税人的具体纳税期限，由主管税务机关根据纳税人应纳税额的大小分别核定；不能按照固定期限纳税的，可以按次纳税。以1个季度为纳税期限的规定仅适用于小规模纳税人以及财政部和国家税务总局规定的其他纳税人。小规模纳税人的具体纳税期限，由主管税务机关根据其应纳税额的大小分别核定。

纳税人以1个月或者1个季度为1个纳税期的，自期满之日起15日内申报纳税；以1日、3日、5日、10日或者15日为1个纳税期的，自期满之日起5日内预缴税款，于次月1日起15日内申报纳税并结清上月应纳税款。

扣缴义务人解缴税款的期限，依照前两款规定执行。

（2）纳税人进口货物，应当自海关填发进口增值税专用缴款书之日起15日内缴纳税款。

（3）纳税人出口货物适用退（免）税规定的，应当向海关办理出口手续，凭出口报关单等有关凭证，在规定的出口退（免）税申报期内按月向主管税务机关申报办理该项出口货物的退（免）税。

出口货物办理退税后发生退货或者退关的，纳税人应当依法补缴已退的税款。

2.5.3 增值税的纳税地点

（1）固定业户应当向其机构所在地的主管税务机关申报纳税。总机构和分支机构不在同一县（市）的，应当分别向各自所在地的主管税务机关申报纳税；但在同一省（自治区、直辖市）范围内的，经省（自治区、直辖市）财政厅（局）、国家税务局审批同意，可以由总机构汇总向总机构所在地的主管税务机关申报缴纳增值税。

（2）非固定业户销售货物或者应税劳务，应当向销售地或者劳务发生地的主管税务机关申报纳税。未向销售地或者劳务发生地的主管税务机关申报纳税的，由其机构所在地或者居住地的主管税务机关补征税款。

（3）其他个人提供建筑服务，销售或者租赁不动产，转让自然资源使用权，应向建筑服务发生地、不动产所在地、自然资源所在地主管税务机关申报纳税。

（4）扣缴义务人应当向其机构所在地或者居住地主管税务机关申报缴纳扣缴的税款。

2.5.4 增值税纳税申报资料

1. 增值税小规模纳税人纳税申报资料

增值税小规模纳税人纳税申报资料包括增值税小规模纳税人纳税申报表及其附列资料。

增值税小规模纳税人纳税申报资料

（1）《增值税纳税申报表（小规模纳税人适用）》。

（2）《增值税纳税申报表（小规模纳税人适用）附列资料》。

小规模纳税人销售服务，在确定服务销售额时，按照有关规定可以从取得的全部价款和价外费用中扣除价款的，需填报《增值税纳税申报表（小规模纳税人适用）附列资料》。其他情况不填写该附列资料。

（3）《增值税减免税申报明细表》。

《增值税纳税申报表（小规模纳税人适用）》表样如表2－1所列，附列资料如表2－2所列。

2. 增值税一般纳税人纳税申报资料

增值税一般纳税人纳税申报资料包括增值税一般纳税人纳税申报表及其附列资料。

（1）《增值税纳税申报表（一般纳税人适用）》。

（2）《增值税纳税申报表附列资料（一）》（本期销售情况明细）。

（3）《增值税纳税申报表附列资料（二）》（本期进项税额明细）。

（4）《增值税纳税申报表附列资料（三）》（服务、不动产和无形资产扣除项目明细）。

一般纳税人销售服务、不动产和无形资产，在确定服务、不动产和无形资产销售额时，按照有关规定可以从取得的全部价款和价外费用中扣除价款的，需填报《增值税纳税申报表附列资料（三）》。其他情况不填写该附列资料。

（5）《增值税纳税申报表附列资料（四）》（税额抵减情况表）。

（6）《增值税纳税申报表附列资料（五）》（不动产分期抵扣计算表）。

增值税一般纳税人纳税申报资料

（7）《固定资产（不含不动产）进项税额抵扣情况表》。

（8）《本期抵扣进项税额结构明细表》。

（9）《增值税减免税申报明细表》。

《增值税纳税申报表（一般纳税人适用）》表样如表2－3所列。

表 2－1 增值税纳税申报表

（小规模纳税人适用）

纳税人识别号：□□□□□□□□□□□□□□□□□□□□□

纳税人名称（公章）： 金额单位：元至角分

税款所属期： 年 月 日至 年 月 日 填表日期： 年 月 日

	项目	栏次	本期数		本年累计	
			货物及劳务	服务、不动产和无形资产	货物及劳务	服务、不动产和无形资产
一、计税依据	（一）应征增值税不含税销售额（3%征收率）	1				
	税务机关代开的增值税专用发票不含税销售额	2				
	税控器具开具的普通发票不含税销售额	3				
	（二）应征增值税不含税销售额（5%征收率）	4	—		—	
	税务机关代开的增值税专用发票不含税销售额	5	—		—	
	税控器具开具的普通发票不含税销售额	6	—		—	
	（三）销售使用过的固定资产不含税销售额	7（7≥8）		—		—
	其中：税控器具开具的普通发票不含税销售额	8		—		—
	（四）免税销售额	9＝10＋11＋12				
	其中：小微企业免税销售额	10				
	未达起征点销售额	11				
	其他免税销售额	12				
	（五）出口免税销售额	13（13≥14）				
	其中：税控器具开具的普通发票销售额	14				
二、税款计算	本期应纳税额	15				
	本期应纳税额减征额	16				
	本期免税额	17				
	其中：小微企业免税额	18				
	未达起征点免税额	19				
	应纳税额合计	20＝15－16				
	本期预缴税额	21			—	—
	本期应补（退）税额	22＝20－21			—	—

纳税人或代理人声明：	如纳税人填报，由纳税人填写以下各栏：
本纳税申报表是根据国家税收法律法规及相关规定填报的，我确定它是真实的、可靠的、完整的。	办税人员： 财务负责人： 法定代表人： 联系电话：
	如委托代理人填报，由代理人填写以下各栏：
	代理人名称（公章）： 经办人： 联系电话：

主管税务机关： 接收人： 接收日期：

表 2-2 增值税纳税申报表明附列资料

（一般纳税人适用）

税款所属期： 年 月 日至 年 月 日　　填表日期： 年 月 日

纳税人名称（公章）：　　金额单位：元至角分

应税行为（3%征收率）扣除额计算			
期初余额	本期发生额	本期扣除额	期末余额
1	2	3（3≤1+2之和，且3≤5）	4=1+2-3
应税行为（3%征收率）计税销售额计算			
全部含税收入（适用3%征收率）	本期扣除额	含税销售额	不含税销售额
5	6=3	7=5-6	8=7÷1.03
应税行为（5%征收率）扣除额计算			
期初余额	本期发生额	本期扣除额	期末余额
9	10	11（11≤9+10之和，且11≤13）	12=9+10-11
应税行为（5%征收率）计税销售额计算			
全部含税收入（适用5%征收率）	本期扣除额	含税销售额	不含税销售额
13	14=11	15=13-14	16=15÷1.05

表 2-3 增值税纳税申报表

（一般纳税人适用）

根据国家税收法律法规及增值税相关规定制定本表。纳税人不论有无销售额，均应按税务机关核定的纳税期限填写本表，并向当地税务机关申报。

税款所属时间：自 年 月 日至 年 月 日　　填表日期： 年 月 日　　金额单位：元至角分

纳税人识别号				所属行业：		
纳税人名称	（公章）	法定代表人姓名		注册地址	生产经营地址	
开户银行及账号		登记注册类型			电话号码	

项目		栏次	一般项目		即征即退项目	
			本月数	本年累计	本月数	本年累计
销售额	（一）按适用税率计税销售额					
	其中：应税货物销售额	2				
	应税劳务销售额	3				
	纳税检查调整的销售额	4				

续表

项　目		栏次	一般项目		即征即退项目	
			本月数	本年累计	本月数	本年累计
销售额	（二）按简易办法计税销售额	5				
	其中：纳税检查调整的销售额	6				
	（三）免、抵、退办法出口销售额	7			—	—
	（四）免税销售额	8			—	—
	其中：免税货物销售额	9			—	—
	免税劳务销售额	10			—	—
税款计算	销项税额	11				
	进项税额	12				
	上期留抵税额	13				—
	进项税额转出	14				
	免、抵、退应退税额	15			—	
	按适用税率计算的纳税检查应补缴税额	16			—	—
	应抵扣税额合计	17 = 12 + 13 - 14 - 15 + 16		—		—
	实际抵扣税额	18（如 17 < 11，则为 17，否则为 11）				
	应纳税额	19 = 11 - 18				
	期末留抵税额	20 = 17 - 18				—
	简易计税办法计算的应纳税额	21				
	按简易计税办法计算的纳税检查应补缴税额	22			—	—
	应纳税额减征额	23				
	应纳税额合计	24 = 19 + 21 - 23				

续表

<table>
<tr><th colspan="2" rowspan="2">项　目</th><th rowspan="2">栏次</th><th colspan="2">一般项目</th><th colspan="2">即征即退项目</th></tr>
<tr><th>本月数</th><th>本年累计</th><th>本月数</th><th>本年累计</th></tr>
<tr><td rowspan="14">税款缴纳</td><td>期初未缴税额（多缴为负数）</td><td>25</td><td></td><td></td><td></td><td></td></tr>
<tr><td>实收出口开具专用缴款书退税额</td><td>26</td><td></td><td></td><td>—</td><td>—</td></tr>
<tr><td>本期已缴税额</td><td>27 = 28 + 29 + 30 + 31</td><td></td><td></td><td></td><td></td></tr>
<tr><td>①分次预缴税额</td><td>28</td><td></td><td>—</td><td></td><td>—</td></tr>
<tr><td>②出口开具专用缴款书预缴税额</td><td>29</td><td></td><td>—</td><td>—</td><td>—</td></tr>
<tr><td>③本期缴纳上期应纳税额</td><td>30</td><td></td><td></td><td></td><td></td></tr>
<tr><td>④本期缴纳欠缴税额</td><td>31</td><td></td><td></td><td></td><td></td></tr>
<tr><td>期末未缴税额（多缴为负数）</td><td>32 = 24 + 25 + 26 − 27</td><td></td><td></td><td></td><td></td></tr>
<tr><td>其中：欠缴税额（≥0）</td><td>33 = 25 + 26 − 27</td><td></td><td>—</td><td></td><td>—</td></tr>
<tr><td>本期应补（退）税额</td><td>34 = 24 − 28 − 29</td><td></td><td>—</td><td></td><td>—</td></tr>
<tr><td>即征即退实际退税额</td><td>35</td><td>—</td><td>—</td><td></td><td></td></tr>
<tr><td>期初未缴查补税额</td><td>36</td><td></td><td></td><td>—</td><td>—</td></tr>
<tr><td>本期入库查补税额</td><td>37</td><td></td><td></td><td>—</td><td>—</td></tr>
<tr><td>期末未缴查补税额</td><td>38 = 16 + 22 + 36 − 37</td><td></td><td></td><td>—</td><td>—</td></tr>
<tr><td>授权声明</td><td colspan="2">如果你已委托代理人申报，请填写下列资料：
为代理一切税务事宜，现授权
（地址）　　　　　为本纳税人的代理申报人，任何与本申报表有关的往来文件，都可寄予此人。

授权人签字：</td><td>申报人声明</td><td colspan="3">本纳税申报表是根据国家税收法律法规及相关规定填报的，我确定它是真实的、可靠的、完整的。

声明人签字：</td></tr>
</table>

主管税务机关：　　　　　　　　接收人：　　　　　　　　接收日期：

2.6　增值税专用发票的使用和管理

增值税专用发票是由国家税务总局监制设计印刷的，只限于增值税一般纳税人领购使用的。增值税一般纳税人销售货物或者提供应税劳务和应税行为时开具的发票，是购买方支付增值税税额并可按照增值税有关规定据以抵扣增值税进项税额的凭证。增值税专用发票不仅是纳税人经济活动中的重要商业凭证，而且是兼记销货方销项税额和购货方进项税额进行税款抵扣的凭证，对增值税的计算和管理起着决定性的作用。

1. 专用发票的联次

专用发票由基本联次或者基本联次附加其他联次构成，基本联次为三联：发票联、抵扣联和记账联。发票联，作为购买方核算采购成本和增值税进项税额的记账凭证；抵扣联，作为购买方报送主管税务机关认证和留存备查的凭证；记账联，作为销售方核算销售收入和增值税销项税额的记账凭证。其他联次用途，由一般纳税人自行确定。

增值税专用发票票样如图 2－1 所示。

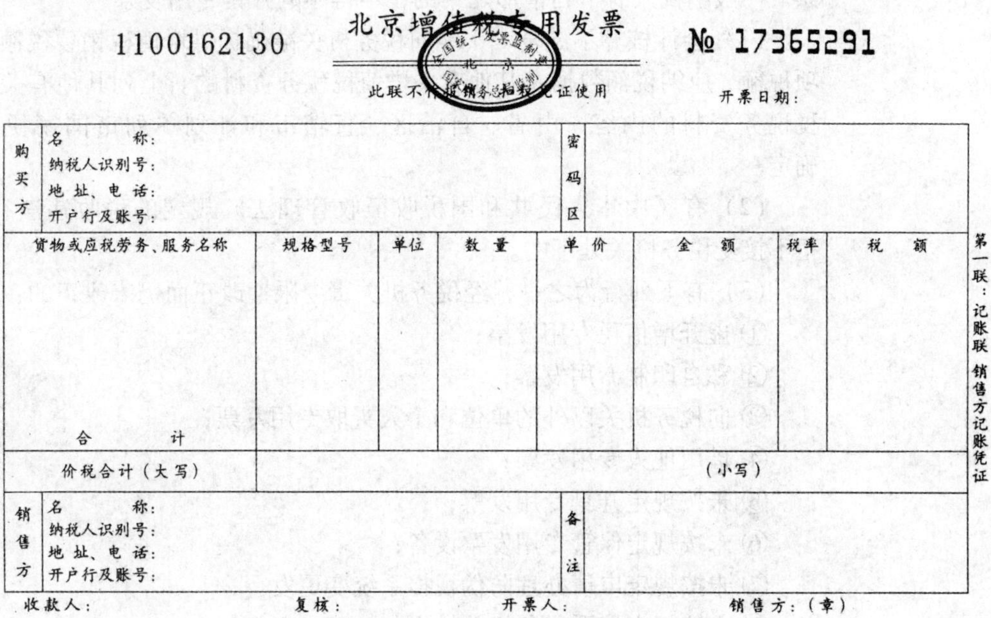
1100162130　北京增值税专用发票　№ 17365291

此联不作报销、扣税凭证使用　开票日期：

购买方	名称： 纳税人识别号： 地址、电话： 开户行及账号：				密码区			
货物或应税劳务、服务名称		规格型号	单位	数量	单价	金额	税率	税额
合计								
价税合计（大写）						（小写）		
销售方	名称： 纳税人识别号： 地址、电话： 开户行及账号：				备注			

收款人：　复核：　开票人：　销售方：（章）

税总函〔2016〕11-7号北京印钞有限公司

第一联：记账联　销售方记账凭证

图 2－1　增值税专用发票票样

2. 专用发票的开票限额

增值税专用发票（增值税税控系统）实行最高开票限额管理。最高开票限额，是指单份专用发票开具的销售额合计数不得达到的上限额度。

最高开票限额由一般纳税人申请，区县税务机关依法审批。一般纳税人申请最高开票限额时，需填报《增值税专用发票最高开票限额申请单》。

主管税务机关受理纳税人申请以后，根据需要进行实地查验。实地查验的范围和方法由各省国税机关确定。

税务机关应根据纳税人实际生产经营和销售情况进行审批，保证纳税人生产经营的正常需要。

为适应增值税专用发票管理需要，规范增值税专用发票使用，进一步加强增值税征收管理，在广泛征求意见的基础上，国家税务总局对原《增值税专用发票使用规定》进行了修订，并自2007年1月1日起施行。

一般纳税人应通过增值税防伪税控系统使用专用发票。使用，包括领购、开具、缴销、认证纸质专用发票及其相应的数据电文。

上述所称防伪税控系统，是指经国务院同意推行的，使用专用设备和通用设备、运用数字密码和电子存储技术管理专用发票的计算机管理系统。"专用设备"是指金税卡、IC卡、读卡器和其他设备。"通用设备"是指计算机、打印机、扫描器具和其他设备。

2.6.1 专用发票的领购

一般纳税人凭《发票领购簿》、IC卡和经办人身份证明领购专用发票。一般纳税人有下列情形之一的，不得领购开具专用发票。

(1) 会计核算不健全，不能向税务机关准确提供增值税销项税额、进项税额、应纳税额数据及其他有关增值税税务资料的。上列其他有关增值税税务资料的内容，由省、自治区、直辖市和计划单列市国家税务局确定。

(2) 有《中华人民共和国税收征收管理法》规定的税收违法行为，拒不接受税务机关处理的。

(3) 有下列行为之一，经税务机关责令限期改正而仍未改正的：

① 虚开增值税专用发票；

② 私自印制专用发票；

③ 向税务机关以外的单位和个人买取专用发票；

④ 借用他人专用发票；

⑤ 未按规定开具专用发票；

⑥ 未按规定保管专用发票设备；

⑦ 未按规定申请办理防伪税控系统变更发行；

⑧ 未按规定接受税务机关检查。

有上列情形的，如已领购专用发票，主管税务机关应暂扣其结存的专用发票和IC卡。

2.6.2 专用发票的开具

1. 专用发票的开具范围

(1) 一般纳税人销售货物或者提供应税劳务和应税行为，应向购买方开具专用发票，并在增值税专用发票上分别注明销售额和销项税额。

（2）商业企业一般纳税人零售的烟、酒、食品、服装、鞋帽（不包括劳保专用部分）、化妆品等消费品不得开具专用发票。

（3）增值税小规模纳税人需要开具专用发票的，可向主管税务机关申请代开。

（4）销售免税货物不得开具专用发票，法律、法规及国家税务总局另有规定的除外。

2. 专用发票的开具要求

专用发票应按下列要求开具：

（1）项目齐全，与实际交易相符；

（2）字迹清楚，不得压线、错格；

（3）发票联和抵扣联加盖财务专用章或者发票专用章；

（4）按照增值税纳税义务的发生时间开具。

对不符合上列要求的专用发票，购买方有权拒收。

3. 货物运输服务增值税发票开具基本规定

增值税一般纳税人提供货物运输服务，使用增值税专用发票和增值税普通发票，开具发票时应将起运地、到达地、车种车号及运输货物信息等内容填写在发票备注栏中，如果内容较多可另附清单。

铁路运输企业受托代征的印花税款信息，可填写在发票备注栏中。中国铁路总公司及其所属运输企业（含分支机构）提供货物运输服务，可自2015年11月1日起使用增值税专用发票和增值税普通发票，所开具的铁路货票、运费杂费收据可作为发票清单使用。

4. 专用发票开具后发生退货或开票有误的处理

（1）增值税一般纳税人开具增值税专用发票后，发生销货退回、开票有误、应税行为中止等情形但不符合发票作废条件，或者因销货部分退回及发生销售折让，需要开具红字专用发票的，按以下方法处理。

① 购买方取得专用发票已用于申报抵扣的，购买方可在增值税发票管理系统（以下简称新系统）中填开并上传《开具红字增值税专用发票信息表》（以下简称《信息表》），在填开《信息表》时不填写相对应的蓝字专用发票信息，应暂依《信息表》所列增值税税额从当期进项税额中转出，待取得销售方开具的红字专用发票后，与《信息表》一并作为记账凭证。

购买方取得增值税专用发票未用于申报抵扣、但发票联或抵扣联无法退回的，购买方填开《信息表》时应填写相对应的蓝字增值税专用发票信息。

销售方开具增值税专用发票尚未交付购买方，以及购买方未用于申报抵扣并将发票联及抵扣联退回的，销售方可在新系统中填开并上传《信息表》。销售方填开《信息表》时应填写相对应的蓝字增值税专用发票信息。

② 主管税务机关通过网络接收纳税人上传的《信息表》，系统自动校

验通过后，生成带有“红字发票信息表编号”的《信息表》，并将信息同步至纳税人端系统中。

③ 销售方凭税务机关系统校验通过的《信息表》开具红字增值税专用发票，在新系统中以销项负数开具。红字增值税专用发票应与《信息表》一一对应。

④ 纳税人也可凭《信息表》电子信息或纸质资料到税务机关对《信息表》内容进行系统校验。

（2）税务机关为小规模纳税人代开专用发票，需要开具红字专用发票的，按照一般纳税人开具红字专用发票的方法处理。

（3）纳税人需要开具红字增值税普通发票的，可以在所对应的蓝字发票金额范围内开具多份红字发票。红字机动车销售统一发票需与原蓝字机动车销售统一发票一一对应。

2.6.3 专用发票的认证

专用发票认证是指税务机关通过防伪税控系统对专用发票所列数据的识别、确认。用于抵扣增值税进项税额的专用发票应经税务机关认证相符（国家税务总局另有规定的除外）。认证相符是指纳税人识别号无误，专用发票所列密文解译后与明文一致。认证相符的专用发票应作为购买方的记账凭证，不得退还销售方。

增值税一般纳税人取得的 2017 年 7 月 1 日及以后开具的增值税专用发票和机动车销售统一发票，应自开具之日起 360 日内认证或登录增值税发票选择确认平台进行确认，并在规定的纳税申报期内，向主管国税机关申报抵扣进项税额。

增值税一般纳税人取得的 2017 年 7 月 1 日及以后开具的海关进口增值税专用缴款书，应自开具之日起 360 日内向主管国税机关报送《海关完税凭证抵扣清单》，申请稽核比对。

纳税人取得的 2017 年 6 月 30 日前开具的增值税扣税凭证，仍按《国家税务总局关于调整增值税扣税凭证抵扣期限有关问题的通知》（国税函〔2009〕617 号）执行。

（1）经认证，有下列情形之一的，不得作为增值税进项税额的抵扣凭证，税务机关退还原件，购买方可要求销售方重新开具专用发票。

① 无法认证。无法认证，是指专用发票所列密文或者明文不能辨认，无法产生认证结果。

② 纳税人识别号认证不符。纳税人识别号认证不符，是指专用发票所列购买方纳税人识别号有误。

③ 专用发票代码、号码认证不符。专用发票代码、号码认证不符，是指专用发票所列密文解译后与明文的代码或者号码不一致。

（2）经认证，有下列情形之一的，暂不得作为增值税进项税额的抵扣凭证，税务机关扣留原件，查明原因，分别根据情况进行处理。

① 重复认证。重复认证，是指已经认证相符的同一张专用发票再次认证。

② 密文有误。密文有误，是指专用发票所列密文无法解译。

③ 认证不符。认证不符，是指纳税人识别号有误，或者专用发票所列密文解译后与明文不一致。

④ 列为失控专用发票。列为失控专用发票，是指认证时的专用发票已被登记为失控专用发票。

（3）对丢失已开具专用发票的发票联和抵扣联的处理。

① 一般纳税人丢失已开具专用发票的发票联和抵扣联，如果丢失前已认证相符的，购买方凭销售方提供的相应专用发票记账联复印件及销售方所在地主管税务机关出具的《丢失增值税专用发票已报税证明单》，经购买方主管税务机关审核同意后，可作为增值税进项税额的抵扣凭证。

于丢失前未认证的，购买方凭销售方提供的相应专用发票记账联复印件到主管税务机关进行认证，认证相符的凭该专用发票记账联复印件及销售方所在地主管税务机关出具的《丢失增值税专用发票已报税证明单》，作为增值税进项税额的抵扣凭证。

② 一般纳税人丢失已开具专用发票的抵扣联，如果丢失前已认证相符的，可使用专用发票发票联复印件留存备查。

于丢失前未认证的，可使用专用发票发票联到主管税务机关认证，专用发票发票联复印件留存备查。

③ 一般纳税人丢失已开具专用发票的发票联，可将专用发票抵扣联作为记账凭证，专用发票抵扣联复印件留存备查。

本章小结

增值税案例

增值税是对我国境内销售货物、提供应税劳务和发生应税行为，进口货物的单位和个人，就其取得的货物、应税劳务和应税行为的销售额，以及进口货物的全额计算税款，并实行税款抵扣制度的一种流转税。我国增值税的纳税人按其规模大小分为小规模纳税人和一般纳税人。小规模纳税人适用3%的征收率，一般纳税人适用相应的税率。增值税属于价外税，其计税销售额包括价格和价外费用，但不包括增值税。增值税一般纳税人的应纳税额为销项税额减进项税额；小规模纳税人的应纳税额为销售额乘以征收率。增值税对于出口货物分不同情况实行出口退（免）税政策。纳税义务的发生时间根据具体的情况有不同的规定。增值税专用发票是一般纳税人销售货物、提供应税劳务和发生应税行为时开具的发票，是购买支付增值税并用以抵扣销项税额的凭证。增值税专用发票应按照国家税务总局颁布的《增值税专用发票使用规定》等相关法规使用。

主要法律依据

[1]《中华人民共和国增值税暂行条例》（中华人民共和国国务院令第538号）。成文日期：2008年11月10日。

[2]《中华人民共和国增值税暂行条例实施细则》（中华人民共和国财政部国家税务总局令第50号）。成文日期：2008年12月15日。

[3]《关于修改〈中华人民共和国增值税暂行条例实施细则〉和〈中华人民共和国营业税暂行条例实施细则〉的决定》（中华人民共和国财政部令第65号）。成文日期：2011年10月28日。

[4]《财政部　国家税务总局关于全国实施增值税转型改革若干问题的通知》（财税〔2008〕170号）。成文日期：2008年12月19日。

[5]《国务院关于推进上海加快发展现代服务业和先进制造业 建设国际金融中心和国际航运中心的意见》（国发〔2009〕19号）。成文日期：2009年04月14日。

[6]《财政部　国家税务总局关于固定资产进项税额抵扣问题的通知》（财税〔2009〕113号）。成文日期：2009年09月09日。

[7]《国家税务总局关于调整增值税扣税凭证抵扣期限有关问题的通知》（国税函〔2009〕617号）。成文日期：2009年11月09日。

[8]《国家税务总局关于折扣额抵减增值税应税销售额问题通知》（国税函〔2010〕56号）。成文日期：2010年02月08日。

[9]《增值税一般纳税人资格认定管理办法》（国家税务总局令第22号）。成文日期：2010年02月10日。

[10]《国家税务总局关于明确〈增值税一般纳税人资格认定管理办法〉若干条款处理意见的通知》（国税函〔2010〕139号）。成文日期：2010年04月07日。

[11]《国家税务总局关于一般纳税人销售自己使用过的固定资产增值税有关问题的公告》（国家税务总局公告2012年第1号）。成文日期：2012年01月06日。

[12]《财政部　国家税务总局关于出口货物劳务增值税和消费税政策的通知》（财税〔2012〕39号）。成文日期：2012年05月25日。

[13]《国家税务总局关于中央补贴增值税有关问题的公告》（国家税务总局公告2013年第3号）。成文日期：2013年01月08日。

[14]《财政部　国家税务总局关于简并增值税征收率政策的通知》（财税〔2014〕57号）。成文日期：2014年06月13日。

[15]《财政部　国家税务总局关于全面推开营业税改征增值税试点的通知》（财税〔2016〕36号）。成文日期：2016年03月23日。

[16]《国家税务总局关于进一步明确营改增有关征管问题的公告》（国家税务总局公告2017年第11号）。成文日期：2017年04月20日。

习　题

一、思考题

1. 试述增值额和销售额的关系。
2. 增值税有哪些特点？
3. 一般纳税人和小规模纳税人如何划分？分别适用什么税率？
4. 折扣销售与销售折扣有何区别？税务上如何处理？
5. 增值税应纳税额如何计算？
6. 哪些情况下不可使用增值税专用发票？

二、单项选择题

1. 以下不属于按照交通运输服务征收增值税的是（　　）。

A. 装卸搬运服务　　B. 公路运输服务

C. 航空运输服务　　D. 管道运输服务

2. 营业税改征的增值税，由（　　）负责征收。

A. 新设征收机关　　B. 地方财政部门

C. 国家税务局　　D. 地方税务局

3. 下列进项税额不得从销项税额中抵扣的是（　　）。

A. 从销售方或者提供方取得的增值税专用发票（含税控机动车销售统一发票）上注明的增值税税额

B. 从海关取得的海关进口增值税专用缴款书上注明的增值税税额

C. 购进农产品，除取得增值税专用发票或者海关进口增值税专用缴款书外，按照农产品收购发票或者销售发票上注明的农产品买价和11%的扣除率计算的进项税额

D. 未取得相关凭证，但购进时已实际负担的进项税额

4. 试点纳税人中的一般纳税人提供的下列交通运输服务（　　），不可以选择按照简易计税方法计算缴纳值税。

A. 一般货运　　B. 轮客渡　　C. 公交客运　　D. 城市轻轨

5. 纳税人提供应税服务的价格明显偏低或者偏高且不具有合理商业目的的，主管税务机关有权核定其销售额，核定的方法不包括（　　）。

A. 按照纳税人最近时期提供同类应税服务的平均价格确定

B. 按照其他纳税人最近时期提供同类应税服务的平均价格确定

C. 按成本价格确定

D. 按组成计税价格确定

6. 自（　　）起，交通运输业在全国范围内开展营改增试点。

A. 2013 年 8 月 1 日　　B. 2013 年 9 月 1 日

C. 2013 年 7 月 1 日　　D. 2013 年 6 月 1 日

7. 下列不属于适用增值税零税率的国际运输服务的是（　　）。

A. 在境内不同城市之间运载旅客或货物

B. 在境内载运旅客或者货物出境

C. 在境外载运旅客或者货物入境

D. 在境外载运旅客或者货物

8. 增值税一般纳税人提供交通运输业服务，税率为（　　）。

A. 17%　　B. 13%　　C. 11%　　D. 3%

9. A 运输公司是小规模纳税人，取得货物运输收入 200 万元，该笔业务处理中应计入主营业务收入的金额为（　　）万元。

A. 194.17　　B. 188.68　　C. 200　　D. 170.94

10. 纳税人提供应税服务组成计税价格的公式为（　　）。

A. 成本×(1－成本利润率)　　B. 成本×(1＋成本利润率)

C. 成本×(1＋销售利润率)　　D. 成本/(1－成本利润率)

11. 某营改增企业首次购入增值税税控系统设备，支付价款 3 000 元，同时支付当年增值税税控系统专用设备技术维护费 800 元，按规定可抵减当月增值税应纳税额（　　）元。

A. 800　　B. 2 200

C. 3 000　　D. 3 800

12. 以下关于增值税纳税地点的表述中，错误的是（　　）。

A. 固定业户在其机构所在地申报纳税

B. 非固定业户在其居住所在地申报纳税

C. 进口货物向报关地海关申报纳税

D. 总机构和分支机构不在同一县（市）的，分别向各自所在地主管税务机关申报纳税

13. 增值税一般纳税人支付的下列运费中，不允许抵扣进项税额的是（　　）。

A. 销售生产设备支付的运输费用

B. 外购生产用包装物支付的运输费

C. 外购装修职工食堂使用的建筑材料的运输费用

D. 向小规模纳税人购买农业产品支付的运输费用

14. 下列项目中，一般纳税人即使取得法定扣税凭证，其进项税额也不得从销项税额中抵扣的是（　　）。

A. 接受投资的用于应税项目的原材料

B. 购进的用于应税项目的免税农业产品

C. 进口的用于生产应税产品的料件

D. 接受的餐饮服务

15. 单位或个人发生的下列行为中，应视同销售货物计算增值税销项税额或应纳税额的是（　　）。

A. 将购买的货物用于个人消费

B. 将购买的货物用于对外投资

C. 将购买的货物用于职工福利

D. 将购买的货物用于生产应税产品

16. 根据营改增试点规定，增值税一般纳税人的以下行为不可以选择简易征收方式的是（　　）。

A. 公共交通运输服务　　B. 仓储服务

C. 加工修理修配　　D. 电影放映服务

三、多项选择题

1. 增值税的纳税期限包括（　　）。

A. 1 日、3 日、5 日、10 日、15 日

B. 2 日、4 日、6 日、10 日、15 日

C. 1 个月

D. 1 个季度

2. 我国现行增值税的征税范围包括（　　）。

A. 在中国境内销售货物　　B. 在中国境内提供劳务

C. 进口货物　　D. 过境货物

3. 以下符合"营改增"应税服务规定的有（　　）。

A. 光租和湿租业务，都属于有形动产租赁服务

B. 装卸搬运服务属于物流辅助服务

C. 代理报关服务属于鉴证咨询服务

D. 代理记账按照"咨询服务"征收增值税

4. 以下各项中，适用增值税零税率的有（　　）。

A. 境内单位向境内单位提供的设计服务

B. 航天运输服务

C. 境内单位向国内单位提供的研发服务

D. 境内单位向境内单位提供的离岸外包服务

5. 下列各项中，不符合增值税规定的是（　　）。

A. 国外运输企业在中国境内的运输服务不征收增值税

B. 运输企业在境内载运货出境，征收增值税

C. 航空运输企业根据国家指令无偿提供的航空运输服务征收增值税

D. 航空运输企业提供的旅客利用里程积分兑换的航空运输服务，不征收增值税

6. 营改增范围内的水路运输服务包括（　　）。

A. 远洋运输的程租　　B. 远洋运输的期租业务

C. 海洋运送货物服务　　D. 远洋运输的光租服务

7. 增值税扣税凭证包括（　　）。

A. 增值税专用发票

B. 增值税普通发票

C. 海关进口增值税专用缴款书

D. 农产品收购发票

8. 关于简易计税方法，下列说法正确的是（ ）。
   A. 简易计税方法的应纳税额，是指按照销售额和增值税征收率计算的增值税税额，不得抵扣进项税额
   B. 简易计税方法的销售额不包括其应纳税额
   C. 纳税人提供的适用简易计税方法计税的应税服务，因服务中止或者折让而退还给接受方的销售额，应当从当期销售额中扣减
   D. 简易计税方法的销售额包括其应纳税额
9. 下列关于营改增前后交通运输业计税说法正确的是（ ）。
   A. 改革前归属于营业税纳税主体
   B. 改革前以营业额作为计税基数计算应交税额
   C. 改革后按照销售环节发生的销项税额确定应交税额
   D. 改革后按照销售环节发生的销项税额减去采购环节的进项税额之差来计算应交税额
10. 下列关于差额征税销售额确认的说法中正确的是（ ）。
    A. 提供有形动产融资性售后回租服务，以收取的全部价款和价外费用，扣除向承租方收取的有形动产价款本金，以及对外支付的借款利息（不包括外汇借款利息）、发行债券利息后的余额为销售额
    B. 试点纳税人提供知识产权代理服务、货物运输代理服务和代理报关服务，以其取得的全部价款和价外费用，扣除向委托方收取并代为支付的政府性基金或者行政事业性收费后的余额为销售额
    C. 一般纳税人提供国际货物运输代理服务，以其取得的全部价款和价外费用，扣除支付给国际运输企业的国际运输费用后的余额为销售额
    D. 手机短信公益特服号为公益性机构接受捐款服务，以取得的全部价款和价外费用扣除支付给公益性机构捐款后的余额为销售额
11. 进项税不能抵扣的原因包括（ ）。
    A. 属于增值税暂行条例列举的不能抵扣的情形
    B. 取得发票不符合规定
    C. 超越抵扣规定的时限
    D. 抵扣手续不符合规定
12. 进项税额转出的主要原因包括（ ）。
    A. 将不能抵扣的部分计入抵扣金额内
    B. 改变用途，原来可以抵扣变为不能抵扣
    C. 按比例分摊计算、划分可以抵扣与不能抵扣的部分
    D. 发生财产的正常损失

13. 依据增值税的有关规定，境外单位或个人在境内发生增值税应税劳务而在境内未设立经营机构的，增值税的扣缴义务人有（　　）。

A. 代理人　　B. 银行

C. 接受方　　D. 境外单位

14. 销售额为纳税人销售货物或者应税劳务向购买方收取的（　　）。

A. 全部价款　　B. 价外费用

C. 销项税额　　D. 进项税额

四、实务计算题

1. 某航空公司经批准汇总缴纳增值税，总机构与分支机构均为“营改增”试点一般纳税人，分支机构的增值税预征率为1%，总分支机构在当月的业务为：总机构自身发生的销项税额为550万元，支付进项税额为350万元；分支机构发生的销项税额为300万元，支付进项税额为200万元，但按1%的预征率预缴增值税50万元；

要求：求总分支机构实际应补缴增值税税额。

2. 某运输企业为小规模纳税人，其某月实现收入70万元，另因发生服务终止退还给服务接收方20万元。

要求：计算该企业当月应纳增值税税额。

3. 某化妆品企业（增值税一般纳税人）委托运输公司将一批货物运回企业，支付运费并取得增值税一般纳税人开具的增值税专用发票，运费金额为12 000元。

要求：计算该企业此项业务可以抵扣的增值税进项税额。

4. 某航空公司为增值税一般纳税人并具有国际运输经营资质，今年1月购进飞机配件取得的增值税专用发票上注明价款1 300万元、税额221万元；开展航空服务开具普通发票取得的含税收入包括国内运输收入2 775万元、国际运输收入577.2万元、飞机清洗消毒收入254.4万元。

要求：计算该公司当月应纳增值税税额。

5. 某具有进口经营权的企业为增值税小规模纳税人，2月从国外进口货车一辆，关税完税价格折和人民币390 000元，假设该货车的关税税率20%，消费税税率5%。

要求：计算其进口环节应纳增值税税额。

6. 某船运公司为增值税一般纳税人且具有国际运输经营资质，今年2月取得的含税收入包括国际运输收入777万元、国内运输收入377.4万元。

要求：计算该公司的销项税额。

7. 位于县城的某运输公司为增值税一般纳税人，具备国际运输资质，今年1月经营业务如下。

（1）国内运送旅客，按售票统计取得价税合计金额266.4万元；运送旅客至境外，按售票统计取得价税合计金额66.6万元。

（2）运送货物，开具增值税专用发票金额注明运输收入金额300万元，装卸收入20万元。

(3) 提供仓储服务，开具增值税专用发票注明仓储收入金额90万元，装卸收入16万元。

(4) 修理、销售各类车辆，开具增值税普通发票注明价税合计金额35.1万元。

(5) 销售使用过的未抵扣进项税额的货运汽车11辆，开具增值税普通发票注明价税合计金额61.8万元。

(6) 进口4辆自用商用客车，海关核定成交价68万元，运费7万元，保险费4万元，该批汽车在进口环节缴纳消费税5万元。

(7) 购进5辆小汽车自用，每辆单价18万元，取得的增值税专用发票上注明价款144万元，税额24.48万元，另支付销售公司运输费用，取得运输业增值税专用发票上注明价款6万元，税额0.66万元。

(8) 购进汽油取得增值税专用发票上注明价款100万元，税额17万元，80%用于公司运输旅客，20%用于接送员工。

(9) 购进矿泉水一批，取得的增值税专用发票上注明价款10万元，税额1.7万元，70%赠送给公司运送的旅客，30%用于集体福利。

要求：① 计算业务 (1)、(2)、(3)、(4) 的销项税额；

② 计算业务 (5) 应缴纳的增值税税额；

③ 计算业务 (6) 应缴纳的增值税税额；

④ 计算业务 (7)、(8)、(9) 可抵扣的进项税额；

⑤ 计算业务 (9) 的销项税额；

⑥ 计算业务当月应缴纳的增值税税额。

第 3 章

交通运输业企业所得税

学习要求

重点掌握：企业所得税的纳税人、征税对象、税率，核算征收方式下企业所得税应纳税额的计算。

一般掌握：核定征收下企业所得税应纳税额的计算。

理　　解：企业所得税的征收管理和税收优惠。

了　　解：企业所得税资产的税务处理。

主要法律依据

3.1　企业所得税概述

3.1.1　企业所得税的概念

企业所得税（enterprise income tax）是指对企业来源于中国境内、境外生产经营所得和其他所得征收的一种税。企业所得税是国家参与企业利润分配的一种规范形式，是目前我国主体税种之一。现行企业所得税法的基本规范，是2007年3月16日第十届全国人民代表大会第五次全体会议通过的《中华人民共和国企业所得税法》（以下简称《企业所得税法》）和2007年11月28日国务院第197次常务会议通过的《中华人民共和国企业所得税法实施条例》。

小资料3－1

我国企业所得税发展改革历程回顾

虽然我国的经济活动由来已久，但因为中国长期处于半封建半殖民地社会，经济发展缓慢，缺乏实行所得税制度的社会经济条件，直到清朝末年之后才有实行所得税的倡议。直到1936年国民政府公布《所得税暂行条例》，于1937年正式实施，其中包括对盈利事业所得征收的所得税。所以税收理论界一般认为1937年1月1日是中国企业所得税诞生日。因此，我国企业所得税从产生至今，仅有几十年的历史。

1950 年，政务院发布了《全国税收实施要则》，规定在全国开征工商业税(所得税部分)，这标志着我国企业所得税制的初步建立，其主要征税对象是私营企业、集体企业和个体工商业户的应税所得，国有企业由政府有关部门直接参与经营管理，其上交国家财政以利润为主。

我国企业所得税的发展主要经历了四个时期。第一个时期为 1978 年至 1982 年的企业所得税制，主要对中外合资经营企业、外国企业开征了企业所得税。第二个时期为 1983 年至 1990 年的企业所得税制，主要对国有企业、集体企业、私营企业开征企业所得税。第三个时期为 1991 年至 2007 年的企业所得税制，主要对内、外资企业所得税分别进行整合统一，内、外资企业所得税两法并存。第四个时期为 2008 年至今的企业所得税制，实行内、外资企业所得税两法合并。

3.1.2 企业所得税的特征

企业所得税作为我国税制体系的主要税种，具有不同于其他税种的特点，现行企业所得税具有以下特点。

1. 将企业划分为居民企业和非居民企业

现行企业所得税将企业划分为居民企业和非居民企业两大类，居民企业负有无限纳税义务，就其来源于中国境内、境外的所得缴纳企业所得税。非居民企业负有限纳税义务，仅就中国境内的所得纳税。

2. 征税对象为应纳税所得额

企业所得税以应纳税所得额为征税对象，应纳税所得额是纳税人每一纳税年度的收入总额减去准予扣除项目后的余额。它既不是企业实现的会计利润额，也不是企业的增值额，更不是企业的销售额或营业额。

3. 征税以量能负担为原则

企业所得税以纳税人的生产、经营所得和其他所得为税基，贯彻了量能负担的原则，按照纳税人有无所得及负担能力的大小确定所得税的税收负担。即所得多、负担能力强的，多纳税；所得少、负担能力弱的，少纳税；无所得、没有负担能力的，不纳税。这种将所得税负担和纳税人所得多少联系起来征税的办法，便于体现税收公平的基本原则。

4. 实行按年计征、分期预缴的征收管理办法

通过利润来综合反映企业的经营业绩，通常是按年度计算、衡量的。所以，企业所得税一般以全年的应纳税所得额作为计税依据，分月或分季预缴，年终汇算清缴。所得税计算与会计年度及核算期限一致，有利于税收的征收管理，也兼顾了企业会计核算的实际情况。

3.2 企业所得税的征税对象、纳税人和税率

3.2.1 企业所得税征税对象

企业所得税的征税对象是指企业取得的生产经营所得、其他所得和清算所得。

1. 居民企业的征税对象

居民企业应就来源于中国境内、境外的所得作为征税对象。所得，包括销售货物所得、提供劳务所得、转让财产所得、股息红利等权益性投资所得、利息所得、租金所得、特许权使用费所得、接受捐赠所得和其他所得。

2. 非居民企业的征税对象

非居民企业在中国境内设立机构、场所的，应当就其所设机构、场所取得的来源于中国境内的所得，以及发生在中国境外但与其所设机构、场所有实际联系的所得，缴纳企业所得税。非居民企业在中国境内未设立机构、场所，或者虽设立机构、场所，但取得的所得与其所设机构、场所没有实际联系的，应当就其来源于中国境内的所得缴纳企业所得税。上述所称实际联系，是指非居民企业在中国境内设立的机构、场所拥有的据以取得所得的股权、债权，以及拥有、管理、控制据以取得所得的财产。

3. 所得来源地的确定

依据《中华人民共和国企业所得税法》及其实施条例的规定，所得来源地的确定有如下方法。

（1）销售货物所得，按照交易活动发生地确定。

（2）提供劳务所得，按照劳务发生地确定。

（3）转让财产所得。①不动产转让所得按照不动产所在地确定。②动产转让所得按照转让动产的企业或者机构、场所所在地确定。③权益性投资资产转让所得按照被投资企业所在地确定。

（4）股息、红利等权益性投资所得，按照分配所得的企业所在地确定。

（5）利息所得、租金所得、特许权使用费所得，按照负担、支付所得的企业或者机构、场所所在地确定，或者按照负担、支付所得的个人的住所地确定。

（6）其他所得，由国务院财政、税务主管部门确定。

3.2.2 企业所得税纳税人

企业所得税的纳税人，是指在中华人民共和国境内的企业和其他取得收入的组织（以下统称企业），依照《中华人民共和国企业所得税法》规

定缴纳企业所得税。个人独资企业、合伙企业不缴纳企业所得税。

企业所得税的纳税人分为居民企业（resident enterprise）和非居民企业（non－resident enterprise），如图3－1所示。这是根据企业纳税义务范围的宽窄进行的分类，不同的企业在向中国政府缴纳所得税时，纳税义务不同。把企业分为居民企业和非居民企业，是为了更好地保障我国税收管辖权的有效行使，我国选择了地域管辖权和居民管辖权的双重管辖标准，最大限度地维护我国的税收利益。

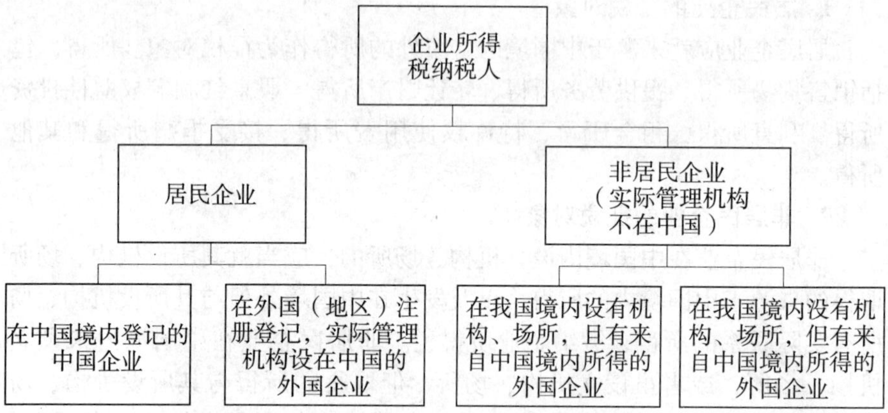

图3－1　企业所得税纳税人分类

1. 居民企业

居民企业是指依法在中国境内成立，或者依照外国（地区）法律成立但实际管理机构在中国境内的企业。这里的企业包括国有企业、集体企业、私营企业、联营企业、股份制企业、外商投资企业、外国企业以及有生产、经营所得和其他所得的其他组织。其中，有生产、经营所得和其他所得的其他组织，是指经国家有关部门批准，依法注册、登记的事业单位、社会团体等组织。由于我国的一些社会团体组织、事业单位在完成国家事业计划的过程中，开展多种经营和有偿服务活动，取得除财政部门各项拨款、财政部和国家物价部门批准的各项规定收入以外的经营收入，具有了经营的特点，应纳入征税范围。其中，实际管理机构，是指对企业的生产经营、人员、账务、财产等实施实质性全面管理和控制的机构。

2. 非居民企业

非居民企业是指依照外国（地区）法律成立且实际管理机构不在中国境内，但在中国境内设立机构、场所，或者在中国境内未设立机构、场所，但有来自中国境内所得的企业。上述所称机构、场所，是指在中国境内从事生产经营活动的机构、场所，包括

（1）管理机构、营业机构、办事机构；

（2）工厂、农场、开采自然资源的场所；

（3）提供劳务的场所；

（4）从事建筑、安装、装配、修理、勘探等工程作业的场所；

（5）其他从事生产经营活动的机构、场所。

非居民企业委托营业代理人在中国境内从事生产经营活动的，包括委托单位或者个人经常代其签订合同，或者储存、交付货物等，该营业代理人视为非居民企业在中国境内设立的机构、场所。

英国与我国企业所得税对“纳税人”界定的差异　小资料3-2

西方国家中对于企业所得税纳税人的界定和我国相比是不同的。以英国为例，英国公司所得税纳税人的判定以在英国是否拥有住所为标准。凡是在英国无住所的公司为非居民公司。居民公司需就其世界范围内的所得缴纳公司税；非居民公司仅需就其在英国的分公司或子公司所产生的利润来缴纳公司所得税，而该企业在境外所产生的利润则无须缴纳公司所得税。对住所的判断，英国以公司的管理和控制中心为标准。只要公司的管理和控制中心在英国，如主要股东、董事为英国人或公司总部设于英国，不论该公司是否在英国注册登记，均视为英国的居民公司。

两国税法关于纳税人方面的差异主要存在于对“实际管理机构”的具体规定上。我国税法规定了“实际管理机构”为对企业的生产经营、人员、财产等实施实质性全面管理和控制的机构；英国税法以“住所”为是否居民纳税人的认定依据，住所的具体标准是按董事会、公司总账、股息分配、损益表编制、营业报告及公积金的投放的所在地而定。

3.2.3　企业所得税税率

企业所得税税率（tax rate）是体现国家与企业分配关系的核心要素。税率设计的原则是兼顾国家、企业、职工个人三者利益，既要保证国家财政收入的稳定增长，又要使企业在发展生产、经营方面有一定的财力保证；既要考虑到企业的实际情况和负担能力，又要维护税率的统一性。

我国企业所得税实行比例税率。比例税率简便易行，透明度高，不会因征税而改变企业间收入分配比例，有利于促进效率的提高。现行规定如下。

（1）基本税率为25%。适用于居民企业和在中国境内设有机构、场所且所得与机构、场所有关联的非居民企业。

（2）低税率为20%。适用于在中国境内未设立机构、场所，或者虽设立机构、场所但取得的所得与其所设机构、场所没有实际联系的非居民企业，对这类企业实际征税时适用10%的税率（详见3.5节）。

☞ 小资料3-3　　**中国与美国企业所得税税率的差异**

不考虑税收优惠的前提下，目前中国企业所得税的全国统一标准税率为25%。美国联邦企业所得税为15%~35%的累进税率，等于或高于18 333 333美元的所得部分适用35%的税率。在此基础上，除少数州以外，大部分州均加征4%~12%不等的州所得税。纽约州企业的税率可达到45%左右，为美国之最。

美国采用的超额累进税率，其优点是累进幅度比较缓和，税收负担较为合理，有利于鼓励纳税人增产增收，缺点是计算方法比较复杂，征税对象越大，等级越来越多，计算越来越复杂。我国的企业所得税税率和发达国家相比在鼓励纳税人增产增收方面还有差距，税负不合理现象依然存在。

3.3　企业所得税应纳税所得额的确定

应纳税所得额是企业所得税的计税依据，按照《中华人民共和国企业所得税法》的规定，应纳税所得额为企业每一个纳税年度的收入总额，减除不征税收入、免税收入、各项扣除以及允许弥补的以前年度亏损后的余额。基本公式为

应纳税所得额=收入总额-不征税收入-免税收入-各项扣除金额-允许弥补的以前年度亏损

企业应纳税所得额的计算，除特殊规定外，以权责发生制为原则，即属于当期的收入和费用，不论款项是否收付，均作为当期的收入和费用；不属于当期的收入和费用，即使款项已经在当期收付，也不作为当期的收入和费用。应纳税所得额的正确计算直接关系到国家财政收入和企业的税收负担，并且同成本、费用核算关系密切。因此，《中华人民共和国企业所得税法》对应纳税所得额计算做了明确规定，主要内容包括收入总额、扣除范围和标准、资产的税务处理、亏损弥补等。

3.3.1　收入总额

企业的收入总额包括以货币形式和非货币形式从各种来源取得的收入，具体有：销售货物收入，提供劳务收入，转让财产收入，股息、红利等权益性投资收益，利息收入，租金收入，特许权使用费收入，接受捐赠收入和其他收入。

企业取得收入的货币形式，包括现金、存款、应收账款、应收票据、准备持有至到期的债券投资以及债务的豁免等；纳税人以非货币形式取得的收入，包括固定资产、生物资产、无形资产、股权投资、存货、不准备持有至到期的债券投资、劳务以及有关权益等，这些非货币资产应当按照

公允价值确定收入额，公允价值是指按照市场价格确定的价值。收入的具体构成如下。

1. 一般收入的确认

（1）销售货物收入。是指企业销售商品、产品、原材料、包装物、低值易耗品以及其他存货取得的收入。

（2）提供劳务收入。是指企业从事建筑安装、修理修配、交通运输、仓储租赁、金融保险、邮电通信、咨询经纪、文化体育、科学研究、技术服务、教育培训、餐饮住宿、中介代理、卫生保健、社区服务、旅游、娱乐、加工以及其他劳务服务活动取得的收入。

（3）转让财产收入。是指企业转让固定资产、生物资产、无形资产、股权、债权等财产取得的收入。

企业转让股权收入，应于转让协议生效且完成股权变更手续时，确认收入的实现。转让股权收入扣除为取得该股权所发生的成本后，为股权转让所得。企业在计算股权转让所得时，不得扣除被投资企业未分配利润等股东留存收益中按该项股权所可能分配的金额。

（4）股息、红利等权益性投资收益。是指企业因权益性投资从被投资方取得的收入。股息、红利等权益性投资收益，除国务院财政、税务主管部门另有规定的外，应以被投资企业股东会或股东大会做出利润分配或转股决定的日期，确认收入的实现。

被投资企业将股权（票）溢价所形成的资本公积转为股本的，不作为投资方企业的股息、红利收入，投资方企业也不得增加该项长期投资的计税基础。

（5）利息收入。是指企业将资金提供他人使用但不构成权益性投资，或者因他人占用本企业资金取得的收入，包括存款利息、贷款利息、债券利息、欠款利息等收入。利息收入，按照合同约定的债务人应付利息的日期确认收入的实现。

（6）租金收入。是指企业提供固定资产、包装物或者其他有形资产的使用权取得的收入。租金收入，按照合同约定的承租人应付租金的日期确认收入的实现。

如果交易合同或协议中规定租赁期限跨年度，且租金提前一次性支付的，根据《中华人民共和国企业所得税法实施条例》第九条规定的收入与费用配比原则，出租人可对上述已确认的收入，在租赁期内，分期均匀计入相关年度收入。

（7）特许权使用费收入。是指企业提供专利权、非专利技术、商标权、著作权以及其他特许权的使用权取得的收入。特许权使用费收入，按照合同约定的特许权使用人应付特许权使用费的日期确认收入的实现。

（8）接受捐赠收入。是指企业接受的来自其他企业、组织或者个人无偿给予的货币性资产、非货币性资产。接受捐赠收入，按照实际收到捐赠资产的日期确认收入的实现。

（9）其他收入。是指企业取得的除上述收入外的其他收入，包括企业资产溢余收入、逾期未退包装物押金收入、确实无法偿付的应付款项、已作坏账损失处理后又收回的应收款项、债务重组收入、补贴收入、违约金收入、汇兑收益等。

2. 特殊收入的确认

（1）以分期收款方式销售货物的，按照合同约定的收款日期确认收入的实现。

（2）企业受托加工制造大型机械设备、船舶、飞机，以及从事建筑、安装、装配工程业务或者提供其他劳务等，持续时间超过 12 个月的，按照纳税年度内完工进度或者完成的工作量确认收入的实现。

（3）采取产品分成方式取得收入的，按照企业分得产品的日期确认收入的实现，其收入额按照产品的公允价值确定。

（4）企业发生非货币性资产交换，以及将货物、财产、劳务用于捐赠、偿债、赞助、集资、广告、样品、职工福利或者利润分配等用途的，应当视同销售货物、转让财产或者提供劳务，但国务院财政、税务主管部门另有规定的除外。

【例 3－1】 某公路运输企业为增值税一般纳税人，7 月份以无偿提供配件运输服务（成本价 15 万元，市场价 17 万元）换取某加工修理厂 1 年的免费维修权，以此建立业务合作关系。这项业务如何计算应纳税所得额？

解 该项服务交换应视同销售，其视同销售收入为 17 万元，视同销售成本为 15 万元，视同销售的应纳税所得额为 2 万元。

3. 处置资产收入的确认

企业处置资产的所得税处理根据《中华人民共和国企业所得税法实施条例》第二十五条的规定执行。

（1）企业发生下列情形的处置资产，除将资产转移至境外以外，由于资产所有权属在形式和实质上均不发生改变，可作为内部处置资产，不视同销售确认收入，相关资产的计税基础延续计算：

① 将资产用于生产、制造、加工另一产品；

② 改变资产形状、结构或性能；

③ 改变资产用途（如，自建商品房转为自用或经营）；

④ 将资产在总机构及其分支机构之间转移；

⑤ 上述两种或两种以上情形的混合；

⑥ 其他不改变资产所有权属的用途。

（2）企业将资产移送他人的下列情形，因资产所有权属已发生改变而不属于内部处置资产，应按规定视同销售确定收入：

① 用于市场推广或销售；

② 用于交际应酬；

③ 用于职工奖励或福利；

④ 用于股息分配；

⑤ 用于对外捐赠；

⑥ 其他改变资产所有权属的用途。

(3) 企业发生第（2）种情形时，属于企业自制的资产，应按企业同类资产同期对外销售价格确定销售收入；属于外购的资产，不以销售为目的，具有替代职工福利等费用支出性质，且购买后在一个纳税年度内处置的，可按购入时的价格确定销售收入。

4. 相关收入实现的确认

除前述关于收入的规定外，企业销售收入的确认，必须遵循权责发生制原则和实质重于形式原则。

1) 企业销售商品同时满足下列条件的，应确认收入的实现

(1) 商品销售合同已经签订，企业已将商品所有权相关的主要风险和报酬转移给购货方；

(2) 企业对已售出的商品既没有保留通常与所有权相联系的继续管理权，也没有实施有效控制；

(3) 收入的金额能够可靠地计量；

(4) 已发生或将发生的销售方的成本能够可靠地核算。

2) 符合上款收入确认条件

采取下列商品销售方式的，应按表3－1规定确认收入时点。

表3－1 不同销售方式确认收入的时点表

销售方式	确认收入时点
托收承付方式	在办妥托收手续时确认收入
预收款方式	在发出商品时确认收入
需要安装和检验	在购买方接受商品以及安装和检验完毕时确认收入；如果安装程序比较简单，可在发出商品时确认收入
支付手续费方式委托代销	在收到代销清单时确认收入

3) 采用售后回购方式销售商品的

销售的商品按售价确认收入，回购的商品作为购进商品处理。有证据表明不符合销售收入确认条件的，如以销售商品方式进行融资，收到的款项应确认为负债，回购价格大于原售价的，差额应在回购期间确认为利息费用。

4) 销售商品以旧换新的

销售商品应当按照销售商品收入确认条件确认收入，回收的商品作为购进商品处理。

5) 现金折扣、商业折扣、销售折让与销售退回

现金折扣、商业折扣、销售折让和销售退回的税务处理见表3－2。

表3－2　现金折扣、商业折扣、销售折让和销售退回的税务处理

名称	释　义	税务处理
现金折扣	债权人为鼓励债务人在规定的期限内付款而向债务人提供的债务扣除	应当按扣除现金折扣前的金额确定销售商品收入金额，现金折扣在实际发生时作为财务费用扣除
商业折扣	企业为促进商品销售而在商品价格上给予的价格扣除	应当按照扣除商业折扣后的金额确定销售商品收入金额
销售折让	企业因售出商品的质量不合格等原因而在售价上给予的减让	企业已经确认销售收入的售出商品发生销售折让和销售退回，应当在发生当期冲减当期销售商品收入
销售退回	企业因售出商品质量、品种不符合要求等原因而发生的退货	企业已经确认销售收入的售出商品发生销售折让和销售退回，应当在发生当期冲减当期销售商品收入

【例3－2】甲运输公司在11月18日向乙公司提供货运服务，开出的增值税专用发票上注明的销售价格为50 000元，增值税税额为5 500元，该次运输成本为30 000元。乙公司在11月27日支付货款，同年12月5日，因运输过程中出现严重商品损耗，乙公司拒绝签收货物，并向甲运输公司提出退回已支付的运输款，甲运输公司当日支付有关款项。假定甲运输公司已按规定开具了红字增值税专用发票，甲运输公司如何针对该项业务确定应纳税所得额？

解　发生销售退回时，公司已经确认销售收入的售出商品发生销售折让和销售退回，应当在发生当期冲减当期销售商品收入。由于乙公司拒绝确认甲运输公司提供的运输服务并要求甲运输公司退款，甲运输公司于当日退回全部款项。甲运输公司应冲减11月18日确认的销售收入，不产生应纳税所得额。

6）企业在各个纳税期末，提供劳务交易的结果能够可靠估计的这种情况下，应采用完工进度法（完工百分比）确认提供劳务收入。

（1）提供劳务交易的结果能够可靠估计，是指同时满足下列条件：

① 收入的金额能够可靠地计量；

② 交易的完工进度能够可靠地确定；

③ 交易中已发生和将发生的成本能够可靠地核算。

（2）企业提供劳务完工进度的确定，可选用下列方法：

① 已完工作的测量；

② 已提供劳务占劳务总量的比例；

③ 发生成本占总成本的比例。

（3）企业应按照从接受劳务方已收或应收的合同或协议价款确定劳务

收入总额，根据纳税期末提供劳务收入总额乘以完工进度扣除以前纳税年度累计已确认提供劳务收入后的金额，确认为当期劳务收入；同时，按照提供劳务估计总成本乘以完工进度扣除以前纳税期间累计已确认劳务成本后的金额，结转为当期劳务成本。

（4）下列提供劳务满足收入确认条件的，应按规定确认收入。

① 安装费。应根据安装完工进度确认收入。安装工作是商品销售附带条件的，安装费在确认商品销售实现时确认收入。

② 宣传媒介的收费。应在相关的广告或商业行为出现于公众面前时确认收入。广告的制作费，应根据制作广告的完工进度确认收入。

③ 软件费。为特定客户开发软件的收费，应根据开发的完工进度确认收入。

④ 服务费。包含在商品售价内可区分的服务费，在提供服务的期间分期确认收入。

⑤ 艺术表演、招待宴会和其他特殊活动的收费。在相关活动发生时确认收入。收费涉及几项活动的，预收的款项应合理分配给每项活动，分别确认收入。

⑥ 会员费。申请入会或加入会员，只允许取得会籍，所有其他服务或商品都要另行收费的，在取得该会员费时确认收入。申请入会或加入会员后，会员在会员期内不再付费就可得到各种服务或商品，或者以低于非会员的价格销售商品或提供服务的，该会员费应在整个受益期内分期确认收入。

⑦ 特许权费。属于提供设备和其他有形资产的特许权费，在交付资产或转移资产所有权时确认收入；属于提供初始及后续服务的特许权费，在提供服务时确认收入。

⑧ 劳务费。长期为客户提供重复的劳务收取的劳务费，在相关劳务活动发生时确认收入。

7）企业以“买一赠一”等方式组合销售本企业商品的

这种情况不属于捐赠，应将总的销售金额按各项商品的公允价值的比例来分摊确认销售收入。

3.3.2 不征税收入和免税收入

国家为了扶持和鼓励某些特定的项目，对企业取得的某些收入予以不征税或免税的特殊政策以促进经济的协调发展。

1. 不征税收入

不征税收入（non - taxable income）是不属于营利性活动带来的经济利益，是专门从事特定目的的收入。这些收入从企业所得税原理上讲不应列为征税范围的收入范畴，包括以下几种。

（1）财政拨款。指各级人民政府对纳入预算管理的事业单位、社会团体等组织拨付的财政资金，但国务院和国务院财政、税务主管部门另有规定的除外。

（2）依法收取并纳入财政管理的行政事业性收费、政府性基金。行政事业性收费，是指依照法律、法规等有关规定，按照规定程序批准，在实施社会公共管理，以及在向公民、法人或者其他组织提供特定公共服务过程中，向特定对象收取并纳入财政管理的费用。政府性基金，是指企业依照法律、行政法规等有关规定，代政府收取的具有专项用途的财政资金。

（3）国务院规定的其他不征税收入。指企业取得的，由国务院财政、税务主管部门规定专项用途并经国务院批准的财政性资金。

财政性资金是指企业取得的来源于政府及其有关部门的财政补助、补贴、贷款贴息，以及其他各类财政专项资金，包括增值税即征即退、先征后退、先征后返的各种税收，但不包括企业按规定取得的出口退税款。

值得注意的是，企业的不征税收入用于支出所形成的费用，不得在计算应纳税所得额时扣除；企业的不征税收入用于支出所形成的资产，其计算的折旧、摊销不得在计算应纳税所得额时扣除。

2. 免税收入

免税收入（tax exempt income）是纳税人应税收入的重要组成部分，是国家为了实现某些经济和社会目标，在特定时期或对特定项目取得的经济利益给予的税收优惠照顾，而在一定时期又有可能恢复征税的收入。

（1）国债利息收入。为鼓励企业积极购买国债，支援国家建设，税法规定，企业因购买国债所得的利息收入，免征企业所得税。

（2）符合条件的居民企业之间的股息、红利等权益性收益。是指居民企业直接投资于其他居民企业取得的投资收益。

（3）在中国境内设立机构、场所的非居民企业从居民企业取得的与该机构、场所有实际联系的股息、红利等权益性投资收益。

居民企业和非居民企业取得的上述免税的投资收益不包括连续持有居民企业公开发行并上市流通的股票不足12个月取得的投资收益。

依据财政部、国家税务总局、证监会《关于沪港股票市场交易互联互通机制试点有关税收政策的通知》（财税〔2014〕81号）的规定，自2014年11月17日起，对内地企业投资者通过沪港通投资香港联交所上市股票取得的股息红利所得，计入其收入总额，依法计征企业所得税。其中，内地居民企业连续持有H股满12个月取得的股息红利所得，依法免征企业所得税。

内地企业投资者自行申报缴纳企业所得税时，对香港联交所非H股上市公司已代扣代缴的股息红利所得税，可依法申请税收抵免。

（4）符合条件的非营利组织的收入。符合条件的非营利组织的收入，不包括非营利组织从事营利性活动取得的收入，但国务院财政、税务主管部门另有规定的除外。

（5）对企业取得的2009年及以后年度发行的地方政府债券利息所得，免征企业所得税。地方政府债券是指经国务院批准，以省、自治区、直辖市和计划单列市政府为发行和偿还主体的债券。

【例3-3】某位于市区的物流公司为增值税一般纳税人，从境内A分公司分回股息20万元，A分公司为小型微利企业，使用20%的企业所得税税率且其所得税按50%计入应纳税所得额。该笔业务应如何进行税务处理？

解 从A分公司分回的股息免税，应调减应纳税所得额20万元。

3.3.3 扣除原则和范围

1. 税前扣除项目的原则

企业申报的扣除项目和金额要真实、合法。除税收法规另有规定外，税前扣除一般应遵循以下原则。

（1）权责发生制原则，是指企业费用应在发生的所属期扣除。

（2）配比原则，是指企业发生的费用应当与收入配比扣除。除特殊规定外，企业发生的费用不得提前或滞后申报扣除。

（3）合理性原则，符合生产经营活动常规，应当计入当期损益或者有关资产成本的必要和正常的支出。

2. 扣除项目的范围

企业实际发生的与取得收入有关的、合理的支出，包括成本、费用、税金、损失和其他支出，准予在计算应纳税所得额时扣除。

1）成本

成本是指企业在生产经营活动中发生的销售成本、销货成本、业务支出以及其他耗费，即企业销售商品（产品、材料、下脚料、废料、废旧物资等）、提供劳务、转让固定资产、无形资产（包括技术转让）的成本。

企业必须将经营活动中发生的成本合理划分为直接成本和间接成本。直接成本是指可直接计入有关成本计算对象或劳务的经营成本中的直接材料、直接人工等。间接成本是指多个部门为同一成本对象提供服务的共同成本，或者同一种投入可以制造、提供两种或两种以上的产品或劳务的联合成本。

直接成本可根据有关会计凭证、记录直接计入有关成本计算对象或劳务的经营成本中。间接成本必须根据与成本计算对象之间的因果关系、成本计算对象的产量等，以合理的方法分配计入有关成本计算对象中。

2）费用

费用是指企业每一个纳税年度为生产、经营商品和提供劳务等所发生的销售（经营）费用、管理费用和财务费用，已经计入成本的有关费用除外。

销售费用（selling expenses）是指应由企业负担的为销售商品而发生的费用，包括广告费、运输费、装卸费、杂费、包装费、展览费、保险费、销售佣金（能直接认定的进口佣金调整商品进价成本）、代销手续费、经营性租赁费及销售部门发生的差旅费、工资、福利费等费用。

管理费用（administrative expenses）是指企业的行政管理部门为管理

组织经营活动提供各项支援性服务而发生的费用。

财务费用（financial expenses）是指企业为筹集经营性资金而发生的费用，包括利息净支出、汇兑净损失、金融机构手续费以及其他非资本化支出。

企业当年度实际发生的相关成本、费用，由于各种原因未能及时取得该成本、费用的有效凭证，企业在预缴季度所得税时，可暂按账面发生金额进行核算；但在汇算清缴时，应补充提供该成本、费用的有效凭证。

3）税金

税金是指企业发生的除企业所得税和允许抵扣的增值税以外的企业缴纳的各项税金及其附加，即企业按规定缴纳的消费税、城市维护建设税、关税、资源税、土地增值税、房产税、车船税、城镇土地使用税、印花税、教育费附加等产品销售税金及附加。

4）损失

损失是指企业在生产经营活动中发生的固定资产和存货的盘亏、毁损、报废损失，转让财产损失，呆账损失，坏账损失，自然灾害等不可抗力因素造成的损失以及其他损失。

企业发生的损失，减除责任人赔偿和保险赔款后的余额，依照国务院财政、税务主管部门的规定扣除。企业已经作为损失处理的资产，在以后纳税年度又全部收回或者部分收回时，应当计入当期收入。

5）其他支出

其他支出是指除成本、费用、税金、损失外，企业在生产经营活动中发生的与生产经营活动有关的、合理的支出。

3. 主要扣除项目及其标准

在计算应纳税所得额时，下列项目可按照实际发生额或规定的标准扣除。

1）工资、薪金支出

工资、薪金支出是企业每一纳税年度支付给本企业任职或与其有雇佣关系的员工的所有现金或非现金形式的劳动报酬，包括基本工资、奖金、津贴、补贴、年终加薪、加班工资，以及与任职或者是受雇有关的其他支出。企业发生的合理的工资、薪金支出准予据实扣除。

对工资支出合理性的判断，主要包括两个方面：一是雇员实际提供的服务；二是报酬总额在数量上是合理的。实际操作中主要考虑雇员的职责、过去的报酬情况，以及雇员的业务量和复杂程度等相关因素。同时，还要考虑当地同行业职工平均工资水平。

2）职工福利费、工会经费、职工教育经费

企业发生的职工福利费、工会经费、职工教育经费按标准扣除，未超过标准的按实际数扣除，超过标准的只能按标准扣除，超出标准的部分不得扣除，也不得在以后年度结转扣除。

（1）企业发生的职工福利费支出，不超过工资、薪金总额14%的部分准予扣除。

值得注意的是，企业发生的职工福利费，应该单独设置账册，进行准确核算。没有单独设置账册准确核算的，税务机关应责令企业在规定的期限内进行改正。逾期仍未改正的，税务机关可对企业发生的职工福利费进行合理的核定。

【例3-4】 假设A运输企业年度职工工资总额为150万元，企业实际发生职工福利费为23万元，问该运输企业所得税年度汇算清缴福利费准予扣除数是多少？纳税调整是否变化，如何变化？

解 该运输企业发生的职工福利费不超过工资、薪金总额14%的部分准予扣除。准予扣除的福利费金额为：150×14%=21（万元），应调增的金额为：23-21=2（万元）。

（2）企业拨缴的工会经费，不超过工资、薪金总额2%的部分准予扣除。

自2010年1月1日起，在委托税务机关代收工会经费的地区，企业拨缴的工会经费，也可凭合法、有效的工会经费代收凭据依法在税前扣除。

（3）除国务院财政、税务主管部门另有规定外，企业发生的职工教育经费支出，不超过工资、薪金总额2.5%的部分准予扣除，超过部分准予结转以后纳税年度扣除。

上述计算职工福利费、工会经费、职工教育经费的“工资、薪金总额”，是指企业按照税法规定，实际发放的工资、薪金总和，不包括企业的职工福利费、职工教育经费、工会经费以及养老保险费、医疗保险费、失业保险费、工伤保险费、生育保险费等社会保险费和住房公积金。

综上所述，有关职工福利费、工会经费和职工教育经费的扣除标准总结，如表3-3所列。

表3-3 职工福利费、工会经费和职工教育经费的扣除标准

项目	准予扣除的限额	超过规定标准部分的处理
职工福利费	不超过工资、薪金总额14%的部分	不得扣除
工会经费	不超过工资、薪金总额2%的部分	不得扣除
职工教育经费	不超过工资、薪金总额2.5%的部分	准予在以后纳税年度结转扣除

【例3-5】 某公路运输企业当年为本企业雇员支付工资300万元，奖金40万元，地区补贴10万元，假定该企业工资薪金支出符合合理标准，当年支付职工福利费50万元，工会经费6.8万元，职工教育经费10万元。当年职工福利费、工会经费及职工教育经费可在税前列支的限额是多少？

解 该公路运输企业当年工资总额为：300 + 40 + 10 = 350（万元）

其当年可在所得税前列支的职工福利费限额为：350 × 14% = 49（万元）

其当年可在所得税前列支的职工工会经费限额为：350 × 2% = 7（万元）

其当年可在所得税前列支的职工教育经费限额为：350 × 2.5% = 8.75（万元）

所以各个项目对应的纳税调整如表 3－4 所示。

表 3－4 各项目纳税调整计算表 单位：万元

项目	会计列支	税法标准	纳税调整
工资	350	350	0
职工福利费	50	49	+1
工会经费	6.8	7	0
职工教育经费	10	8.75	+1.25（结转以后年度）

3）社会保险费

（1）企业依照国务院有关主管部门或者省级人民政府规定的范围和标准为职工缴纳的"五险一金"，即基本养老保险费、基本医疗保险费、失业保险费、工伤保险费、生育保险费等基本社会保险费和住房公积金，准予扣除。

（2）企业为在本企业任职或受雇的全体员工支付的补充养老保险费、补充医疗保险费，分别在不超过职工工资总额 5% 标准内的部分，准予扣除。超过部分，不得扣除。企业依照国家有关规定为特殊工种职工支付的人身安全保险费和符合国务院财政、税务主管部门规定可以扣除的商业保险费准予扣除。

（3）企业参加财产保险，按照规定缴纳的保险费，准予扣除。企业为投资者或者职工支付的商业保险费，不得扣除。具体有关保险费用扣除情况的总结如图 3－2 所示。

- 保险费
  - 符合规定范围和标准的社会保险——五险（另外还有"一金"）（可扣除）
  - 商业保险
    - 责任险（可扣除）
    - 财险
      - 经营财险（可扣除）
      - 个人家庭财险（不可扣除）
    - 寿险
      - 符合规定范围和标准的补充保险（可扣除）
      - 为特殊工种职工支付的人身安全保险费（可扣除）
      - 其他寿险（不可扣除）

图 3－2 保险费扣除范围

4）利息费用

企业在生产经营活动中发生的利息费用，按下列规定扣除。

（1）非金融企业向金融企业借款的利息支出、金融企业的各项存款利息支出和同业拆借利息支出、企业经批准发行债券的利息支出可据实扣除。

其中，所谓金融机构，是指各类银行、保险公司及经中国人民银行批准从事金融业务的非银行金融机构。非金融机构，是指除上述金融机构以外的所有企业、事业单位以及社会团体等企业或组织。

（2）非金融企业向非金融企业借款的利息支出，不超过按照金融企业同期同类贷款利率计算的数额的部分可据实扣除，超过部分不允许扣除。

（3）关联企业利息费用的扣除。企业从其关联方接受的债权性投资与权益性投资的比例超过规定标准而发生的利息支出，不得在计算应纳税所得额时扣除。

① 在计算应纳税所得额时，企业实际支付给关联方的利息支出，不超过以下规定比例和税法及其实施条例有关规定计算的部分，准予扣除，超过的部分不得在发生当期和以后年度扣除。

企业实际支付给关联方的利息支出，除符合下面第②条规定外，其接受关联方债权性投资与其权益性投资比例为：金融企业为5:1；其他企业为2:1。

② 企业如果能够按照税法及其实施条例的有关规定提供相关资料，并证明相关交易活动符合独立交易原则；或者该企业的实际税负不高于境内关联方的，其实际支付给境内关联方的利息支出，在计算应纳税所得额时准予扣除。

③ 企业同时从事金融业务和非金融业务，其实际支付给关联方的利息支出，应按照合理方法分开计算；没有按照合理方法分开计算的，一律按前述有关其他企业的比例计算准予税前扣除的利息支出。

企业自关联方取得的不符合规定的利息收入应按照有关规定缴纳企业所得税。

（4）企业向自然人借款的利息支出在企业所得税税前扣除。

① 企业向股东或其他与企业有关联关系的自然人借款的利息支出，应根据上述（3）中规定的条件，计算企业所得税扣除额。

② 企业向除① 规定以外的内部职工或其他人员借款的利息支出，其借款情况同时符合以下条件的，其利息支出在不超过按照金融企业同期同类贷款利率计算的数额的部分，准予扣除：企业与个人之间的借贷是真实、合法、有效的，并且不具有非法集资目的或其他违反法律、法规的行为；企业与个人之间签订了借款合同。

【例3-6】 某海运公司因业务需要在该年度借入两笔借款并发生如下利息费用。

（1）1月初以年利率8%向某经批准从事信托投资业务的公司借入的期限为9个月的生产周转用资金300万元的借款利息。

（2）1月初向某事业单位借入的与第一笔借款同期的生产周转用资金100万元的借款利息10.5万元，则该公司该年度可在计算应纳税所得额时扣除的利息费用是多少？

解 经批准从事信托投资业务的公司属于金融机构范畴，该海运公司可在计算应纳税所得额时扣除的金融机构利息费用为(300×8%/12)×9=18（万元）。

向事业单位等非金融机构借入借款可扣除的利息费用限额为（100×8%/12）×9=6（万元），该海运公司支付的利息10.5万元，超过按同期同类金融机构贷款利率计算的利息费用，只可按照限额扣除。

该海运公司当年可在计算应纳税所得额时扣除的利息费用为18+6=24（万元）。

5）借款费用

（1）企业在生产经营活动中发生的合理的不需要资本化的借款费用，准予扣除。

（2）企业为购置、建造固定资产、无形资产和经过12个月以上的建造才能达到预定可销售状态的存货发生借款的，在有关资产购置、建造期间发生的合理的借款费用，应予以资本化，作为资本性支出计入有关资产的成本；有关资产交付使用后发生的借款利息，可在发生当期扣除。

（3）企业通过发行债券、取得贷款、吸收保户储金等方式融资而发生的合理的费用支出，符合资本化条件的，应计入相关资产成本；不符合资本化条件的，应作为财务费用，准予在企业所得税前据实扣除。

6）汇兑损失

企业在货币交易中，以及纳税年度终了时将人民币以外的货币性资产、负债按照期末即期人民币汇率中间价折算为人民币时产生的汇兑损失，除已经计入有关资产成本以及与向所有者进行利润分配相关的部分外，准予扣除。

7）业务招待费

（1）企业发生的与生产经营活动有关的业务招待费支出，按照发生额的60%扣除，但最高不得超过当年销售（营业）收入的5‰。当年销售（营业）收入包括《中华人民共和国企业所得税法实施条例》第二十五条规定的视同销售（营业）收入额。

（2）企业在筹建期间，发生的与筹办活动有关的业务招待费支出，可按实际发生额的60%计入企业筹办费，并按有关规定在税前扣除。

【例3-7】某交通运输企业为增值税一般纳税人，2016年运输收入情况如下：开具增值税专用发票的收入500万元，开具普通发票的金额222万元。企业发生管理费用59万元（其中：业务招待费16万元）。准予在企业所得税前扣除的管理费用为多少万元？

解 该交通运输企业发生的与生产经营活动有关的业务招待费支出，按照发生额的60%扣除，但最高不得超过当年销售（营业）收入的5‰。

销售收入×5‰=[500+222/(1+11%)]×5‰=3.5（万元），实际发生数×60%=16×60%=9.6（万元），业务招待费扣除限额为两者较小，即3.5万元。企业所得税前扣除的管理费用=(59-16+3.5)=46.5（万元）。

8）广告费和业务宣传费

企业发生的符合条件的广告费和业务宣传费支出，除国务院财政、税务主管部门另有规定外，不超过当年销售（营业）收入15%的部分，准予扣除；超过部分，准予结转以后纳税年度扣除。

自2016年1月1日起至2020年12月31日止，对签订广告费和业务宣传费分摊协议（以下简称分摊协议）的关联企业，其中一方发生的不超过当年销售（营业）收入税前扣除限额比例内的广告费和业务宣传费支出可以在本企业扣除，也可以将其中的部分或全部按照分摊协议归集至另一方扣除。另一方在计算本企业广告费和业务宣传费支出企业所得税税前扣除限额时，可将按照上述办法归集至本企业的广告费和业务宣传费不计算在内。

企业申报扣除的广告费支出应与赞助支出严格区分。企业申报扣除的广告费支出，必须符合下列条件。

（1）广告是通过工商部门批准的专门机构制作的；

（2）已实际支付费用，并已取得相应发票；

（3）通过一定的媒体传播。

企业在筹建期间，发生的广告费和业务宣传费，可按实际发生额计入企业筹办费，并按有关规定在税前扣除。

【例3-8】 某从事货运的企业为增值税一般纳税人，当年取得销售收入10 000万元，出租闲置的包装物取得租金收入10万元；处置废弃的仓库取得处置收入8万元，假设该企业当年实际发生广告费1 800万元。则当年该企业在计算应纳税所得额时准予扣除的广告费为多少万元？

解 对交通运输企业，不超过当年销售收入15%的广告费和业务宣传费支出的可以在所得税前扣除。包装物出租收入也是销售（营业）收入的一部分。固定资产处置收入不属于销售（营业）收入。因此，该货运企业当年可在税前扣除的广告费限额 =（10 000 + 10）× 15% = 1 501.5（万元），实际支付的1 800万元大于限额，所以只能扣除1 501.5万元。

9）环境保护专项资金

企业依照法律、行政法规有关规定提取的用于环境保护、生态恢复等方面的专项资金，准予扣除。上述专项资金提取后改变用途的，不得扣除。

10）租赁费

企业根据生产经营活动的需要租入固定资产支付的租赁费，按照以下方法扣除。

（1）以经营租赁方式租入固定资产发生的租赁费支出，按照租赁期限均匀扣除。经营性租赁是指所有权不转移的租赁。

（2）以融资租赁方式租入固定资产发生的租赁费支出，按照规定构成融资租入固定资产价值的部分应当提取折旧费用，分期扣除。融资租赁是指在实质上转移与一项资产所有权有关的全部风险和报酬的一种租赁。

11）劳动保护费

企业发生的合理的劳动保护支出，准予扣除。

企业根据其工作性质和特点，由企业统一制作并要求员工工作时统一着装所发生的工作服饰费用，可以作为企业合理的支出给予税前扣除。

12）公益性捐赠支出

公益性捐赠，是指企业通过公益性社会团体或者县级以上人民政府及其部门，用于《中华人民共和国公益事业捐赠法》规定的公益事业的捐赠，企业发生的公益性捐赠支出，不超过年度利润总额12%的部分，准予扣除；超过年度利润总额12%的部分，准予结转，以后三年内在计算应纳税所得额时扣除。

年度利润总额，是指企业依照国家会计制度的规定计算的年度会计利润。

【例3-9】某居民企业按照规定计算出利润总额360万元，当年直接到灾区现场给灾区受灾灾民发放慰问金13万元，通过省级人民政府机关对受灾地区捐赠37万元。其当年捐赠应调整应纳税所得额多少万元？

解 其当年可在企业所得税前列支的公益性捐赠限额 $=360\times12\%=43.2$（万元）

通过省级人民政府机关对受灾地区的捐赠37万元，低于限额43.2万元，因此可以全额在税前扣除，不需要纳税调整。

直接捐给受赠人的捐赠在企业所得税前不得扣除，所以当年捐赠应调整应纳税所得额13万元。

13）总机构分摊的费用

非居民企业在中国境内设立的机构、场所，就其中国境外总机构发生的与该机构、场所生产经营有关的费用，能够提供总机构出具的费用汇集范围、定额、分配依据和方法等证明文件，并合理分摊的，准予扣除。

14）资产损失

企业当期发生的固定资产和流动资产盘亏、毁损净损失，由其提供清查盘存资料经向主管税务机关备案后，准予扣除；企业因存货盘亏、毁损、报废等原因不得从销项税金中抵扣的进项税金，应视同企业财产损失，准予与存货损失一起在所得税前按规定扣除。

15）航空企业空勤训练费

航空企业实际发生的飞行员养成费、飞行训练费、乘务训练费、空中保卫员训练费等空勤训练费用，根据《中华人民共和国企业所得税法实施条例》第二十七条规定，可以作为航空企业运输成本在税前扣除。

16）投资企业撤回或减少投资

投资企业从被投资企业撤回或减少投资，其取得的资产中，相当于初始出资的部分，应确认为投资收回；相当于被投资企业累计未分配利润和累计盈余公积按减少实收资本比例计算的部分，应确认为股息所得；其余部分确认为投资资产转让所得。

被投资企业发生的经营亏损，由被投资企业按规定结转弥补；投资企业不得调整减低其投资成本，也不得将其确认为投资损失。

17）关于以前年度发生应扣未扣支出的税务处理

根据《中华人民共和国税收征收管理法》的有关规定，对企业发现以前年度实际发生的、按照税收规定应在企业所得税前扣除而未扣除或者少扣除的支出，企业做出专项申报及说明后，准予追补至该项目发生年度计算扣除，但追补确认期限不得超过5年。

企业由于上述原因多缴的企业所得税税款，可以在追补确认年度企业所得税应纳税款中抵扣，不足抵扣的，可以向以后年度递延抵扣或申请退税。

3.3.4　不得扣除的项目

在计算应纳税所得额时，下列支出不得扣除。

（1）向投资者支付的股息、红利等权益性投资收益款项。

（2）企业所得税税款。

（3）税收滞纳金，指纳税人违反税收法规，被税务机关处以的滞纳金。

（4）罚金、罚款和被没收财物的损失，指纳税人违反国家有关法律、法规规定，被有关部门处以的罚款，以及被司法机关处以的罚金和被没收财物。

（5）超过规定标准的捐赠支出。

（6）赞助支出，指企业发生的与生产经营活动无关的各种非广告性支出。

（7）未经核定的准备金支出，指不符合国务院财政、税务主管部门规定的各项资产减值准备、风险准备等准备金支出。

除财政部和国家税务总局核准计提的准备金可以税前扣除外，其他行业、企业计提的各项资产减值准备、风险准备等均不得税前扣除。

（8）企业之间支付的管理费、企业内营业机构之间支付的租金和特许权使用费，以及非银行企业内营业机构之间支付的利息，不得扣除。

（9）与取得收入无关的其他支出。

3.3.5　亏损弥补

亏损是指企业依照《中华人民共和国企业所得税法》及其实施条例的规定，将每一纳税年度的收入总额减除不征税收入、免税收入和各项扣除后小于零的数额。税法规定，企业某一纳税年度发生的亏损可以用下一年度的所得弥补，下一年度的所得不足以弥补的，可以逐年延续弥补，但最长不得超过5年。而且，企业在汇总计算缴纳企业所得税时，其境外营业机构的亏损不得抵减境内营业机构的盈利。

企业以前年度发生的资产损失未能在当年税前扣除的，可以向税务机关说明并进行专项申报扣除。其中，属于实际资产损失，准予追补至该项损失发生年度扣除，其追补确认期限一般不得超过5年。

企业因以前年度实际资产损失未在税前扣除而多缴的企业所得税税款，可在追补确认年度企业所得税应纳税款中予以抵扣，不足抵扣的，向以后年度递延抵扣。企业实际资产损失发生年度扣除追补确认的损失后出现亏损的，应先调整资产损失发生年度的亏损额，再按弥补亏损的原则计算以后年度多缴的企业所得税税款，并按前款办法进行税务处理。

企业筹办期间不计算为亏损年度，企业开始生产经营的年度，为开始计算企业损益的年度。企业从事生产经营之前进行筹办活动期间发生筹办费用支出，不得计算为当期的亏损，企业可以在开始经营之日的当年一次性扣除，也可以按照新税法有关长期待摊费用的处理规定处理，但一经选定，不得改变。

【例3-10】表3-5为经税务机关审定的某货运企业七年的弥补亏损前的应纳税所得额情况（单位：万元），假设该货运企业一直执行五年亏损弥补规定，计算该货运企业七年间需缴纳的企业所得税。

表3-5 某货运企业各年弥补亏损前的应纳税所得额情况

单位：万元

年份	2011	2012	2013	2014	2015	2016	2017
弥补亏损前的应纳税所得额	-100	10	-20	30	20	30	60

解 关于2011年的亏损要用2012年至2016年的所得弥补。2013年亏损也要占用五年抵亏期，一个抵扣年度且先亏先补，2013年的亏损，需在2011年的亏损问题抵扣之后才能考虑。到了2017年，2011年的亏损未弥补完，但五年抵亏期已满，还有10万元亏损不得用2017年的应纳税所得额弥补。

2013年之后的2014年至2017年的所得，其中2014—2016年所得已被用于弥补2011年的亏损，所以2013年的亏损用2017年所得弥补。因此，在弥补2013年亏损后，2017年应纳税所得额为=60-20=40（万元），要计算纳税，应纳所得税额=40×25%=10（万元）

3.4 企业所得税资产的税务处理

资产是由于资本投资而形成的财产，对于资本性支出以及无形资产受让、开办、开发费用，不允许作为成本、费用从纳税人的收入总额中做一次性扣除，只能采取分次计提折旧或分次摊销的方式予以扣除，即纳税人经营活动中使用的固定资产的折旧费用、无形资产和长期待摊费用的摊销费用可以扣除。

税法规定，纳入税务处理范围的资产形式主要有固定资产、生物资产、无形资产、长期待摊费用、投资资产、存货等，除盘盈固定资产外，均以历史成本为计税基础。企业持有各项资产期间资产增值或者减值，除国务院财政、税务主管部门规定可以确认损益外，不得调整该资产的计税基础。

3.4.1 固定资产的税务处理

固定资产是指企业为生产产品、提供劳务、出租或者经营管理而持有的、使用时间超过12个月的非货币性资产，包括房屋、建筑物、机器、机械、运输工具以及其他与生产经营活动有关的设备、器具、工具等。

1. 固定资产的计税基础

（1）外购的固定资产，以购买价款和支付的相关税费以及直接归属于使该资产达到预定用途发生的其他支出为计税基础。

（2）自行建造的固定资产，以竣工结算前发生的支出为计税基础。

（3）融资租入的固定资产，以租赁合同约定的付款总额和承租人在签订租赁合同过程中发生的相关费用为计税基础，租赁合同未约定付款总额的，以该资产的公允价值和承租人在签订租赁合同过程中发生的相关费用为计税基础。

（4）盘盈的固定资产，以同类固定资产的重置完全价值为计税基础。

（5）通过捐赠、投资、非货币性资产交换、债务重组等方式取得的固定资产，以该资产的公允价值和支付的相关税费为计税基础。

（6）改建的固定资产，除已足额提取折旧的固定资产和租入的固定资产以外的其他固定资产，以改建过程中发生的改建支出增加计税基础。

2. 固定资产折旧的范围

在计算应纳税所得额时，企业按照规定计算的固定资产折旧，准予扣除。下列固定资产不得计算折旧扣除：

（1）房屋、建筑物以外未投入使用的固定资产；

（2）以经营租赁方式租入的固定资产；

（3）以融资租赁方式租出的固定资产；

（4）已足额提取折旧仍继续使用的固定资产；

（5）与经营活动无关的固定资产；

（6）单独估价作为固定资产入账的土地；

（7）其他不得计算折旧扣除的固定资产。

3. 固定资产折旧的计提方法

（1）企业应当自固定资产投入使用月份的次月起计算折旧；停止使用的固定资产，应当自停止使用月份的次月起停止计算折旧。

（2）企业应当根据固定资产的性质和使用情况，合理确定固定资产的预计净残值。固定资产的预计净残值一经确定，不得变更。

（3）固定资产按照直线法计算的折旧，准予扣除。

（4）企业对房屋、建筑物固定资产在未足额提取折旧前进行改扩建的，如属于推倒重置，该资产原值减除提取折旧后的净值，应并入重置后的固定资产计税成本，并在该固定资产投入使用后的次月起，按照税法规定的折旧年限，一并计提折旧；如属于提升功能、增加面积的，该固定资产的改扩建支出，并入该固定资产计税基础，并从改扩建完工投入使用后的次月起，重新按税法规定的该固定资产折旧年限计提折旧，如该改扩建后的固定资产尚可使用的年限低于税法规定的最低年限，可以按尚可使用的年限计提折旧。

4. 固定资产折旧的计提年限

除国务院财政、税务主管部门另有规定外，固定资产计算折旧的最低年限如下：

（1）房屋、建筑物，为20年；

（2）飞机、火车、轮船、机器、机械和其他生产设备，为10年；

（3）与生产经营活动有关的器具、工具、家具等，为5年；

（4）飞机、火车、轮船以外的运输工具，为4年；

（5）电子设备，为3年。

【例3－11】 某运输企业为增值税一般纳税人，8月17日购进一批运输车辆，取得的增值税专用发票上注明价款2 000万元，增值税税额340万元，且发生上牌照税费共计256万元，该批车辆当月投入使用。假定该运输企业固定资产预计净残值率6%，计算该批车辆在当年企业所得税前最多可扣除的折旧额为多少万元？

解 飞机、火车、轮船以外的运输工具的折旧年限最低为4年，该批运输车辆可抵扣增值税进项税，自9月开始计提折旧。

该批车辆计税基础＝2 000＋256＝2 256（万元）

该批车辆在当年企业所得税前最多可扣除的折旧额＝2 256×(1－6%)÷(4×12)×4＝176.72（万元）

5. 固定资产折旧的企业所得税处理

（1）企业固定资产会计折旧年限如果短于税法规定的最低折旧年限，其按会计折旧年限计提的折旧高于按税法规定的最低折旧年限计提的折旧部分，应调增当期应纳税所得额；企业固定资产会计折旧年限已期满且会计折旧已提足，但税法规定的最低折旧年限尚未到期且税收折旧尚未足额扣除，其未足额扣除的部分准予在剩余的税收折旧年限继续按规定扣除。

（2）企业固定资产会计折旧年限如果长于税法规定的最低折旧年限，其折旧应按会计折旧年限计算扣除，税法另有规定除外。

（3）企业按会计规定提取的固定资产减值准备，不得税前扣除，其折旧仍按税法确定的固定资产计税基础计算扣除。

（4）企业按税法规定实行加速折旧的，其按加速折旧办法计算的折旧额可全额在税前扣除。

3.4.2 无形资产的税务处理

无形资产是指企业长期使用但没有实物形态的资产，包括专利权、商标权、著作权、土地使用权、非专利技术、商誉等。

1. 无形资产的计税基础

无形资产按照以下方法确定计税基础。

（1）外购的无形资产，以购买价款和支付的相关税费以及直接归属于使该资产达到预定用途发生的其他支出为计税基础；

（2）自行开发的无形资产，以开发过程中该资产符合资本化条件后至达到预定用途前发生的支出为计税基础；

（3）通过捐赠、投资、非货币性资产交换、债务重组等方式取得的无形资产，以该资产的公允价值和支付的相关税费为计税基础。

2. 无形资产摊销的范围

在计算应纳税所得额时，企业按照规定计算的无形资产摊销费用，准予扣除。下列无形资产不得计算摊销费用扣除：

（1）自行开发的支出已在计算应纳税所得额时扣除的无形资产；

（2）自创商誉；

（3）与经营活动无关的无形资产；

（4）其他不得计算摊销费用扣除的无形资产。

3. 无形资产的摊销方法及年限

无形资产的摊销，采取直线法计算。无形资产的摊销年限不得低于10年。外购商誉的支出，在企业整体转让或者清算时，准予扣除。

企事业单位购进软件，凡符合固定资产或无形资产确认条件的，可以按照固定资产或无形资产进行核算，其折旧或摊销年限可以适当缩短，最短可为2年（含2年）。

3.4.3　长期待摊费用的税务处理

长期待摊费用是指企业发生的应在一个年度以上或几个年度进行摊销的费用。在计算应纳税所得额时，企业发生的下列支出作为长期待摊费用，按照规定摊销的，准予扣除项目如下：

（1）已足额提取折旧的固定资产的改建支出；

（2）租入固定资产的改建支出；

（3）固定资产的大修理支出；

（4）其他应当作为长期待摊费用的支出。

企业的固定资产修理支出可在发生当期直接扣除。企业的固定资产改良支出，如果有关固定资产尚未提足折旧，可增加固定资产价值；如果有关固定资产已提足折旧，可作为长期待摊费用，在规定的期间内平均摊销。

固定资产的改建支出，是指改变房屋或者建筑物结构、延长使用年限等发生的支出。已足额提取折旧的固定资产的改建支出，按照固定资产预计尚可使用年限分期摊销；租入固定资产的改建支出，按照合同约定的剩余租赁期限分期摊销；改建的固定资产延长使用年限的，除已足额提取折旧的固定资产、租入固定资产的改建支出外，其他的固定资产发生改建支出，应当适当延长折旧年限。

大修理支出，按照固定资产尚可使用年限分期摊销。税法所指固定资产的大修理支出，是指同时符合下列条件的支出：

（1）修理支出达到取得固定资产时的计税基础50%以上；

（2）修理后固定资产的使用年限延长2年以上。

其他应当作为长期待摊费用的支出，自支出发生月份的次月起，分期摊销，摊销年限不得低于3年。

3.5 企业所得税税收优惠

税收优惠指国家运用税收政策在税收法律、行政法规中规定对某一部分特定企业和课税对象给予减轻或免除税收负担的一种措施。税法规定的企业所得税的税收优惠方式包括免税、减税、加计扣除、加速折旧、减计收入、税额抵免等。

3.5.1 免征与减征优惠

企业的下列所得项目，可以免征、减征企业所得税；企业如果从事国家限制和禁止发展的项目，不得享受企业所得税优惠。

1. 从事农、林、牧、渔业项目的所得

企业从事农、林、牧、渔业项目的所得，包括免征和减征两部分。

1）企业从事下列项目的所得，免征企业所得税

① 蔬菜、谷物、薯类、油料、豆类、棉花、麻类、糖料、水果、坚果的种植；

② 农作物新品种的选育；

③ 中药材的种植；

④ 林木的培育和种植；

⑤ 牲畜、家禽的饲养；

⑥ 林产品的采集；

⑦ 灌溉、农产品初加工、兽医、农技推广、农机作业和维修等农、林、牧、渔服务业项目；

⑧ 远洋捕捞。

2）企业从事下列项目的所得，减半征收企业所得税

① 花卉、茶以及其他饮料作物和香料作物的种植；

② 海水养殖、内陆养殖。

2. 从事国家重点扶持的公共基础设施项目投资经营的所得

税法所称国家重点扶持的公共基础设施项目，是指《公共基础设施项目企业所得税优惠目录》规定的港口码头、机场、铁路、公路、电力、水利等项目。作为交通运输企业，我们更需要注意涉及该类公共基础设施项目投资的所得，按照税法规定享受何种税收优惠。

企业从事国家重点扶持的公共基础设施项目投资经营的所得，自项目取得第一笔生产经营收入所属纳税年度起，第 1 年至第 3 年免征企业所得税，第 4 年至第 6 年减半征收企业所得税。

企业投资经营符合《公共基础设施项目企业所得税优惠目录》规定条件和标准的公共基础设施项目，采用一次核准、分批次（如码头、泊位、航站楼、跑道、路段、发电机组等）建设的，凡同时符合以下条件的，可按每一批次为单位计算所得，并享受企业所得税“三免三减半”优惠：

① 不同批次在空间上相互独立；

② 每一批次自身具备取得收入的功能；

③ 以每一批次为单位进行会计核算，单独计算所得，并合理分摊期间费用。

企业承包经营、承包建设和内部自建自用上述规定的项目，不得享受上述企业所得税优惠。

3. 从事符合条件的环境保护、节能节水项目的所得

环境保护、节能节水项目的所得，自项目取得第一笔生产经营收入所属纳税年度起，第 1 年至第 3 年免征企业所得税，第 4 年至第 6 年减半征收企业所得税。

4. 符合条件的技术转让所得

税法所称符合条件的技术转让所得免征、减征企业所得税，是指一个纳税年度内，居民企业转让技术所有权所得不超过 500 万元的部分，免征企业所得税；超过 500 万元的部分，减半征收企业所得税。自 2015 年 10 月 1 日起，全国范围内的居民企业转让 5 年以上（含 5 年）非独占许可使用权取得的技术转让所得，也纳入上述享受企业所得税优惠的技术转让所得范围。

技术转让，是指居民企业转让其拥有的技术所有权或 5 年以上（含 5 年）非独占许可使用权的行为。

技术转让的范围，包括居民企业转让专利技术、计算机软件著作权、集成电路布图设计权、植物新品种、生物医药新品种，以及财政部和国家税务总局确定的其他技术。

居民企业从直接或间接持有股权之和达到 100% 的关联方取得的技术转让所得，不享受技术转让减免企业所得税优惠政策。

符合条件的技术转让所得应按以下方法计算：

技术转让所得 = 技术转让收入 - 技术转让成本 - 相关税费

技术转让收入是指当事人履行技术转让合同后获得的价款，不包括销售或转让设备、仪器、零部件、原材料等非技术性收入。不属于与技术转让项目密不可分的技术咨询、技术服务、技术培训等收入，不得计入技术转让收入。

可以计入技术转让收入的技术咨询、技术服务、技术培训收入，是指转让方为使受让方掌握所转让的技术投入使用、实现产业化而提供的必要的技术咨询、技术服务、技术培训所产生的收入，并应同时符合以下条件：

① 在技术转让合同中约定的与该技术转让相关的技术咨询、技术服务、技术培训；

② 技术咨询、技术服务、技术培训收入与该技术转让项目收入一并收取价款。

技术转让成本是指转让的无形资产的净值，即该无形资产的计税基础减除在资产使用期间按照规定计算的摊销扣除额后的余额。

相关税费是指技术转让过程中实际发生的有关税费，包括除企业所得税和允许抵扣的增值税以外的各项税金及其附加、合同签订费用、律师费等相关费用及其他支出。

享受技术转让所得减免企业所得税优惠的企业，应单独计算技术转让所得，并合理分摊企业的期间费用；没有单独计算的，不得享受技术转让所得企业所得税优惠。

5. 高新技术企业优惠

国家需要重点扶持的高新技术企业减按15%的税率征收企业所得税。

1）高新技术企业优惠适用条件

国家需要重点扶持的高新技术企业，是指拥有核心自主知识产权，并同时符合下列六方面条件的企业。

(1) 拥有核心自主知识产权。是指在中国境内（不含港、澳、台地区）注册的企业，近3年内通过自主研发、受让、受赠、并购等方式，或通过5年以上（含5年）的独占许可方式，对其主要产品（服务）的核心技术拥有自主知识产权。

(2) 产品（服务）属于“国家重点支持的高新技术领域”规定的范围。

(3) 研究开发费用占销售收入的比例不低于规定比例。是指企业为获得科学技术（不包括人文、社会科学）新知识，创造性运用科学技术新知识，或实质性改进技术、产品（服务）而持续进行研究开发活动，且近3个会计年度的研究开发费用总额占销售收入总额的比例符合如下要求：

① 最近一年销售收入小于5 000万元的企业，比例不低于6%；

② 最近一年销售收入在5 000万元至20 000万元的企业，比例不低于4%；

③ 最近一年销售收入在20 000万元以上的企业，比例不低于3%。

其中，企业在中国境内发生的研究开发费用总额占全部研究开发费用总额的比例不低于60%。企业注册成立时间不足3年的，按实际经营年限计算。

(4) 高新技术产品（服务）收入占企业总收入的比例不低于规定比例。是指高新技术产品（服务）收入占企业当年总收入的60%以上。

(5) 科技人员占企业职工总数的比例不低于规定比例。是指具有大学专科以上学历的科技人员占企业当年职工总数的30%以上，其中研发人员占企业当年职工总数的10%以上。

（6）高新技术企业认定管理办法规定的其他条件。

2）高新技术企业境外所得适用税率及税收抵免问题

以境内、境外全部生产经营活动有关的研究开发费用总额、总收入、销售收入总额、高新技术产品（服务）收入等指标申请并经认定的高新技术企业，其来源于境外的所得可以享受高新技术企业所得税优惠政策，即其来源于境外的所得可以按照15%的优惠税率缴纳企业所得税，在计算境外抵免限额时，可按照15%的优惠税率计算境内、外应纳税总额。

6. 小型微利企业优惠

小型微利企业减按20%的税率征收企业所得税。小型微利企业，是指从事国家非限制和禁止的行业，并符合以下条件的居民企业。

（1）工业企业，年度应纳税所得额不超过30万元，从业人数不超过100人，资产总额不超过3 000万元。

（2）其他企业，年应纳税所得额不超过30万元，从业人数不超过80人，资产总额不超过1 000万元。

上述“从业人数”按企业全年平均从业人数计算，“资产总额”按企业年初和年末的资产总额平均计算。

小型微利企业是指企业的全部生产经营活动产生的所得均负有我国企业所得税纳税义务的企业。仅就来源于我国所得负有我国纳税义务的非居民企业，不适用上述规定。

2017年4月19日国务院总理李克强主持召开国务院常务会议，决定自2017年1月1日至2019年12月31日，将小型微利企业年应纳税所得额上限由30万元提高到50万元，符合这一条件的小型微利企业所得减半计算应纳税所得额并按20%优惠税率缴纳企业所得税。

符合规定条件的小型微利企业，无论采取查账征收还是核定征收方式均可享受小型微利企业所得税优惠政策；在季度、月份预缴企业所得税时，可以自行享受小型微利企业所得税优惠政策，无须税务机关审核批准。

小型微利企业在预缴和汇算清缴时通过填写企业所得税纳税申报表“从业人数、资产总额”等相关栏次履行备案手续，不再另行专门备案。

“三小”纳税人的概念及划分 小资料3-4

在近几年出台的一系列税收优惠政策中经常可以看到“小型微利企业”“小微企业”和“小规模纳税人”的字眼。在日常征收征纳实务中，很多财务人员以及税务人员却经常把“三小”纳税人的概念混淆。尤其是“小型微利企业”与“小微企业”。实际上，上述三小纳税人概念的外延虽均有交集，但各自的内涵却完全不同。

1. 小微企业的概念

“小微企业”的概念，并非源自税收领域，准确的称呼应为“小型微型企业”。本意是对企业规模的划型。国家工信部、国家统计局、国家发改委、国家财政部2011年6月联合出台《中小企业划型标准规定》，根据企业从业人员、营业收入、资产总额等指标结合行业特点，将中小企业划分为中型、小型、微型三种类型。“小型、微型企业”即指其中的两类企业。

在近几年，国家相继出台了对小微企业的专项税收优惠政策，对于如何理解和执行相关税收减免政策，则需仔细领会相关政策文件对减免税事项的措辞和具体规定。

2. 小型微利企业的概念

小型微利企业是企业所得税中的一类特定纳税人，完整的表述应为“符合条件的小型微利企业”，该名词来源于《中华人民共和国企业所得税法》，其中规定“符合条件的小型微利企业适用20%的优惠税率”。《中华人民共和国企业所得税法实施条例》对“符合条件的小型微利企业”进行了界定。也就是说至今为止，只有“符合条件的小型微利企业”这一概念，而没有“小型微利企业”的概念界定。

3. 小规模纳税人的概念

“小规模纳税人”源自增值税的规定，按照现行税法规定，增值税纳税人分为一般纳税人和小规模纳税人，小规模纳税人适用简易计税方法。按取得的销售额乘以征收率计算应纳增值税税额。

4. 三小纳税人差异及交集

“三小”纳税人其外延互有交集，看似好像区别不大，甚至是相互兼之，如有的小型微利企业同时也是小微企业，或者有些小规模纳税人既属于小微企业，同时还属于小型微利企业。但实际上三者有完全不同的特指对象。

鉴于“三小”纳税人的不同概念内涵与所能享受的税收优惠息息相关，因此正确掌握这三类纳税人的判定标准，对于纳税人准确享受税收优惠政策，税务人员正确行使税收执法权，均至关重要，反之，则将招致税收风险。

7. 民族自治地方的优惠

民族自治地方的自治机关对本民族自治地方的企业应缴纳的企业所得税中属于地方分享的部分，可以决定减征或者免征。对民族自治地方内国家限制和禁止行业的企业，不得减征或者免征企业所得税。自治州、自治县决定减征或者免征的，须报省、自治区、直辖市人民政府批准。《中华人民共和国企业所得税法》所称民族自治地方，是指依照《中华人民共和国民族区域自治法》的规定，实行民族区域自治的自治区、自治州、自治县。

8. 非居民企业优惠

非居民企业减按10%的税率征收企业所得税。这里的非居民企业是指在中国境内未设立机构、场所，或者虽设立机构、场所但取得的所得与其所设机构、场所没有实际联系的企业。该类非居民企业取得下列所得免征企业所得税：

（1）外国政府向中国政府提供贷款取得的利息所得；

（2）国际金融组织向中国政府和居民企业提供优惠贷款取得的利息所得；

（3）经国务院批准的其他所得。

3.5.2　加计扣除优惠

1. 研究开发费

研究开发费是指企业为开发新技术、新产品、新工艺发生的研究开发费用，未形成无形资产计入当期损益的，在按照规定据实扣除的基础上，按照研究开发费用的50%加计扣除；形成无形资产的，按照无形资产成本的150%摊销。

可以加计扣除的研究开发费按下列相关规定执行。

（1）研究开发费是指从事规定范围内的研究开发活动发生的相关费用。研究开发活动是指企业为获得科学与技术（不包括人文、社会科学）新知识，创造性运用科学技术新知识，或实质性改进技术、工艺、产品（服务）而持续进行的具有明确目标的研究开发活动。不包括企业产品（服务）的常规性升级或对公开的科研成果直接应用等活动（如直接采用公开的新工艺、材料、装置、产品、服务或知识等）。

（2）企业从事国家重点支持的高新技术领域及国家发展和改革委员会等部门公布的《当前优先发展的高技术产业化重点领域指南（2007年度）》规定项目的研究开发活动，其在一个纳税年度中实际发生的下列费用支出，允许在计算应纳税所得额时按照规定实行加计扣除。

① 新产品设计费、新工艺规程制定费以及与研发活动直接相关的技术图书资料费、资料翻译费。

② 从事研发活动直接消耗的材料、燃料和动力费用。

③ 在职直接从事研发活动人员的工资薪金、养老保险费、医疗保险费、失业保险费、工伤保险费、生育保险费和住房公积金，以及外聘研发人员的劳务费用。

④ 专门用于研发活动的仪器、设备的折旧费或租赁费以及运行维护、调整、检验、维修等费用。

⑤ 专门用于研发活动的软件、专利权、非专利技术等无形资产的摊销费用。

⑥ 专门用于中间试验和产品试制的不构成固定资产的模具、工艺装备开发及制造费，以及不构成固定资产的样品、样机及一般测试手段购置费。

⑦ 勘探开发技术的现场试验费，新药研制的临床试验费。

⑧ 研发成果的论证、鉴定、评审、验收费用。

2. 企业安置残疾人员所支付的工资

企业安置残疾人员所支付工资费用的加计扣除，是指企业安置残疾人员的，在按照支付给残疾职工工资据实扣除的基础上，按照支付给残疾职工工资的100%加计扣除。残疾人员的范围适用《中华人民共和国残疾人保障法》的有关规定。企业安置国家鼓励安置的其他就业人员所支付的工资的加计扣除办法，由国务院另行规定。

企业享受安置残疾职工工资100%加计扣除应同时具备如下条件。

（1）依法安置的每位残疾人签订了1年以上（含1年）的劳动合同或服务协议，并且安置的每位残疾人在企业实际上岗工作。

（2）为安置的每位残疾人按月足额缴纳了企业所在区、县人民政府根据国家政策规定的基本养老保险、基本医疗保险、失业保险和工伤保险等社会保险。

"基本养老保险"和"基本医疗保险"是指"职工基本养老保险"和"职工基本医疗保险"，不含"城镇居民社会养老保险"、"新型农村社会养老保险"、"城镇居民基本医疗保险"和"新型农村合作医疗保险"。

（3）定期通过银行等金融机构向安置的每位残疾人实际支付了不低于企业所在区、县适用的经省级人民政府批准的最低工资标准的工资。

（4）具备安置残疾人上岗工作的基本设施。

3.5.3 加速折旧优惠

1. 一般性加速折旧

企业的固定资产由于技术进步等原因，确需加速折旧的，可以缩短折旧年限或者采取加速折旧的方法。可采用以上折旧方法的固定资产是指：

（1）由于技术进步，产品更新换代较快的固定资产；

（2）常年处于强震动、高腐蚀状态的固定资产。

采取缩短折旧年限方法的，最低折旧年限不得低于规定折旧年限的60%；采取加速折旧方法的，可以采取双倍余额递减法或者年数总和法。

2. 特殊性加速折旧

依据财政部、国家税务总局《关于完善固定资产加速折旧企业所得税政策的通知》（财税〔2014〕75号），对有关固定资产加速折旧企业所得税政策问题规定如下。

（1）对生物药品制造业，专用设备制造业，铁路、船舶、航空航天和其他运输设备制造业，计算机、通信和其他电子设备制造业，仪器仪表制造业，信息传输、软件和信息技术服务业等6个行业的企业2014年1月1日后新购进的固定资产，可缩短折旧年限或采取加速折旧的方法。

对上述6个行业的小型微利企业2014年1月1日后新购进的研发和生产经营共用的仪器、设备，单位价值不超过100万元的，允许一次性计入当期成本费用在计算应纳税所得额时扣除，不再分年度计算折旧；单位价值超过100万元的，可缩短折旧年限或采取加速折旧的方法。最低折旧年限不得低于税法规定折旧年限的60%；采取加速折旧方法的，可采取双倍余额递减法或者年数总和法。

（2）对所有行业企业2014年1月1日后新购进的专门用于研发的仪器、设备，单位价值不超过100万元的，允许一次性计入当期成本费用在计算应纳税所得额时扣除，不再分年度计算折旧；单位价值超过100万元的，可缩短折旧年限或采取加速折旧的方法。最低折旧年限不得低于税法规定折旧年限的60%；采取加速折旧方法的，可采取双倍余额递减法或者年数总和法。

（3）对所有行业企业持有的单位价值不超过5000元的固定资产，允许一次性计入当期成本费用在计算应纳税所得额时扣除，不再分年度计算折旧。

（4）加速折旧方法一经确定，一般不得变更。

综上所述，我国企业所得税主要税收优惠政策总结如表3－6所列。

表3－6 企业所得税主要税收优惠政策

优惠种类	内 容
税额式减免优惠（免税、减税、税额抵免）	1. 从事农、林、牧、渔所得；国家重点扶持的公共基础设施经营所得；从事符合条件的环保、节能节水项目所得；符合条件的技术转让所得； 2. 民族自治地方优惠； 3. 使用环保、节能节水、安全生产设备； 4. 地方政府债券利息所得； 5. 西部地区列举行业“三免三减半”优惠
税基式减免优惠（加计扣除、加速折旧、减计收入）	1. 综合利用资源，生产符合国家政策规定的产品； 2. 研发费用（加计50%）、安置残疾人的工资（加计100%）、安置国家鼓励的其他就业人员的工资； 3. 创业投资企业从事国家重点扶持的创业投资； 4. 确需加速折旧的，可缩短折旧年限或采取加速折旧法
税率式减免优惠（减低税率）	1. 重点扶持的高新技术企业，减按15%的税率征收企业所得税； 2. 符合条件的小型微利企业，减按20%的税率征收企业所得税； 3. 对设在西部地区国家鼓励类产业企业

3.6 企业所得税应纳税额的计算

3.6.1 核算征收方法

居民企业应缴纳所得税额等于应纳税所得额乘以适用税率，基本计算

公式为

应纳税额＝应纳税所得额×适用税率－减免税额－抵免税额

目前我国企业所得税的基本税率为25%，针对不同的所得额、是否为高新技术企业等情况，在基本税率的基础上又给出几个优惠税率。所以企业所得税的适用税率，可以以25%的基本税率为基础，参照税收优惠进行确定。

在实际过程中，居民企业应纳税所得额的计算一般有以下两种方法。

1. 直接计算法

在直接计算法下，企业每一纳税年度的收入总额减除不征税收入、免税收入、各项扣除金额以及允许弥补的以前年度亏损后的余额为应纳税所得额。计算公式为

应纳税所得额＝收入总额－不征税收入－免税收入－各项扣除金额－允许弥补的以前年度亏损

2. 间接计算法

在间接计算法下，在会计利润总额的基础上加或减按照税法规定调整的项目金额后，即为应纳税所得额。现行企业所得税年度纳税申报表采取该方法。计算公式为

应纳税所得额＝会计利润总额±纳税调整项目金额

纳税调整项目金额包括以下两方面的内容：

（1）企业财务会计制度规定的项目范围与税收法规规定的项目范围不一致应予以调整的金额；

（2）企业财务会计制度规定的扣除标准与税法规定的扣除标准不一致应予以调整的金额。

【例3－12】A物流公司为居民企业，2016年发生经营业务如下：

（1）取得运输收入2 000万元；

（2）发生运输成本1 300万元；

（3）发生销售费用385万元（其中广告费325万元）；管理费用240万元（其中业务招待费12.5万元，新分拣技术开发费用20万元）；财务费用30万元；

（4）销售税金80万元（含增值税60万元）；

（5）营业外收入40万元，营业外支出25万元（含通过公益性社会团体向贫困山区捐款15万元，支付税收滞纳金3万元）；

（6）计入成本、费用中的实发工资总额100万元、拨交职工工会经费2.5万元、发生职工福利费15.5万元、发生职工教育经费3.5万元。

要求：计算该企业2016年实际应纳的企业所得税。

解

（1）会计利润总额＝2 000＋40－1 300－385－240－30－20－25＝40（万元）

（2）广告费应调增所得额＝325－2 000×15%＝25（万元）

（3）业务招待费应调增所得额 = 12.5 − 12.5 × 60% = 5（万元）

2 000 × 5‰ = 10（万元）> 12.5 × 60% = 7.5（万元）

（4）新分拣技术开发费用应调减所得额 = 20 × 50% = 10（万元）

（5）捐赠支出应调增所得额 = 15 − 40 × 12% = 10.2（万元）

（6）工会经费应调增所得额 = 2.5 − 100 × 2% = 0.5（万元）

（7）职工福利费应调增所得额 = 15.5 − 100 × 14% = 1.5（万元）

（8）职工教育经费当年应调增所得额 = 3.5 − 100 × 2.5% = 1（万元）

（9）应纳税所得额 = 40 + 25 + 5 − 10 + 10.2 + 3 + 0.5 + 1.5 + 1 = 76.2（万元）

（10）2016 年应纳所得税额 = 76.2 × 25% = 19.05（万元）

3.6.2 核定征收应纳税额的计算

为了加强企业所得税征收管理，规范核定征收企业所得税工作，保障国家税款及时足额入库，维护纳税人合法权益，根据《中华人民共和国企业所得税法》及其实施条例、《中华人民共和国税收征管法》及其实施细则的有关规定，核定征收企业所得税的有关规定如下。

1. 核定征收企业所得税的范围

（1）居民企业纳税人具有下列情形之一的，核定征收企业所得税：

① 依照法律、行政法规的规定可以不设置账簿的；

② 依照法律、行政法规的规定应当设置但未设置账簿的；

③ 虽设置账簿，但账目混乱或者成本资料、收入凭证、费用凭证残缺不全，难以查账的；

④ 发生纳税义务，未按照规定的期限办理纳税申报，经税务机关责令限期申报，逾期仍不申报的；

⑤ 申报的计税依据明显偏低，又无正当理由的。

（2）特殊行业、特殊类型的纳税人和一定规模以上的纳税人不适用上述办法，具体包括：

① 享受《中华人民共和国企业所得税法》及其实施条例和国务院规定的一项或几项企业所得税优惠政策的企业（不包括仅享受“符合条件的居民企业之间的股息、红利等权益性投资收益为免税收入”优惠政策的企业）；

② 汇总纳税企业；

③ 上市公司；

④ 银行、信用社、小额贷款公司、保险公司、证券公司、期货公司、信托投资公司、金融资产管理公司、融资租赁公司、担保公司、财务公司、典当公司等金融企业；

⑤ 会计、审计、资产评估、税务、房地产估价、土地估价、工程造价、律师、价格鉴证、公证机构、基层法律服务机构、专利代理、商标代理以及其他经济鉴证类社会中介机构；

⑥ 国家税务总局规定的其他企业。

2. 核定征收的办法

税务机关应根据纳税人的具体情况，对核定征收企业所得税的纳税人，核定应税所得率或者核定应纳所得税额。

（1）具有下列情形之一的，核定其应税所得率：

① 能正确核算（查实）收入总额，但不能正确核算（查实）成本费用总额的；

② 能正确核算（查实）成本费用总额，但不能正确核算（查实）收入总额的；

③ 通过合理方法，能计算和推定纳税人收入总额或成本费用总额的。

纳税人不属于以上情形的，核定其应纳所得税额。

（2）税务机关采用下列方法核定征收企业应纳所得税额：

① 参照当地同类行业或者类似行业中经营规模和收入水平相近的纳税人的税负水平核定；

② 按照应税收入额或成本费用支出额定率核定；

③ 按照耗用的原材料、燃料、动力等推算或测算核定；

④ 按照其他合理方法核定。

采用前款所列一种方法不足以正确核定应纳税所得额或应纳税额的，可以同时采用两种以上的方法核定。采用两种以上方法测算的应纳税额不一致时，可按测算的应纳税额从高核定，其中交通运输业应税所得率幅度在7%～15%。

采用应税所得率方式核定征收企业所得税的，应纳所得税额计算公式如下：

应纳所得税额＝应纳税所得额×适用税率

应纳税所得额＝应税收入额×应税所得率

或应纳税所得额＝成本(费用)支出额/(1－应税所得率)×应税所得率

上述“应税收入额”等于收入总额减去不征税收入和免税收入后的余额，用公式表示为

应税收入额＝收入总额－不征税收入－免税收入

其中，收入总额为企业以货币形式和非货币形式从各种来源取得的收入。

实行应税所得率方式核定征收企业所得税的纳税人，经营多业的，无论其经营项目是否单独核算，均由税务机关根据其主营项目确定适用的应税所得率。

主营项目应为纳税人所有经营项目中，收入总额或者成本（费用）支出额或者耗用原材料、燃料、动力数量所占比重最大的项目。

纳税人的生产经营范围、主营业务发生重大变化，或者应纳税所得额或应纳税额增减变化达到20%的，应及时向税务机关申报调整已确定的应纳所得税额或应纳税所得额。

【例3－13】某物流公司为小型微利企业，当年自行申报营业收入总额177万元，成本费用总额189万元，当年亏损12万元。经税务机关审核，该物流公司申报的收入总额无法核实，成本费用核算正确。假定对该物流公司采取核定征收企业所得税，应税所得率为8%，该居民企业当年应缴纳企业所得税多少万元？

解 应纳税所得额＝189/(1－8%)×8%＝16.43（万元）；年所得小于20万元，适用税率和应纳税所得额双重优惠的小型微利企业政策。该居民企业当年应纳所得税额＝16.43×50%×20%＝1.64（万元）。

3.6.3 境外所得抵扣税额的计算

境外已纳税额扣除，是避免国际对同一所得重复征税的一项重要措施，我国税法规定，对境外已纳税款实行限额扣除。

境外缴纳的所得税额，是指来源于中国境外的所得依照中国境外税收法律以及相关规定应当缴纳并已经实际缴纳的企业所得税性质的税款，抵免限额采用分国（地区）不分项的计算原则。

1. 税收抵免的基本政策

1）直接抵免

直接抵免一般适用于同一法人实体的总公司与海外分公司的税收抵免，其适用范围如下：

（1）居民企业来源于中国境外的应税所得；

（2）非居民企业在中国境内设立机构、场所，取得发生在中国境外但与该机构、场所有实际联系的应税所得。

企业取得的上述所得已在境外缴纳的所得税税额，可以从其当期应纳税额中抵免，抵免限额为该项所得依照我国企业所得税规定计算的应纳税额；超过抵免限额的部分，可以从次年起在连续5个纳税年度内，用每年度抵免限额抵免当年应抵税额后的余额进行抵补。

2）间接抵免

间接抵免一般适用于母公司与海外子公司之间分配股息等的税收抵免。

居民企业从其直接或间接控制的外国企业分得的来源于中国境外的股息、红利等权益性投资收益，外国企业在境外实际缴纳的所得税税额中属于该项所得负担的部分，可以作为该居民企业的可抵免境外所得税税额，在税法规定的抵免限额内抵免。其中，直接控制是指居民企业直接持有外国企业20%以上股份；间接控制是指居民企业以间接持股方式持有外国企业20%以上股份，具体认定办法由国务院财政、税务主管部门另行制定。

可抵免境外所得税税额，是指企业来源于中国境外的所得依照中国境外税收法律以及相关规定应当缴纳并已实际缴纳的企业所得税性质的税款。但不包括以下几项：

（1）按照境外所得税法律及相关规定属于错缴或错征的境外所得税

税款；

（2）按照税收协定规定不应征收的境外所得税税款；

（3）因少缴或迟缴境外所得税而追加的利息、滞纳金或罚款；

（4）境外所得税纳税人或者其利害关系人从境外征税主体得到实际返还或补偿的境外所得税税款；

（5）按照我国《中华人民共和国企业所得税法》及其实施条例规定，已经免征我国企业所得税的境外所得负担的境外所得税税款；

（6）按照国务院财政、税务主管部门有关规定已经从企业境外应纳税所得额中扣除的境外所得税税款。

2. 抵免限额的计算

企业应按照《中华人民共和国企业所得税法》及其实施条例和有关规定分国（地区）别计算境外税额的抵免限额。

所得税抵免限额 = 中国境内、境外所得依照《中华人民共和国企业所得税法》及其实施条例的规定计算的应纳税总额 × 来源于某国（地区）的应纳税所得额/中国境内、境外应纳税所得总额

该公式可以简化为

所得税抵免限额 = 来源于某国（地区）的应纳税所得额（税前）× 我国企业所得税税率

据以计算上述公式中“中国境内、境外所得依照《中华人民共和国企业所得税法》及其实施条例的规定计算的应纳税总额”的税率，除国务院财政、税务主管部门另有规定外，采用企业所得税的基本税率（25%）。

超过抵免限额的，当年应以抵免限额作为境外所得税抵免额进行抵免，超过抵免限额的余额允许从次年起在连续5个纳税年度内，用每年度抵免限额抵免当年应抵税额后的余额进行抵补。

企业按照《中华人民共和国企业所得税法》及其实施条例和有关规定计算的当期境内、境外应纳税所得总额小于零的，应以零计算当期境内、境外应纳税所得总额，其当期境外所得税的抵免限额也为零。

企业抵免境外所得税额后实际应纳所得税额的计算公式为

企业实际应纳所得税额 = 企业境内外所得应纳税总额 − 企业所得税减免、免抵优惠税额 − 境外所得税抵免额

【例3－14】 某跨国运输企业上一年度境内所得为800万元，从境外某国两个分支机构取得的所得分别为50万和90万，在境外已经按20%的税率缴纳了所得税，该企业适用的税率为25%，则该企业境外所得的抵免限额为多少？

解 境外所得的应纳税所得额 =（50 + 90）/（1 − 20%）= 175（万元）

境外所得税抵免限额 =（800 + 175）× 25% × 175/（800 + 175）= 43.75（万元）或简便算法为 175 × 25% = 43.75 万元

【例3－15】 某国际航空运输公司当年在中国境内应纳税所得额为200万元，适用25%的企业所得税税率。另外，该企业分别在A、B两国设有

分支机构（我国与 A、B 两国已经缔结避免双重征税协定），在 A 国的分支机构的应纳税所得额为 50 万元，A 国税率为 20%；在 B 国的分支机构的应纳税所得额为 30 万元，B 国税率为 30%。假设该企业在 A、B 两国所得按我国税法计算的应纳税所得额和按 A、B 两国税法计算的应纳税所得额一致，两个分支机构在 A、B 两国分别缴纳了 10 万元和 9 万元的企业所得税。

要求：计算该航空运输公司当年在我国应缴纳的企业所得税。

解

（1）该企业按我国税法计算的境内、境外所得的应纳税额 =(200 + 50 + 30) × 25% = 70（万元）

（2）A 国所得税抵免限额 = 70 × [50/(200 + 50 + 30)] = 12.5（万元）

B 国所得税抵免限额 = 70 × [30/(200 + 50 + 30)] = 7.5（万元）

在 A 国缴纳的所得税为 10 万元，低于所得税抵免限额 12.5 万元，可全额扣除。

在 B 国缴纳的所得税为 9 万元，高于所得税抵免限额 7.5 万元，其超过所得税抵免限额的部分 1.5 万元当年不能扣除。

（3）汇总时在我国应纳所得税额 = 70 − 10 − 7.5 = 52.5（万元）

3.7　企业所得税的征收管理

1. 纳税地点

（1）除税收法律、行政法规另有规定外，居民企业以企业登记注册地为纳税地点；但登记注册地在境外的，以实际管理机构所在地为纳税地点。企业注册登记地是指企业依照国家有关规定登记注册的住所地。

（2）居民企业在中国境内设立不具有法人资格的营业机构的，应当汇总计算并缴纳企业所得税。企业汇总计算并缴纳企业所得税时，应当统一核算应纳税所得额，具体办法由国务院财政、税务主管部门另行制定。

（3）非居民企业在中国境内设立机构、场所的，应当就其所设机构、场所取得的来源于中国境内的所得，以及发生在中国境外但与其所设机构、场所有实际联系的所得，以机构、场所所在地为纳税地点。非居民企业在中国境内设立两个或者两个以上机构、场所的，经税务机关审核批准，可以选择由其主要机构、场所汇总缴纳企业所得税。非居民企业经批准汇总缴纳企业所得税后，需要增设、合并、迁移、关闭机构、场所或者停止机构、场所业务的，应当事先由负责汇总申报缴纳企业所得税的主要机构、场所向其所在地税务机关报告；需要变更汇总缴纳企业所得税的主要机构、场所的，依照前款规定办理。

（4）非居民企业在中国境内未设立机构、场所的，或者虽设立机构、场所但取得的所得与其所设机构、场所没有实际联系的所得，以扣缴义务人所在地为纳税地点。

（5）除国务院另有规定外，企业之间不得合并缴纳企业所得税。

2. 纳税期限

企业所得税按年计征，分月或者分季预缴，年终汇算清缴，多退少补。

企业所得税的纳税年度，自公历1月1日起至12月31日止。企业在一个纳税年度的中间开业，或者由于合并、关闭等原因终止经营活动，使该纳税年度的实际经营期不足12个月的，应当以其实际经营期为1个纳税年度。企业清算时，应当以清算期间作为1个纳税年度。

自年度终了之日起5个月内，向税务机关报送年度企业所得税纳税申报表，并汇算清缴，结清应缴应退税款。

企业在年度中间终止经营活动的，应当自实际经营终止之日起60日内，向税务机关办理当期企业所得税汇算清缴。

3. 纳税申报

按月或按季预缴的，应当自月份或者季度终了之日起15日内，向税务机关报送预缴企业所得税纳税申报表，预缴税款。

企业在报送企业所得税纳税申报表时，应当按照规定附送财务会计报告和其他有关资料。

企业应当在办理注销登记前，就其清算所得向税务机关申报并依法缴纳企业所得税。

依照企业所得税法缴纳的企业所得税，以人民币计算。所得以人民币以外的货币计算的，应当折合成人民币计算并缴纳税款。

企业所得税年度纳税申报资料

企业在纳税年度内无论盈利或者亏损，都应当依照《企业所得税法》第五十四条规定的期限，向税务机关报送预缴企业所得税纳税申报表、年度企业所得税纳税申报表、财务会计报告和税务机关规定应当报送的其他有关资料。

实行查账征收企业所得税的居民纳税人年度企业所得税申报涉及的报送资料如企业所得税年度纳税申报表填报表单如表3－7所列。

表3－7 企业所得税年度纳税申报表填报表单

表单编号	表单名称	选择填报情况	
		填报	不填报
A000000	企业基础信息表	√	×
A100000	中华人民共和国企业所得税年度纳税申报表（A类）	√	×
A101010	一般企业收入明细表	□	□
A101020	金融企业收入明细表	□	□
A102010	一般企业成本支出明细表	□	□
A102020	金融企业支出明细表	□	□
A103000	事业单位、民间非营利组织收入、支出明细表	□	□
A104000	期间费用明细表	□	□
A105000	纳税调整项目明细表	□	□

续表

表单编号	表单名称	选择填报情况	
		填报	不填报
A105010	视同销售和房地产开发企业特定业务纳税调整明细表	□	□
A105020	未按权责发生制确认收入纳税调整明细表	□	□
A105030	投资收益纳税调整明细表	□	□
A105040	专项用途财政性资金纳税调整明细表	□	□
A105050	职工薪酬纳税调整明细表	□	□
A105060	广告费和业务宣传费跨年度纳税调整明细表	□	□
A105070	捐赠支出纳税调整明细表	□	□
A105080	资产折旧、摊销情况及纳税调整明细表	□	□
A105081	固定资产加速折旧、扣除明细表	□	□
A105090	资产损失税前扣除及纳税调整明细表	□	□
A105091	资产损失（专项申报）税前扣除及纳税调整明细表	□	□
A105100	企业重组纳税调整明细表	□	□
A105110	政策性搬迁纳税调整明细表	□	□
A105120	特殊行业准备金纳税调整明细表	□	□
A106000	企业所得税弥补亏损明细表	□	□
A107010	免税、减计收入及加计扣除优惠明细表	□	□
A107011	符合条件的居民企业之间的股息、红利等权益性投资收益优惠明细表	□	□
A107012	综合利用资源生产产品取得的收入优惠明细表	□	□
A107013	金融、保险等机构取得的涉农利息、保费收入优惠明细表	□	□
A107014	研发费用加计扣除优惠明细表	□	□
A107020	所得减免优惠明细表	□	□
A107030	抵扣应纳税所得额明细表	□	□
A107040	减免所得税优惠明细表	□	□
A107041	高新技术企业优惠情况及明细表	□	□
A107042	软件、集成电路企业优惠情况及明细表	□	□
A107050	税额抵免优惠明细表	□	□
A108000	境外所得税收抵免明细表	□	□
A108010	境外所得纳税调整后所得明细表	□	□
A108020	境外分支机构弥补亏损明细表	□	□
A108030	跨年度结转抵免境外所得税明细表	□	□
A109000	跨地区经营汇总纳税企业年度分摊企业所得税明细表	□	□
A109010	企业所得税汇总纳税分支机构所得税分配表	□	□
说明：企业应当根据实际情况选择需要填表的表单。			

《中华人民共和国企业所得税年度纳税申报表》是所有企业所得税纳税人都需要填报的。实行查账征收企业所得税的居民纳税人填报《中华人民共和国企业所得税年度纳税申报表（A类）》（申报表A100000）如表3-8所列。

表3-8 中华人民共和国企业所得税年度纳税申报表（A类）

行次	类别	项目	金额
1	利润总额计算	一、营业收入（填写A101010、101020、103000）	
2		减：营业成本（填写A102010、102020、103000）	
3		营业税金及附加	
4		销售费用（填写A104000）	
5		管理费用（填写A104000）	
6		财务费用（填写A104000）	
7		资产减值损失	
8		加：公允价值变动收益	
9		投资收益	
10		二、营业利润（1-2-3-4-5-6-7+8+9）	
11		加：营业外收入（填写A101010、101020、103000）	
12		减：营业外支出（填写A102010、102020、103000）	
13		三、利润总额（10+11-12）	
14	应纳税所得额计算	减：境外所得（填写A108010）	
15		加：纳税调整增加额（填写A105000）	
16		减：纳税调整减少额（填写A105000）	
17		减：免税、减计收入及加计扣除（填写A107010）	
18		加：境外应税所得抵减境内亏损（填写A108000）	
19		四、纳税调整后所得（13-14+15-16-17+18）	
20		减：所得减免（填写A107020）	
21		减：抵扣应纳税所得额（填写A107030）	
22		减：弥补以前年度亏损（填写A106000）	
23		五、应纳税所得额（19-20-21-22）	
24		税率（25%）	
25		六、应纳所得税额（23×24）	
26		减：减免所得税额（填写A107040）	
27		减：抵免所得税额（填写A107050）	
28		七、应纳税额（25-26-27）	
29		加：境外所得应纳所得税额（填写A108000）	

续表

行次	类别	项目	金额
30	应纳税额计算	减：境外所得抵免所得税额（填写 A108000）	
31		八、实际应纳所得税额（28+29－30）	
32		减：本年累计实际已预缴的所得税额	
33		九、本年应补（退）所得税额（31－32）	
34		其中：总机构分摊本年应补（退）所得税额（填写 A109000）	
35		财政集中分配本年应补（退）所得税额（填写 A109000）	
36		总机构主体生产经营部门分摊本年应补（退）所得税额（填写 A109000）	
37	附列资料	以前年度多缴的所得税额在本年抵减额	
38		以前年度应缴未缴在本年入库所得税额	

本章小结

企业所得税是对我国境内的企业和其他取得收入的组织，就其取得的生产经营所得和其他所得征收的一种税，使用25%的比例税率。企业所得税的计税依据为应纳税所得额，即企业每一纳税年度的收入总额，减除不征税收入、免税收入、各项扣除及允许弥补的以前年度亏损后的余额，企业会计利润必须按照税法的规定进行相应的调整后才能作为应纳税所得额。企业所得税实行按年计征、分期预缴、年终汇算清缴、多退少补的办法。

主要法律依据

[1]《中华人民共和国企业所得税法》（中华人民共和国主席令第 63 号）。成文日期：2007 年 03 月 16 日。

[2]《中华人民共和国企业所得税法实施条例》（中华人民共和国国务院令第 512 号）。成文日期：2007 年 12 月 06 日。

[3]《国家税务总局关于企业所得税预缴问题的通知》（国税发〔2008〕17 号）。成文日期：2008 年 01 月 30 日。

[4]《国家税务总局关于印发〈企业所得税核定征收办法〉（试行）的通知》（国税发〔2008〕30 号）。成文日期：2008 年 03 月 06 日。

[5]《国家税务总局关于确认企业所得税收入若干问题的通知》（国税函〔2008〕875 号）。成文日期：2008 年 10 月 30 日。

[6]《财政部　国家税务总局　民政部关于公益性捐赠税前扣除有关问题的通知》（财税〔2008〕160 号）。成文日期：2008 年 12 月 31 日。

[7]《国家税务总局关于企业工资薪金及职工薪酬福利费扣除问题的通知》（国税函〔2009〕3 号）。成文日期：2009 年 01 月 04 日。

[8]《国家税务总局关于企业所得税若干税务事项衔接问题的通知》（国税函〔2009〕98 号）。成文日期：2009 年 02 月 27 日。

[9]《财政部　国家税务总局关于企业手续费及佣金支出税前扣除政策的通知》（财税〔2009〕29 号）。成文日期：2009 年 03 月 19 日。

[10]《国家税务总局关于企业所得税执行中若干税务处理问题的通知》（国税函〔2009〕202 号）。成文日期：2009 年 04 月 21 日。

[11]《国家税务总局关于企业所得税核定征收若干问题的通知》（国税函〔2009〕377 号）。成文日期：2009 年 07 月 14 日。

[12]《财政部　国家税务总局关于通过公益性群众团体的公益性捐赠税前扣除有关问题的通知》（财税〔2009〕124 号）。成文日期：2009 年 12 月 08 日。

[13]《国家税务总局关于贯彻落实企业所得税法若干税收问题的通知》（国税函〔2010〕79 号）成文日期：2010 年 02 月 22 日。

习　题

一、思考题

1. 应纳税所得额与会计利润有什么区别和联系？

2. 经营性租赁和融资性租赁的税务处理有何区别？

3. 企业如何预先判断应缴纳的企业所得税是否在合理区间，从而降低由企业所得税带来的纳税风险？

4. 交通运输业企业如何实现对其企业所得税税务风险进行内部管控的？有哪些手段？

5. 交通运输业企业应如何运用企业所得税税收优惠政策进行纳税筹划，以减轻企业税负？

二、单项选择题

1. 企业发生的下列支出中，可在发生当期直接在企业所得税税前扣除的是（　　）。

A. 固定资产改良支出

B. 已足额提取折旧的固定资产的改建支出

C. 租入固定资产的改建支出

D. 固定资产的日常修理支出

2. 下列各项中，在计算企业所得税应纳税所得额时准予扣除的是（　　）。

A. 企业之间支付的管理费

B. 银行内营业机构之间支付的利息

C. 企业内营业机构之间支付的租金

D. 企业内营业机构之间支付的特许权使用费

3. 下列单位不属于企业所得税纳税人的是（　　）。

A. 股份制企业　　B. 合伙企业

C. 外商投资企业　　D. 有经营所得的其他组织

4. A 船舶制造企业拟对一艘轮船按照完工进度法确认其提供劳务的收入，下列测算方法不符合企业所得税相关规定的是（　　）。

A. 已完工作的测量

B. 发生成本占总成本的比例

C. 已提供劳务占劳务总量的比例

D. 已建造时间占合同约定时间的比例

5. 按照企业所得税的相关规定，下列说法中，正确的是（　　）。

A. 销售商品采用托收承付方式的，在发出商品时确认收入

B. 销售商品采取预收款方式的，在收到预收款时确认收入

C. 销售商品采用支付手续费方式委托代销的，在收到代销清单时确认收入

D. 企业以买一赠一方式组合销售本企业商品的，对赠品按照捐赠行为进行税务处理

6. 纳税人在计算企业所得税应纳税所得额时，企业发生的下列项目中，不超过规定比例的部分准予在税前扣除，超过部分，准予在以后纳税年度结转扣除的是（　　）。

A. 职工福利费　　B. 工会经费

C. 职工教育经费　　D. 社会保险费

7. S 物流有限公司为境内居民企业，“财务费用”账户中利息金额，含有以年利率 7% 向银行借入的 10 个月的生产用 300 万元资金的借款利息；也包括 14 万元向本企业职工（与本企业无关联关系）借入的与银行借款同期的生产用 190 万元资金的借款利息。假设向本企业职工借款，双方签订了借款合同，也取得了相关合法票据。该企业在计算应纳税所得额时允许扣除的利息费用是（　　）万元。

A. 21　　B. 35

C. 14　　D. 28. 58

8. 下列行为中，属于企业所得税视同销售的是（　　）。

A. 交通运输企业将自有车辆用于本企业办公

B. 钢铁企业将自产的钢材用于修建本企业房屋

C. 电视机厂将自产电视安装在本厂食堂供职工观看

D. 食品公司将委托加工收回的月饼发给职工作为福利

9. 某民航企业主营业务收入 5 500 万元、营业外收入 88 万元，与收

入配比的成本 4 510 万元，全年发生管理费用、销售费用和财务费用共计 770 万元，营业外支出 66 万元（其中含符合规定的公益性捐赠支出 55 万元），2016 年度经核定结转的亏损额 33 万元。该企业当年无其他纳税调整事项，则该企业应缴纳企业所得税（　　）万元。

A. 52. 25　　B. 58. 74　　C. 58. 96　　D. 59. 73

10. 某居民企业购入政府发行的年利息率为 5% 的三年期国债 3 000 万元，持有 270 天时以 3 200 万元的价格转让。该企业就该笔交易计算企业所得税时应纳税所得额是（　　）万元。（不考虑其他税费）

A. 0　　B. 200　　C. 89. 04　　D. 110. 96

11. 依据企业所得税法的规定，无形资产的摊销年限不得（　　）。

A. 低于 5 年　　B. 高于 5 年

C. 低于 10 年　　D. 高于 10 年

12. 某货物运输有限公司在计算企业所得税时，已足额提取折旧的仓库的改建支出应（　　）。

A. 一次性列入成本费用扣除

B. 按照不少于 3 年的时间分期摊销扣除

C. 按照不少于 5 年的时间分期摊销扣除

D. 按照固定资产预计尚可使用年限分期摊销扣除

13. 在计算企业所得税时，除已足额提取折旧或租入固定资产改建、固定资产大修理之外，其他应当作为长期待摊费用的支出，从支出发生月份的次月起，分期摊销，摊销年限不得低于（　　）年。

A. 3　　B. 4　　C. 5　　D. 10

14. 某水路客运公司筹办期间发生业务招待费 200 万元、业务宣传费 15 万元、广告费用 230 万元，当年未取得收入。根据企业所得税相关规定，上述支出可计入企业筹办费并在税前扣除的金额是（　　）万元。

A. 245　　B. 445　　C. 365　　D. 200

15. 企业安置残疾人员的，计算企业所得税时，在按照支付给残疾职工工资据实扣除的基础上，按照支付给上述人员工资的（　　）加计扣除。

A. 10%　　B. 20%　　C. 50%　　D. 100%

16. 由于 A 运输企业专门从事具有腐蚀性的化学品运输，货车的折旧采取缩短折旧年限方法。最低折旧年限不得低于《企业所得税实施条例》第六十条规定折旧年限的（　　）。

A. 60%　　B. 50%　　C. 40 %　　D. 30%

17. 企业所得税的扣缴义务人每次代扣非居民纳税人的税款，应当自（　　）缴入国库，并向所在地的税务机关报送扣缴企业所得税报告表。

A. 代扣之日起 7 日内　　B. 代扣之日起 10 日内

C. 次月 10 日内　　D. 次月 15 日内

18. 除税收法律、行政法规另有规定外，居民企业以（ ）为企业所得税的纳税地点。

A. 企业登记注册地　　B. 企业实际经营地

C. 企业会计核算地　　D. 企业管理机构所在地

19. 依据企业所得税的相关规定，企业在年度中间终止经营活动的，向税务机关办理当期企业所得税汇算清缴的期限是自实际经营终止之日起（ ）。

A. 60 日内　　B. 90 日内

C. 120 日内　　D. 150 日内

三、多项选择题

1. 依据企业所得税的相关规定，下列资产中，可采用加速折旧方法的有（ ）。

A. 常年处于强震动状态的固定资产

B. 常年处于高腐蚀状态的固定资产

C. 单独估价作为固定资产入账的土地

D. 由于技术进步原因产品更新换代较快的固定资产

2. 依据企业所得税的相关规定，下列企业属于我国企业所得税纳税人的有（ ）。

A. 依照中国法律在中国境内成立的股份制企业

B. 依照中国法律在中国境内成立的个人独资企业

C. 依照外国法律成立但实际管理机构在中国境内的企业

D. 依照外国法律成立且未在中国境内设立机构，但有来源于中国境内所得的企业

3. 依据企业所得税的相关规定，A 货运企业将资产移送用于下列情形，应视同销售确定收入的有（ ）。

A. 对灾区捐赠货车

B. 将替换的车辆用于销售

C. 将车辆从总机构转移到其境内分支机构

D. 购买冰箱用于职工奖励或福利

4. 企业在计算企业所得税应纳税所得额时，应计入应纳税所得额的收入有（ ）。

A. 购买国库券到期兑现的利息　　B. 外单位欠款给付的利息

C. 收取的逾期未退回包装物的押金　　D. 确实无法偿付的应付款

5. 下列关于商品销售收入确认时间的表述中，正确的有（ ）。

A. 销售商品采用托收承付方式的，在办妥托收手续时确认收入

B. 销售商品采取预收款方式的，在发出商品时确认收入

C. 销售商品采用支付手续费方式委托代销的，在收到手续费时确认收入

D. 属于提供设备和其他有形资产的特许权费，在交付资产或转移

资产所有权时确认收入

6. 下列税金中，可在企业所得税前扣除的有（　　）。

A. 可抵扣的增值税　　B. 土地增值税

C. 出口关税　　D. 资源税

7. 依据企业所得税的相关规定，企业在生产经营活动中发生的下列利息支出，准予税前据实扣除的有（　　）。

A. 非金融企业向金融企业借款的利息支出

B. 非金融企业向非金融企业借款的利息支出

C. 金融企业的各项存款利息支出

D. 金融企业的同业拆借利息支出

8. 某物流企业在计算企业所得税应纳税所得额时，下列固定资产不得计算折旧扣除的有（　　）。

A. 单独估价作为固定资产入账的土地

B. 未投入使用的新购置的分拣设备

C. 以经营租赁方式租出的仓库

D. 已足额提取折旧仍继续使用的货运车辆

9. 某水路运输企业在计算企业所得税应纳税所得额时，下列固定资产不得计算折旧扣除的有（　　）。

A. 企业购置的尚未投入使用的机器设备

B. 以融资租赁方式租入的货运轮船

C. 已足额提取折旧仍继续使用的办公楼

D. 以经营租赁方式租入的客运轮船

10. 以下各项中，属于最低折旧年限为 4 年的固定资产的有（　　）。

A. 家具　　B. 小汽车

C. 运输大卡车　　D. 电子设备

11. 某从事铁路货运的企业，其在湖北的仓库共三间需要整修，已知原计税基础为 350 万元。根据企业所得税法规定，下列条件（　　）需同时满足时，方可计入固定资产的大修理支出。

A. 修理支出为 120 万元

B. 修理支出为 195 万元

C. 修理后仓库的使用年限延长 3 年

D. 修理后仓库的使用年限延长 1 年

12. 依据跨地区经营汇总纳税企业所得税征收管理规定，总机构应按照上年度分支机构的（　　）因素计算各分支机构当期应分摊所得税款的比例。

A. 营业收入　　B. 经营利润

C. 资产总额　　D. 职工薪酬

四、实务计算题

1. 某客运公司将成本为 100 万元的客车通过公益性社会团体对外捐

赠，该产品的市场价格200万。假设当年该企业的会计利润为1 000万。

要求：该企业在计算应纳税所得额时准予扣除的公益性捐赠金额为多少万元？如何进行纳税调整？

2. A物流公司购入政府发行的年利率为4.5%的一年期国债1 000万元，持有300天时以1 040万元的价格转让。

要求：该物流公司该笔交易的应纳税所得额是多少？

3. 某客运集团为居民企业，当年应付职工工资380万元，实际为本企业雇员支付工资300万元，奖金40万元，地区补贴20万元。假定该企业工资薪金支出符合合理性标准。

要求：计算当年职工福利费，工会经费和职工教育经费，可在企业所得税前列支的限额分别是多少？

4. A货运公司当年运输收入3 000万元，出租设备收入300万元，包装物出租收入100万元，视同销售货物收入600万元，转让一间仓库收入700万元。接受捐赠收入20万元，债务重组收益10万元，当年实际发生业务招待费30万元。

要求：该企业当年可在所得税前列支的业务招待费金额是多少？

5. 某海上运输企业为增值税一般纳税人，当年购入一台动力机器设备，取得增值税专用发票上注明价款100万元，增值税税额17万元。购入设备发生运费，取得增值税专用发票上注明金额2万元，增值税0.22万元，该设备当月投入使用。假定该企业设备折旧年限为10年，预计净残值率5%。

要求：计算该企业在企业所得税前扣除的该设备的月折旧额。

6. 某交通运输公司2016年发生下列业务。

（1）提供运输服务取得收入2 000万元（不含税，下同）；

（2）接受捐赠运输配件一批，取得捐赠方开具的增值税专用发票上注明价款10万元，增值税税额1.7万元。由于其运输业务不涉及该区域，该运输公司找另一家运输公司将该批材料运回本公司，支付运杂费0.3万元。

（3）转让一项商标所有权，取得营业外收入60万元。

（4）收取当年让渡专利使用权的专利实施许可费，取得其他业务收入10万元。

（5）取得国债利息收入2万元。

（6）全年运输成本1 000万元，营业税金及附加100万元。

（7）全年运输费用500万元，含广告费400万元，全年管理费用200万元（含业务招待费80万元），全年财务费用50万元。

（8）全年营业外支出40万元（含通过政府部门对灾区捐款20万元，直接对私立小学捐款10万元，违反政府规定，被工商局罚款两万元）。

要求：根据上述资料，分别回答下列问题。

（1）该企业的会计利润总额。

（2）该企业对国债利息收入的纳税调整额。

（3）该企业对广告费用的纳税调整额。

（4）该企业对业务招待费的纳税调整额。

（5）该企业对营业外支出的纳税调整额。

（6）该企业对应纳税所得额和应纳企业所得税额。

7. 某小型民航公司为居民企业，假定2016年发生经营业务如下：

全年取得运输收入5 600万元，发生运输成本4 000万元；其他业务收入800万元，其他业务成本660万元；取得购买国债的利息收入40万元；缴纳非增值税销售税金及附加300万元；发生的管理费用760万元，其中新技术的研究开发费用60万元、业务招待费用70万元；发生财务费用200万元；取得直接投资其他居民企业的权益性收益30万元（已在投资方所在地按15%的税率缴纳了所得税）；取得营业外收入100万元，发生营业外支出50万元（其中含公益捐赠38万元）。

要求：计算该企业2016年应纳的企业所得税。

第 4 章

交通运输业个人所得税

学习要求

重点掌握：个人所得税的纳税人、应税项目、税率、计税依据，以及应纳税额的计算。

一般掌握：个人所得税所得来源地的确定、个人所得税的纳税申报方式。

理　　解：个人所得税的特点以及税收优惠、境外所得已纳税额的扣除。

了　　解：纳税期限及纳税地点的规定。

主要法律依据

4.1　个人所得税概述

个人所得税（individual income tax）是以个人（自然人）取得的各类应税所得为征税对象而征收的一种所得税，是国家参与纳税人收入分配的重要手段。

新中国成立以来，我国的个人所得税大致经历了 20 世纪 50 年代个人所得税税种的设置，80 年代个人所得税税制的建立，90 年代个人所得税税制的完善，而今正面临个人所得税渐进式的改革。

现行《中华人民共和国个人所得税法》自 1980 年 9 月开征以来已进行了六次修正。第一次修正：1993 年 10 月 31 日第八届全国人民代表大会常务委员会第四次会议《关于修改〈中华人民共和国个人所得税法〉的决定》，在对原有三种个人所得税（个人所得税、个人收入调节税、城乡个体工商户所得税）的法律、法规进行修改、合并的基础上，统一实行个人所得税，费用扣除额调整为 800 元。第二次修正：1999 年 8 月 30 日第九届全国人民代表大会常务委员会第十一次会议，主要规定了恢复对储蓄存款利息征收个人所得税。第三次修正：2005 年 10 月 27 日第十届全国人民代表大会常务委员会第十八次会议，主要对工资、薪金所得的费用扣除标准，以及纳税人和扣缴义务人的纳税申报和扣缴申报进行了修改。第四次修正：2007 年 6 月 29 日，第十届全国人民代表大会常务委员会第二十八次会议将第十二条修改为："对储蓄存款利息所得开征、减征、停征个人所得税及其具体办法，由国务院规定。"第五次修正：2007 年 12 月 29 日第十届全国人民代表大会常务委员会第三十一次会议主要调整了个人所得税的费用扣除标准。第六次修正：2011 年 6 月 30 日第十一届全国人民代表大会常务委员会第二十一次会议规定，其中涉及工资、薪金所得，以每月收入额减除费用 3 500 元后的余额作为应纳税所得额，工资、薪金所得，适用超额累进税率，税率为 3% ~45%，修改后的个人所得税法于 2011 年 9 月 1 日起施行。这是自 1994 年现行个人所得税法实施以来第 3 次提高个人所得税费用扣除标准，2006 年 1 月 1 日，费用扣除标准从 800 元/月提高到 1 600 元/月；2008 年 3 月 1 日，费用扣除标准从 1 600 元/月提高到 2 000 元/月；2011 年 9 月 1 日，费用扣除标准从 2 000 元/月提高到 3 500 元/月。

个人所得税作为我国税制体系的主要税种，具有以下特点。

1. 实行分类征收制度

个人所得税制主要分为 3 种类型：分类所得税制、综合所得税制和混合所得税制。我国现行个人所得税采用的是分类所得税制，将个人取得的各种所得分为 11 类，对不同的应税项目分别适用不同的费用减除规定、不同税率及计税方法。在分项计征的同时还要求同项合并，纳税人在中国境内两处或两处以上取得的工资、薪金所得或个体工商户的生产、经营所得，应将同项所得合并计算纳税。

2. 采用定额和定率并用的费用扣除方式

我国个人所得税对纳税人的各项应税所得，视情况不同在费用扣除上分别实行定额扣除和定率扣除两种方法。在计税方法上，我国个人所得税费用扣除采用总额扣除法，从而避免了个人实际生活费用支出逐项计算的烦琐。在分类征收的制度下，各项应税所得分别按各自的税率和计征方法计算，便于掌握，有利于税务部门提高工作效率。

3. 采用累进税率和比例税率并用的税率形式

现行个人所得税根据不同的应税所得分别适用累进税率和比例税率两种形式。对工资、薪金所得，个体工商户生产、经营所得，对企事业单位的承包、承租经营所得，采用超额累进税率，实行量能负担；而对其他八项应税所得采用比例税率，实行等比负担。

4. 采取代扣代缴和自行申报两种征纳方法

我国个人所得税法规定，对纳税人的应纳税额分别采取由支付单位源泉扣缴和纳税人自行申报两种方法。对凡是可以在应税所得的支付环节扣缴的，均由法定的扣缴义务人履行代扣代缴义务。对于没有扣缴义务人的，在两处以上取得工资、薪金所得的，以及高收入者实行由纳税人自行申报纳税的方法。也就是说，我国对个人所得税采用的是代扣代缴为主、自行申报为辅的征纳模式。

4.2　个人所得税的纳税人、征税对象及税率

我国个人所得税参照国际通行做法，按照属地主义和属人主义税收管辖权确定，既包括我国的居民，也包括从我国境内取得所得的非居民。目前我国个人所得税设置11个应税项目，分别采用超额累进税率和20%的比例税率。

4.2.1　纳税人

个人所得税的纳税人是指在中国境内有住所或者虽无住所但在境内居住满1年的个人，以及无住所又不居住或居住不满1年但从中国境内取得所得的个人。包括：中国公民、个体工商户及在中国有所得的外籍个人（包括无国籍人员）和香港、澳门、台湾同胞等。且自2000年1月1日起，个人独资企业和合伙企业投资者也为个人所得税的纳税人。其中，个人独资企业以投资者为纳税人，合伙企业以每一个合伙人为纳税人。

1. 居民纳税人和非居民纳税人的判定标准

上述纳税人根据住所和居住时间这两个标准，区分为居民和非居民，居民和非居民分别承担不同的纳税义务。

1）住所标准

住所标准是以个人在一国境内拥有的住所确定其居民身份的判断标准。我国税法将在中国境内有住所的个人界定为："因户籍、家庭、经济利益关系而在中国境内习惯性居住的个人。"这里说的"习惯性居住"是判断居民和非居民的一个法律意义上的标准，而不是指实际居住或在某一特定时期内的居住地。

例如，个人因学习、工作、探亲、旅游等原因而在中国境外居住，当其在境外居住的原因消除之后，如果必须回到中国境内，则将其判定为在中国习惯性居住。尽管该纳税人在一个纳税年度内，甚至连续几个纳税年度，都不在中国境内居住，但是他仍然是中国居民纳税人。

2）居住时间标准

居住时间标准是以个人在一国境内居住的时间长短来确定其居民身份的判断标准。居住时间是指个人在一国境内实际居住的天数。我国的规定时间是一个纳税年度内在中国境内住满365日，即以居住满一年为时间标准，达到这个标准的个人即为居民纳税人。在居住期间内临时离境的，即在一个纳税年度中一次离境不超过30日或多次离境累计不超过90日的，不扣减日数，连续计算。

住所标准和时间标准是判定居民身份的两个并列标准，个人只要符合或达到其中任何一个标准，就可以被认定为居民纳税人。

综上所述，居民纳税人包括以下两类。

（1）在中国境内定居的中国公民和外国侨民，但不包括虽具有中国国

籍，却没有在中国大陆定居，而是侨居海外的华侨和居住在香港、澳门和台湾的同胞。

（2）从公历1月1日起至12月31日止，居住在中国境内的外国人、海外侨胞和香港、澳门、台湾同胞。

同样，非居民纳税人则可以归纳为在中国境内无住所又不居住或者无住所而在境内居住不满1年的个人。习惯性居住地不在中国境内的个人只有外籍人员、华侨或香港、澳门和台湾同胞。因此非居民纳税人实际上只能是在一个纳税年度内，没有在中国境内居住或者在中国境内居住不满1年的外籍人员、华侨或者香港、澳门和台湾同胞。

2. 居民纳税人和非居民纳税人的纳税义务范围

居民纳税人承担无限纳税义务，而非居民纳税人仅承担有限的纳税义务。

居民纳税人应就其来源于中国境内和境外的所得，向我国政府履行全面纳税义务，依法缴纳个人所得税。

非居民纳税人只就其来源于中国境内的所得向我国政府履行有限的纳税义务，依法缴纳个人所得税。

3. 扣缴义务人

税法规定，凡是支付应纳税所得的单位和个人，都是个人所得税的扣缴义务人。扣缴义务人在向纳税人支付各项应纳税所得时，必须履行代扣代缴义务。

4.2.2 所得来源地的确定

由于非居民纳税人只就其来源于中国境内的所得税履行纳税义务，所以判定所得的来源地显得尤为重要。我国的个人所得税，依照所得来源地的判断应反映经济活动的实质，要遵循方便有效征管的原则。

所得的来源地和所得的支付地并不是同一概念，有时两者是一致的，有时却不相同。《中华人民共和国个人所得税法实施条例》第5条规定，下列所得，不论支付地点是否在中国境内，均为来源于中国境内的所得：

① 因任职、受雇、履约等而在中国境内提供劳务取得的所得；

② 将财产出租给承租人在中国境内使用而取得的所得；

③ 转让中国境内的建筑物、土地使用权等财产或者在中国境内转让其他财产取得的所得；

④ 许可各种特许权在中国境内使用而取得的所得；

⑤ 从中国境内的公司、企业以及其他经济组织或者个人取得的利息、股息、红利所得。

4.2.3 征税对象

个人所得税的征税对象为个人取得的各项应税所得，具体体现个人所得税的征税范围。《中华人民共和国个人所得税法》列举征税的个人所得共有 11 项，列示如下。

1. 工资、薪金所得

工资、薪金所得，是指个人因任职或者受雇而取得的工资、薪金、奖金、年终加薪、劳动分红、津贴、补贴及与任职或者受雇有关的其他所得。

一般来说，工资、薪金所得属于非独立个人劳动所得。所谓非独立个人劳动，是指个人从事的是他人指定、安排并接受管理的劳动，工作或服务于公司、工厂、行政、事业单位的人员均为非独立个人劳动者。他们从上述单位取得的劳动报酬，是以工资、薪金的形式体现的。然而津贴、补贴中也有一些例外情况。根据我国目前个人收入的构成情况，规定对于一些不属于工资、薪金性质的补贴、津贴或者不属于纳税人本人工资、薪金所得项目的收入，不予征税。这些项目包括：

① 独生子女补贴；

② 执行公务员工资制度未纳入基本工资总额的补贴、津贴差额和家属成员的副食品补贴；

③ 托儿补助费；

④ 差旅费津贴、误餐补助。

奖金是指所有具有工资性质的奖金，免税奖金的范围在税法中另有规定。

公司职工取得的用于购买企业国有股权的劳动分红，按“工资、薪金所得”项目计征个人所得税。

出租汽车经营单位对出租车驾驶员采取单车承包或承租方式运营，出租车驾驶员从事客货营运取得的收入，按“工资、薪金所得”项目征税。

2. 个体工商户的生产、经营所得

个体工商户的生产、经营所得，是指：

（1）个体工商户从事工业、手工业、建筑业、交通运输业、商业、饮食业、服务业、修理业及其他行业取得的所得；

（2）个人经政府有关部门批准，取得执照，从事办学、医疗、咨询及其他有偿服务活动取得的所得；

（3）上述个体工商户和个人取得的与生产、经营有关的各项应税所得；

（4）个人从事彩票代销业务而取得的所得；

（5）从事个体出租车运营的出租车驾驶员取得的收入；

（6）个体工商户和从事生产、经营的个人，取得与生产、经营活动无关的其他各项应税所得，应分别按照其他应税科目的有关规定，计算征收个人所得税。如取得银行存款的利息所得、对外投资取得的股息所得，应按“股息、利息、红利”项目规定单独计征个人所得税；

（7）个人独资企业、合伙企业的个人投资者以企业资金为本人、家庭成员及其相关人员支付与企业生产经营无关的消费性支出及购买汽车、住房等财产性支出，视为企业对个人投资者利润分配，并入投资者个人的生产经营所得，依照“个体工商户的生产、经营所得”项目计征个人所得税；

（8）其他个人从事个体工商业生产、经营取得的所得。

3. 对企事业单位的承包经营、承租经营所得

对企事业单位的承包经营、承租经营所得，是指个人承包经营或承租经营以及转包、转租取得的所得。承包项目可分为多种，如生产经营、采购、销售、建筑安装等各种承包。转包包括全部转包或部分转包。

4. 劳务报酬所得

劳务报酬所得，是指个人独立从事设计、装潢、安装、制图、化验、测试、医疗、法律、会计、咨询、讲学、新闻、广播、翻译、审稿、书画、雕刻、影视、录音、录像、演出、表演、广告、展览、技术服务、介绍服务、经纪服务、代办服务及其他劳务取得的所得。

上述各项所得一般属于个人独立从事自由职业取得的所得或属于个人独立劳动所得。需要注意的是：是否存在雇佣与被雇佣关系，是判断一项所得是属于劳务报酬所得还是属于工资、薪金所得的重要标准。工资、薪金所得则是个人从事非独立劳动，存在雇佣关系，而劳务报酬所得是个人独立从事某种技艺、独立提供某种劳务而取得的所得，不存在雇佣关系。

自2004年1月20日起，对商品营销活动中，企业和单位对营销业绩突出的非雇员以培训班、研讨会、工作考察等名义组织旅游活动，通过免收差旅费、旅游费对个人实行的营销业绩奖励（包括实物、有价证券等），应根据所发生费用全额计入营销人员应税所得，按照“劳务报酬所得”项目征收个人所得税，并由提供上述费用的企业和单位代扣代缴。如企业雇员享受此类奖励，应当与当期工资、薪金合并，按照“工资、薪金所得”项目征收个人所得税。

5. 稿酬所得

稿酬所得，是指个人因其作品以图书、报刊形式出版、发表而取得的所得。这里所说的作品，包括文学作品、书画作品、摄影作品及其他作品。作者去世后，财产继承人取得的遗作稿酬，也应征收个人所得税。

稿酬所得具有特许权使用费、劳务报酬等的性质。个人所得税法将稿酬所得单列为一个独立征税项目，不仅因为稿酬所得有着不完全等同于特许权使用费所得和一般劳务报酬所得的特点，而且对稿酬所得单项征税，有利于单独制定征税办法，体现国家的优惠、照顾政策。

6. 特许权使用费所得

特许权使用费所得，是指个人提供专利权、商标权、著作权、非专利技术及其他特许权的使用权取得的所得。

提供著作权的使用权取得的所得，不包括稿酬的所得。对于作者将自己的文字作品手稿原件或复印件公开拍卖（竞价）取得的所得，属于提供著作权的使用权所得，故应按照“特许权使用费所得”项目征收个人所得税。

个人取得特许权的经济赔偿收入，应按“特许权使用费所得”项目缴纳个人所得税，税款由支付赔款的单位或个人代扣代缴。

7. 利息、股息、红利所得

利息、股息、红利所得，是指个人拥有债权、股权而取得的利息、股息、红利所得。其中，利息是指个人拥有债权而取得的利息，包括存款、贷款和各种债券的利息。依照税法规定，个人取得的利息所得，除国债和国家发行的金融债券利息外，应当依法缴纳个人所得税。股息、红利是指个人拥有股权取得的公司、企业分红，按照一定的比率派发的每股息金，称作股息；根据公司、企业应分配的、超过股息部分的利润，按股派发的红股，称为红利。有关具体规定如下。

（1）除个人独资企业、合伙企业以外的其他企业的个人投资者，以企业资金为本人、家庭成员及其相关人员支付与企业生产经营无关的消费性支出及购买汽车、住房等财产性支出，其实质为企业对投资者进行了红利性质的实物分配，应按照“利息、股息、红利所得”项目征收个人所得税。企业的上述支出不得在所得税前扣除。

（2）纳税年度内个人投资者从其投资企业（个人独资企业、合伙企业除外）借款，在该纳税年度终了后既不归还又未用于企业生产经营的，其未归还的借款可视为企业对投资者的红利分配计征个人所得税。

8. 财产租赁所得

财产租赁所得，是指个人出租建筑物、土地使用权、机器设备、车船及其他财产取得的所得。

个人取得的财产转租收入，属于“财产租赁所得”的征税范围，由财产转租人缴纳个人所得税。

9. 财产转让所得

财产转让所得，是指个人转让有价证券、股权、建筑物、土地使用权、机器设备、车船及其他财产取得的所得。对个人取得的各项财产转让所得，除股票转让所得暂免征收个人所得税外，其他都要征收个人所得税。

10. 偶然所得

偶然所得，是指个人得奖、中奖、中彩及其他偶然性质的所得。其中，得奖是指参加各种有奖竞赛活动，取得名次获得的奖金；中奖、中彩是指参加各种有奖活动，如有奖销售、有奖储蓄或购买彩票，经过规定的程序，抽中、摇中号码而取得的奖金。偶然所得应缴纳的个人所得税，一律由发奖单位或机构代扣代缴。

由于偶然所得的不确定性、不可预见性、偶然性和多样性，给确定征税范围带来了不少困难。因此在实际征收过程中，税务机关需要依法认定除《中华人民共和国个人所得税法实施条例》规定的得奖、中奖、中彩之外的其他偶然性所得。

11. 经国务院财政部门确定征税的其他所得

除上述列举的各项个人应税所得以外，其他确有必要征税的个人所得，由国务院财政部门确定。个人取得的所得，难以界定应纳税所得项目的，由主管税务机关确定。

4.2.4 税率

我国个人所得税按照应税项目分别规定了超额累进税率和比例税率两种方式，并有减征和加成征税的规定。

1. 工资、薪金所得

工资、薪金所得，适用3% ~45%的七级超额累进税率，如表4－1所列。

表4－1 工资、薪金所得适用个人所得税税率

级数	全月应纳税所得额（含税级距）	全月应纳税所得额（不含税级距）	税率/%	速算扣除数
1	不超过1 500元	不超过1 455元	3	0
2	超过1 500元至4 500元的部分	超过1 455元至4 155元的部分	10	105
3	超过4 500元至9 000元的部分	超过4 155元至7 755元的部分	20	555
4	超过9 000元至35 000元的部分	超过7 755元至27 255元的部分	25	1 005
5	超过35 000元至55 000元的部分	超过27 255元至41 255元的部分	30	2 755
6	超过55 000元至80 000元的部分	超过41 255元至57 505元的部分	35	5 505
7	超过80 000元的部分	超过57 505元的部分	45	13 505

注：① 本表所列含税级距和不含税级距，均为按照税法规定减除有关费用后的所得额。

② 含税级距适用于由纳税人自行负担税款的工资、薪金所得；不含税级距适用于由他人（单位）代付税款的工资、薪金所得。

2. 个体工商户的生产、经营所得和对企事业单位承包经营、承租经营所得

个体工商户的生产、经营所得和对企事业单位的承包经营、承租经营所得，适用5% ~35%的五级超额累进税率，见表4－2。

表 4－2 个体工商户的生产、经营所得和对企事业单位的承包经营、承租经营所得适用个人所得税税率

级数	全月应纳税所得额（含税级距）	全月应纳税所得额（不含税级距）	税率/%	速算扣除数
1	不超过 15 000 元	不超过 14 250 元	5	0
2	超过 15 000 元至 30 000 元的部分	超过 14 250 元至 27 750 元的部分	10	750
3	超过 30 000 元至 60 000 元的部分	超过 27 750 元至 51 750 元的部分	20	3 750
4	超过 60 000 元至 100 000 元的部分	超过 51 750 元至 79 750 元的部分	30	9 750
5	超过 100 000 元的部分	超过 79 750 元的部分	35	14 750

注：① 本表所列含税级距和不含税级距，均为按照税法规定以每一纳税年度的收入总额减去成本、费用以及损失后的所得额。

② 含税级距适用个体工商户生产、经营所得和由纳税人自行负担税款的对企事业单位的承包经营、承租经营所得；不含税级距适用于由他人（单位）代付税款的对企事业单位的承包经营、承租经营所得。

3. 稿酬所得

稿酬所得适用比例税率，税率为 20%，并按应纳税额减征 30%，故其实际税率为 14%。

4. 劳务报酬所得

劳务报酬所得适用比例税率，税率为 20%。对劳务报酬所得一次收入畸高的，可以实行加成征收，具体办法由国务院规定。《中华人民共和国个人所得税法实施条例》第 11 条规定："劳务报酬所得一次收入畸高，是指个人一次取得劳务报酬，其应纳税所得额超过 20 000 元。"

对应纳税所得额超过 20 000～50 000 元的部分，依照税法规定计算应纳税额后再按照应纳税额加征五成；超过 50 000 元的部分，加征十成。因此，实行加成后，劳务报酬所得实际上适用 20%，30%，40% 的三级超额累进税率，如表 4－3 所列。

表 4－3 劳务报酬所得适用个人所得税税率

级数	每次含税所得级距	不含税劳务报酬收入额	税率/%	速算扣除数
1	不超过 20 000 元的部分	不超过 21 000 元的部分	20	0
2	超过 20 000 元至 50 000 元的部分	超过 21 000 元至 49 500 元的部分	30	2 000
3	超过 50 000 元的部分	超过 49 500 元的部分	40	7 000

注：① 本表所称含税级距为按个人所得税法规定减除有关费用后的所得额；不含税劳务报酬收入额为没有减除税法规定有关费用前的收入总额。

② 含税级距适用于由纳税人自行负担税款的劳务报酬所得；不含税劳务报酬收入额级距适用于由他人（单位）代付税款的劳务报酬所得。

5. 特许权使用费所得等项目

特许权使用费所得，利息、股息、红利所得，财产租赁所得，财产转让所得，偶然所得和其他所得适用比例税率，税率为20%。出租居民住用房适用10%的税率。对储蓄存款利息，从2008年10月9日起，暂免征收储蓄存款利息所得税。

4.3 个人所得税的计税依据和应纳税额的计算

应纳税额的计算是本章的核心内容，个人所得税的计税依据是应纳税所得额。由于每项应税所得的“次”的确定、扣除范围和扣除标准、适用税率不尽相同，因此不同应税项目应纳税额的计算方法也各有不同。

4.3.1 个人所得税计税依据

个人所得税的计税依据是纳税人取得的应纳税所得额。而我们计算应纳税所得额时，需按不同应税项目分项计算。以某项应税项目的收入额减去税法规定的该项目费用的减除标准后的余额，为该应税项目应纳税所得额。正确计算应纳税所得额是依法征收个人所得税的基础和前提。

1. 收入的形式

个人取得收入的形式，包括现金、实物、有价证券和其他形式的经济利益。纳税人的所得为实物的，应当按照所取得实物凭证上所注明的价格，计算应纳税所得额；无凭证的实物或者凭证上所注明的价格明显偏低的，由主管税务机关参照市场价格核定应纳税所得额。所得为有价证券的，根据票面价格和市场价格核定应纳税所得额。所得为其他形式的经济利益的，参照市场价格核定应纳税所得额。

2. 每次收入的确定

个人所得税的纳税限期为按次纳税，其中纳税人取得的工资、薪金所得，实行按月计征；个体工商户的生产、经营所得和对企事业单位的承包、承租经营所得，实行按年计征；纳税人取得的劳务报酬所得等8个项目，一般以每次取得的收入按次缴纳税款。

由于个人所得税的费用扣除依据每次所得额的大小，分别规定有定额和定率两种扣除标准。因此，无论是出于维护纳税人的合法权益，还是为了保证国家税收收入，准确地划分“次”，都是尤为重要的。对于劳务报酬所得等项目中的“次”，《中华人民共和国个人所得税法实施条例》中做出了明确的规定，下面主要涉及的是一些特殊情况。

1）劳务报酬所得

根据不同劳务项目的特点，可归纳如下。

（1）凡属于一次性收入的，以取得该项收入为一次，按次确定应纳税所得额。例如，从事设计、安装、装潢、制图、化验等劳务，往往是接受客户的委托，按照客户的要求，完成一次劳务后取得收入，因此属于一次性的收入，应以每次提供劳务取得的收入为一次。

（2）凡属于同一项目连续性收入的，以一个月内取得的收入为一次，据以确定应纳税所得额。劳务报酬中的“同一项目”，是指劳务报酬所得列举的29项具体劳务项目中的某一项，如果纳税人兼有不同的劳务报酬所得，应当分项计税。

例如，某交通运输企业职员与一所绘画培训机构签约，每周六去培训机构教授素描课程，每次课后取得课酬500元。在计算其劳务报酬所得时，应视为同一项目连续性收入，以一个月内取得的收入为一次计征个人所得税，而不能以每次取得的收入为一次。

2）稿酬所得

稿酬所得，以每次出版、发表作品取得的收入为一次，确定应纳税所得额。在实际生活中，稿酬的支付形式多种多样，为了便于合理确定不同情况、不同条件下的稿酬的税收负担，国家税务总局另有具体规定。

（1）同一作品在出版和发表时，以预付稿酬或分次支付稿酬等形式取得的稿酬收入应合并计算为一次。

（2）同一作品再版取得的所得，应视为另一次稿酬所得计征个人所得税。

（3）个人的同一作品在报刊上连载，应合并其因连载而取得的所得为一次。

（4）同一作品在报刊上连载之后又出书取得稿酬的或先出书后连载取得稿酬的，应视同再版稿酬分次征税，即连载为一次，出版为另一次。

（5）同一作品出版、发表后，因添加印数而追加稿酬的，应与以前出版、发表时取得的稿酬合并计算为一次，计征个人所得税。

3）特许权使用费所得

以某项使用权的一次转让所取得的收入为一次。一个纳税人，可能不仅拥有一项特许权利，每项特许权的使用权也可能不止一次转让。因此，对特许权使用费所得的“次”的界定，明确为每一项使用权的每次转让所取得的收入为一次。如果该次转让取得的收入是分笔支付的，则应将各笔收入相加为一次的收入计税。

4）财产租赁所得

财产租赁所得，在确定应纳税所得额时，以1个月内取得的收入为一次。

3. 费用扣除的方法

在计算应纳税所得额时，一般允许纳税人从收入总额中扣除一些必要的费用，当个人收入低于费用扣除额时，不用纳税；当个人收入高于费用扣除额时，则从收入总额中减去费用扣除额后，仅就余额征税。这是征收个人所得税的一项基本原则，也是世界各国普遍的做法。

我国现行的个人所得税根据所得的不同情况分别采用定额、定率和比例相结合、会计核算办法以及无费用扣除几种方法，如表4－4所示。具体的扣除方法，4.3.2 节中有详细叙述。

表 4－4　费用扣除方法归纳表

扣除方法	应税项目	扣除标准
定额扣除	工资、薪金所得	2011 年 9 月 1 日起，扣除额为 3 500 元/月
	对企事业单位的承包经营、承租经营所得	每一纳税年度的收入总额，减必要费用，收入总额 = 分得的经营利润 + 工资、薪金性质的所得
定额和比例相结合扣除	劳务报酬所得、稿酬所得、特许权使用费所得、财产租赁所得	每次收入≤4 000 元，定额扣除 800 元；每次收入 >4 000 元，定率扣除 20%
会计核算办法扣除	个体工商户的生产、经营所得	每一纳税年度的收入总额减成本、费用及损失
	财产转让所得	转让财产的收入额减除财产原值和合理费用
无费用扣除	利息、股息、红利所得、偶然所得及其他所得	以每次收入额为应纳税所得额

☞ 小思考 4－1

为什么我国现行个人所得税对工资、薪金所得项目采取“定额扣除法”？

答：“定额扣除法”具有透明度高、便于税款计算和征管的特点，因而被世界大部分国家的个人所得税所采用，并不是我国特有的。所不同的是由于各国个人所得税税制不同，其相应的具体扣除项目和标准有所不同。我国对工资、薪金所得项目采用的是定额综合扣除费用的办法，而不是像一些国家在基本扣除的基础上，再区别纳税人的家庭人口、赡养、抚养、就业、教育、是否残疾等不同情况确定其他单项扣除。我国之所以采用定额综合扣除费用的办法，其主要原因在于：① 我国个人所得税不同于世界上大多数国家普遍实行的综合税制，而是采用了分类税制，除对工资、薪金所得规定了费用扣除标准外，还对劳务报酬、财产租赁、特许权使用费等一些所得项目分别规定了费用扣除标准；② 我国目前有关社会配套条件不够完善，税收征管手段还比较落后，难以准确掌握纳税人家庭人口、赡养、抚养、就业、教育、是否残疾等基本情况；③ 在采用定额综合扣除费用的办法时，确定扣除标准考虑了一般家庭的情况，照顾到了赡养、抚养、就业、教育等因素。当然，定额综合扣除费用的办法虽简单明了，但是存在照顾不到单个纳税人具体情况的弊端。随着经济发展、社会进步、生活水平的提高，以及税务机关和有关部门基本能够掌握个人及其家庭情况之后，可以考虑设计更加合理的、符合不同纳税人具体情况的费用扣除办法。

4. 计税依据的特殊规定

(1) 个人将其所得通过中国境内的社会团体、国家机关向教育和其他社会公益事业及遭受严重自然灾害地区、贫困地区的捐赠，捐赠额未超过纳税人申报的应纳税所得额的30%的部分，可以从应纳税所得额中扣除，超过的部分不予扣除。关于捐赠部分的特殊规定，本书在4.3.3节有详细叙述。

(2) 个人的所得（不含偶然所得和经国务院财政部门确定征税的其他所得）用于对非关联的科研机构和高等学校研究开发新产品、新技术、新工艺所发生的研究开发经费的资助，可以全额在下月（工资、薪金所得）或下次（按次计征的所得）计征个人所得税时，从应纳税所得额中扣除，不足抵扣的，不得结转抵扣。

(3) 个人取得的应纳税所得，包括现金、实物和有价证券。所得为实物的，应当按照取得的凭证上所注明的价格计算应纳税所得额；无凭证的实物或者凭证上所注明的价格明显偏低的，由主管税务机关参照当地的价格核定应纳税所得额。所得为有价证券的，由主管税务机关根据票面价格和市场价格核定应纳税所得额。

(4) 按照国家规定，单位为个人缴付和个人缴付的基本养老保险费、基本医疗保险费、失业保险费、住房公积金，从纳税人的应纳税所得额中扣除。

4.3.2 个人所得税应纳税额的计算

下面就不同应税项目，分别介绍应纳税所得额的确定和应纳所得税额的计算方法。

1. 工资、薪金所得的计税方法

工资、薪金所得实行按月计征的办法，每月取得的工资、薪金所得定额扣除费用，适用于3%~45%七级超额累进税率。

1) 应纳税所得额

工资、薪金所得以每月收入额减除3 500元费用后的余额为应纳税所得额。其计算公式为

$$应纳税所得额=月工资、薪金收入-3\ 500$$

2) 减除费用的具体规定

(1) 附加减除费用。附加减除费用，是指每月在3 500元费用的基础上，再减除一定数额的费用。依照新修订的《中华人民共和国个人所得税法实施条例》第28条：“附加减除费用适用的范围，是指：①在中国境内的外商投资企业和外国企业中工作的外籍人员；②应聘在中国境内的企业、事业单位、社会团体、国家机关中工作的外籍专家；③在中国境内有住所而在中国境外任职或受雇取得工资、薪金所得的个人；④国务院财政、税务主管部门确定的其他人员。”华侨和香港、澳门、台湾同胞同样适用，且条例中规定的附加减除费用标准为1 300元。

应纳税所得额 = 月工资、薪金收入 − 3 500 − 1 300

= 月工资、薪金收入 − 4 800

（2）雇佣和派遣单位分别支付工资、薪金的费用扣除。在外商投资企业、外国企业和外国驻华机构工作的中方人员取得的工资、薪金收入，凡是由雇佣单位和派遣单位分别支付的，支付单位应扣缴应纳的个人所得税。为了便于征管，采取由支付者一方减除费用的方法，即只有雇佣单位在支付工资、薪金时，才可按税法规定减除费用，计算扣缴税款；派遣单位支付的工资、薪金不再减除费用，以支付全额直接确定适用税率，计算扣缴个人所得税。

（3）境内、境外分别取得工资、薪金所得的费用扣除。纳税人在境内、境外分别取得工资、薪金所得时，应首先判断其境内、境外取得的所得是否来源于一国的所得，如果因任职、雇佣、履约等而在中国境内提供劳务取得所得，无论支付地点是否在中国境内，均视为来源于中国境内的所得。纳税人能够提供在境内、境外同时任职或者受雇及其工资、薪金标准的有效证明文件，可判定其所得是分别来自境内和境外的，应分别减除费用后计算纳税。如果纳税人不能提供上述证明文件，则应视为来源于一国所得。

（4）特定行业职工取得的工资、薪金所得的费用扣除。为了照顾采掘业、远洋运输业、远洋捕捞业因季节、产量等因素的影响，职工的工资、薪金收入呈现较大幅度波动的实际情况，对这三个特定行业的职工取得的工资、薪金所得采取按年计算、分月预缴的方式计征个人所得税。年度终了后 30 日内，合计其全年工资、薪金所得，再按 12 个月平均并计算实际应纳的税款，多退少补。

（5）个人取得公务交通、通信补贴收入的扣除标准。个人因公务用车和通信制度改革而取得的公务用车、通信补贴收入，扣除一定标准的国内公务费用后，按照“工资、薪金所得”项目计征个人所得税。按月发放的，并入当月“工资、薪金所得”计征个人所得税；不按月发放的，分解到所属月份并与该月份“工资、薪金所得”合并后计征个人所得税。

3）应纳税额的计算方法

（1）工资、薪金所得应纳个人所得税的基本计算。

工资、薪金所得适用七级超额累进税率，按每月收入定额扣除 3 500 元或 4 800 元，就其余额作为应纳税所得额，按适用税率计算应纳税额。公式如下

应纳税额 = 应纳税所得额 × 适用税率 − 速算扣除数

= (每月收入额 − 3 500 或 4 800) × 适用税率 − 速算扣除数

注意： 由于超额累进税率的计算比较烦琐，所以运用速算扣除数可以简化计算过程。速算扣除数是指在采用超额累进税率征税的情况下，根据

超额累进税率表中划分的应纳税所得额级距和税率，先用全额累进方法计算出税额，再减去用超额累进方法计算的应征税额以后的差额。当超额累进税率表中的级距和税率确定以后，各级速算扣除数也固定不变，称为计算应纳税所得额时的常数。

【例4-1】某交通运输企业的员工王某是中国公民，10月份取得工资收入6 000元。计算王某10月应该缴纳的个人所得税。

解　月应纳税额＝(6 000－3 500)×10%－105＝145（元）

如果该员工是在中国境内中美合资的运输企业工作的美国公民，其应纳税额＝(6 000－4 800)×3%＝36（元）

（2）对个人取得全年一次性奖金等计算征收个人所得税的办法。

自2005年1月1日起，行政机关、企事业单位向其雇员发放的一次性奖金（包括年终加薪、实行年薪制和绩效工资办法的单位根据考核情况兑现的年薪和绩效工资）可单独作为一个月工资、薪金所得计算纳税，并按以下计税办法，由扣缴义务人发放时代扣代缴。

① 先将雇员当月内取得的全年一次性奖金除以12个月，按其商数来确定适用税率和速算扣除数。如果在发放年终一次性奖金的当月，雇员当月工资、薪金低于税法规定的费用扣除额，应将全年一次性奖金减除“雇员当月工资薪金所得与费用扣除额的差额”后的余额，适用公式为

应纳税额＝(雇员当月取得全年一次性奖金－雇员当月工资薪金所得与费用扣除额的差额)×适用税率－速算扣除数

若雇员当月工资薪金所得大于等于税法规定的费用扣除额，适用公式为

应纳税额＝雇员当月取得全年一次性奖金×适用税率－速算扣除数

【例4-2】某货运公司职员李某（中国公民）12月除了取得当月工资6 000元外，还取得全年一次性奖金20 000元，计算其应纳个人所得税。

解　20 000÷12＝1 666.67（元），适用税率10%，速算扣除数105

全年一次性奖金应纳税额＝20 000×10%－105＝1 895（元）

当月工资应纳税额＝(6 000－3 500)×10%－105＝145（元）

当月应纳税额＝1 895＋145＝2 040（元）

【例4-3】若某货运公司职员李某（中国公民）12月份取得当月工资1 500元，还取得了全年一次性奖金20 000元，计算其应纳个人所得税。

解　每月工资未达缴纳个税标准，无须交税，奖金应纳税情况如下：

奖金应纳税所得额＝[20 000－(3 500－1 500)]/12＝1 500（元）

当月应纳税额＝[20 000－(3 500－1 500)]×3%＋0＝540（元）

② 在一个年度中，对每个纳税人，该计税办法只允许使用一次。

③ 雇员取得除全年一次性奖金以外的其他各种名目奖金，如半年奖、季度奖、加班奖、先进奖、考勤奖等，一律与当月工资、薪金合并，按照税法规定缴纳个人所得税。

【例4-4】 某民航企业职工个人（中国公民）今年6月取得工资2 000元，半年奖6 000元，计算该职工个人当月应纳个人所得税。

解 应纳税额 =(6 000 +2 000 -3 500) ×10% -105 =345（元）

（3）雇佣和派遣单位分别支付工资、薪金的应纳税额的计算。

对于雇佣和派遣单位分别支付工资、薪金的，采取由雇佣单位在支付工资、薪金时按税法规定减除费用，派遣单位支付的工资、薪金不再减除费用，以支付全额为基础计算应纳税额。纳税人，应将两处支付单位提供的原始明细工资、薪金单（书）和完税凭证原件，选择并固定到一地税务机关申报每月工资、薪金收入，汇算清缴其工资、薪金收入的个人所得税，多退少补。

【例4-5】 某中国公民小孙是一外资船运企业的中方雇员，9月份该外资企业支付给孙先生的工资为10 000元，同月孙先生收到他所在的派遣单位发放工资1 200元。计算王先生实际应交个人所得税。

解 外资企业代扣代缴应纳税额 =(10 000 -3 500) ×20% -555

=745（元）

派遣单位代扣缴应纳税额 =1 200 ×3% =36（元）

孙先生应纳税总额：(10 000 +1 200 -3500) ×20% -555

=985（元）

孙先生到纳税机关申报时，应补缴204元（985 -745 -36）。

（4）企事业单位将自建住房以低于购置或建造成本价格销售给职工的计税方法。

根据住房制度改革政策的有关规定，国家机关、企事业单位及其他组织在住房制度改革期间，按照所在地县级以上人民政府规定的房改成本价格向职工出售公有住房，职工因支付的房改成本价格低于房屋建造成本价格或市场价格而取得的差价收益，免征个人所得税。

除上述规定的情形外，根据《中华人民共和国个人所得税法》及其实施条例的相关规定，单位按低于房屋购置或房屋建造成本价格出售住房给职工，职工因此而少支出的差价部分，属于个人所得税应税所得（差价部分），比照全年一次性奖金的征税办法，计算征收个人所得税。

2. 个体工商户的生产、经营所得的计税方法

个体工商户的生产、经营所得按年计征个人所得税，计税方法与企业所得税法类似，分为查账征收和核定征收，所不同的是采取五级超额累进税率。

1）应纳税所得额

对于实行查账征收的个体工商户，其生产、经营所得或应纳税所得额是每一纳税年度的收入总额，减成本、费用、损失、税金、其他支出以及

允许弥补的以前年度亏损后的余额，也即

应纳税所得额 = 收入总额 -（成本 + 费用 + 损失 + 税金 + 其他支出 + 允许弥补的以前年度亏损）

（1）收入总额。个体工商户收入总额，指其从事生产、经营及与生产、经营有关的活动所取得的各项收入，包括商品（产品）销售收入、营运收入、劳务服务收入、工程价款收入、财产出租或转让收入、利息收入、其他收入和营业外收入。

（2）准予扣除的项目。准予扣除的成本、费用，是指个体工商户从事生产、经营所发生的各项直接支出和分配计入成本的间接费用，以及销售费用、管理费用、财务费用。损失则指，其在生产、经营过程中发生的营业外支出，包括：固定资产盘亏、报废、毁损和出售的净损失，自然灾害或意外事故损失，公益救济性捐赠、赔偿金、违约金等。税金指个体工商户在生产经营活动中发生的除个人所得税和允许抵扣的增值税以外的各项税金及附加。而个体工商户纳税年度发生的亏损，准允向以后年度结转，用以后年度的生产经营所得弥补，但结转年限最长不超过5年。

注意：自2008年1月1日起，个体工商户、个人独资企业和合伙企业向其从业人员实际支付的合理的工资、薪金支出，允许税前扣除；其拨缴的工会经费、发生的职工福利费、职工教育经费支出分别在工资薪金总额2%、14%、2.5%的标准内据实扣除；其每一纳税年度内发生的广告费、业务宣传费不超过当年营业收入15%的部分可扣除，超过部分不予扣除；其每一纳税年度发生的与其生产经营业务直接相关的业务招待费支出，按发生额的60%扣除，但最高不超过当年营业收入的5‰。而以下支出不得扣除：

① 个人所得税税款；

② 税收滞纳金；

③ 罚金、罚款和被没收财产的损失；

④ 不符合扣除规定的捐赠支出；

⑤ 赞助支出；

⑥ 用于个人和家庭的支出；

⑦ 与取得生产经营收入无关的其他支出；

⑧ 国家税务总局规定不准扣除的支出。

自2011年9月1日起，个体工商户业主、个人独资企业和合伙企业投资者本人的费用扣除标准统一确定为42 000元/年（3 500元/月）。且纳税人不能提供有关收入、成本、费用、损失等完整、准确的纳税资料，不能正确计算应纳税所得额的，应由主管税务机关核定其应纳税所得额。

2）应纳税额的计算方法

应纳税额 = 应纳税所得额 × 适用税率 - 速算扣除数

【例4-6】某小型运输公司系个体工商户，账证健全，今年12月取得营业额220 000元，准许扣除的当月成本、费用（已含个人已计费用按标准扣除的部分）及相关税金共计170 600元。1—11月累计应纳税所得额为68 400元，1—11月预缴个人所得税10 200元。计算全年应补缴的个人所得税。

解 全年应纳税所得额 = 220 000 - 170 600 + 68 400 - 3 500 × 12
= 75 800（元）

全年应纳税额 = 75 800 × 30% - 9 750 = 12 990（元）

应补缴 = 12 990 - 10 200 = 2 790（元）

3）个人独资企业和合伙企业生产经营所得应纳税额的计算

（1）查账征收。个人独资企业的投资者以全部生产经营所得为应纳税所得额；合伙企业的投资者按照合伙企业的全部生产经营所得和合伙协议约定的分配比例确定应纳税所得额，合伙协议没有约定分配比例的，以全部生产经营所得和合伙人数量平均计算每个投资者的应纳税所得额。

（2）核定征收。核定征收方式，包括定额征收、核定应税所得率征收及其他合理的征收方式。税率按表4-5执行。

表4-5　个人所得税应税所得率表

行业	应税所得率/%
工业、交通运输业、商业	5~20
建筑业、房地产开发业	7~20
饮食服务业	7~25
娱乐业	20~40
其他行业	10~30

实行核定征收的投资者，不能享受个人所得税的优惠政策。

【例4-7】甲、乙两人在北京的合伙企业取得的年销售收入为50万元，销售成本为35万元，销售费用为5万元，准允扣除的税金为1万元。

要求：（1）按查账征收方式计算该合伙企业主应纳个人所得税。

（2）如果该合伙企业成本费用支出不实，实行按收入核定征收，应税所得率为20%，计算该合伙企业主应纳个人所得税。

解 （1）应纳税所得额 = (500 000 - 350 000 - 50 000 - 10 000)
= 90 000（元）

应纳税额 = [(90 000/2) × 20% - 3 750] × 2 = 10 500（元）

（2）应纳税所得额 = 500 000 × 20% = 100 000（元）

应纳税额 = [(100 000/2) × 20% - 3 750] × 2 = 12 500（元）

3. 对企事业单位承包、承租经营所得的计税方法

对企事业单位承包、承租经营所得，采取扣除定额费用，适用五级超额累进税率，实行按年征收的办法。计算公式如下

应纳税额 = 应纳税所得额 × 适用税率 - 速算扣除数 = (个人承包、承

租经营收入总额 -3 500）×适用税率 - 速算扣除数

注意：

① 每一纳税年度的收入总额，减除必要费用后的余额，为应纳税所得额。而收入总额指的是纳税人按照承包经营、承租经营合同规定分得的经营利润和工资、薪金性质的所得；减除必要费用指按月减除 3 500 元。

② 纳税人在一个年度内分次取得承包、承租经营所得的，应在每次取得承包、承租经营所得后，先预缴税款，年终汇算清缴，多退少补。若纳税人的承包、承租期，在一个纳税年度内，经营不足 12 个月的，应以其实际承包、承租经营的期限为一个纳税年度计算纳税。

【例 4 -8】 某客运公司职员小王承包了单位招待所，承租期为 1 年，年终分得承包利润 90 000 元，每月从单位取得工资 3 000 元，计算当年应缴纳个人所得税。

解 应纳税所得额 =（90 000 + 3 000 × 12）- 3 500 × 12 = 84 000（元）

应纳税额 = 84 000 × 30% - 9 750 = 15 450（元）

4. 劳务报酬所得的计税方法

劳务报酬所得实行按次计征，采用定额、定率扣除费用，适用 20% 比例税率，并有加成规定。

1）应纳税所得额

每次收入不超过 4 000 元的，计算公式为

应纳税所得额 = 每次收入额 - 800

每次收入在 4 000 元以上的，计算公式为

应纳税所得额 = 每次收入额 ×（1 - 20%）

若个人兼有劳务报酬所列举的 29 项具体劳务项目中的不同项目，应分别按不同的项目所得定额或定率减去费用。

2）应纳税额

劳务报酬适用于 20% 比例税率，计算公式为

应纳税额 = 应纳税所得额 × 适用税率

若纳税人的每次应税劳务报酬所得的应纳税所得额超过 20 000 元，应实行加成征税，其应纳税总额应根据相应税率和速算扣除数计算。公式如下：

应纳税额 = 应纳税所得额 × 适用税率 - 速算扣除数

【例 4 -9】 某交通运输企业的职员小林，在周末给一家咖啡店提供装修，共获得劳务报酬 30 000 元，其中包括设计费 8 000 元，装修费 22 000 元，计算小林应纳个人所得税。

解 小林的劳务报酬有两个项目——“设计”和“装潢”，可以分别减除费用，分别计税。且两项所得的应纳税所得额均在 20 000 元以下，无需加成。

应纳税额 = [8 000 × (1 − 20%) + 22 000 × (1 − 20%)] × 20%
= 4 800（元）

若小林取得的 30 000 元全部是设计费呢？

应纳税额 = [30 000 × (1 − 20%)] × 30% − 2 000 = 5 200（元）

5. 稿酬所得的计税方法

稿酬所得计税方法与劳务报酬所得相同，只是按规定对应纳税额减征 30%，计算公式如下

应纳税额 = 应纳税所得额 × 适用税率

实际缴纳税额 = 应纳税额 × (1 − 30%)

【例 4－10】 今年某小型水路运输企业职工小宋的著作由一家出版社出版，按合同规定，出版社向作家预付稿酬 6 000 元，出版后再付稿酬 20 000 元；同时，小宋授权了某晚报连载该著作，历时 60 天，每天支付报酬 180 元，共计 10 800 元，求小宋今年稿酬所得的应纳税额。

解 出版社稿酬实际缴纳税额 = (6 000 + 20 000) × (1 − 20%) × 20% × (1 − 30%)
= 2 912（元）

晚报稿酬实际缴纳税额 = 10 800 × (1 − 20%) × 20% × (1 − 30%)
= 1 209.60（元）

实际缴纳税额合计：2 912 + 1 209.60 = 4 121.60（元）

6. 特许权使用费所得的计税方法

每次收入指的是一项特许权的一次许可使用所取得的收入。对个人从事技术转让中所支付的中介费，若能提供有效合法凭证，准允从其所得中扣除。适用税率为 20%，公式如下

应纳税额 = 应纳税所得额 × 适用税率

7. 利息、股息、红利所得的计税方法

利息、股息、红利所得，以个人每次取得的收入额为应纳税所得额，不得从收入额中扣除任何费用。

应纳税额 = 应纳税所得额（每次收入额）× 适用税率（20%）

8. 财产租赁所得的计税方法

1）应纳税所得额

在确定财产租赁所得的应纳税所得额时，纳税人在出租财产过程中缴纳的税金和教育费附加，可持完税（缴款）凭证，从其财产租赁收入中扣除。准予扣除的项目除了规定费用和有关税费外，还准予扣除能够提供有效、准确凭证，证明由纳税人负担的该出租财产实际开支的修缮费用。允许扣除的修缮费用，以每次 800 元为限。一次扣除不完的，准予在下一次继续扣除，直至扣完为止。

个人出租财产取得的财产租赁收入，在计算缴纳个人所得税时，应依次扣除以下费用：

① 财产租赁过程中缴纳的税费；

② 由纳税人负担的该出租财产实际开支的修缮费用；

③ 税法规定的费用扣除标准。

每次（月）收入不超过4 000元的，计算公式为

应纳税所得额=每次(月)收入额-准予扣除项目-修缮费用(800元为限)-800

每次（月）收入超过4 000元的，计算公式为

应纳税所得额=[每次(月)收入额-准予扣除项目-修缮费用(800元为限)]×(1-20%)

2）应纳税额的计算方法

财产租赁所得适用20%的比例税率。但对个人按市场价格出租的居民住房取得的所得，自2001年1月1日起暂减按10%的税率征收个人所得税。其应纳税额的计算公式为

应纳税额=应纳税所得额×适用税率

【例4-11】李某于今年1月1日出租自有住房，租期1年，每月租金3 000元，全年租金36 000元，不考虑其他税费，计算全年应纳个人所得税。

解　全年应纳税额=(3 000-800)×10%×12=2 640（元）

9. 财产转让所得的计税方法

1）应纳税所得额

财产转让所得以个人每次转让财产取得的收入额减除财产原值和合理费用后的余额为应纳税所得额。其中，"每次"是指一件财产的所有权一次转让取得的收入为一次。

财产转让所得中允许减除的财产原值是指：

（1）有价证券，其原值为买入价及买入时按规定缴纳的有关费用；

（2）建筑物，其原值为建造费或购进价格及其他有关税费；

（3）土地使用权，其原值为取得土地使用权所支付的金额，开发土地的费用及其他有关税费；

（4）机器设备、车船，其原值为购进价格、运输费、安装费，以及其他有关费用；

（5）其他财产，其原值参照以上方法确定。

如果纳税人未提供完整、准确的财产原值凭证，不能正确计算财产原值的，由主管税务机关核定其财产原值。财产转让所得中允许减除的合理费用，是指卖出财产时按照规定支付的有关费用。

财产转让所得应纳税所得额的计算公式为

应纳税所得额=每次收入额-财产原值-合理税费

2）应纳税额的计算方法

财产转让所得适用20%的比例税率，其应纳税额的计算公式为

应纳税额=应纳税所得额×适用税率

【例4-12】一居民将自有的已居住3年的一套住房转让，取得转让收入60万元，转让过程中按规定缴纳各种税费3万元，支付中介机构介

绍费 0.8 万元，经有关机构评估，该房屋原值为 45 万元，计算该居民转让住房应纳个人所得税。

解 应纳税额 =（600 000 - 30 000 - 8 000 - 450 000）× 20% = 22 400（元）

10. 偶然所得的计税方法

偶然所得应纳税额计算公式为

应纳税额 = 应纳税所得额 × 适用税率 = 每次收入额 × 20%

11. 其他所得应纳税额的计算

其他所得应纳税额的公式为

应纳税额 = 应纳税所得额 × 适用税率 = 每次收入额 × 20%

4.3.3 个人所得税的特殊计税方法

除上节 11 种应税项目的计税方法以外，税法还针对计税过程中涉及的一些带普遍性的问题和特殊问题，单独规定有专门的计税方法。本节主要归纳了这些特殊的计税方法。

1. 扣除捐赠款的计税方法

税法规定个人将其所得通过中国境内的社会团体、国家机关向教育和其他社会公益事业及遭受严重自然灾害地区、贫困地区的捐赠，准予从应纳税所得额中扣除。且这种扣除分为全额扣除和限额扣除，一般捐赠额的扣除以不超过纳税人申报应纳税所得额的 30% 为限。计算公式为

捐赠扣除限额 = 应纳税所得额 × 30%

应纳税额 =（应纳税所得额 - 允许扣除的捐赠额）× 适用税率 - 速算扣除数

【例 4-13】 某交通运输企业职员谢某于今年 1 月 5 日内购买福利彩票，中奖 200 000 元。谢某拿出 40 000 元捐赠给希望工程。计算其应纳个人所得税。

解 捐赠扣除限额 = 200 000 × 30% = 60 000（元）

40 000 < 60 000 元，可全部税前扣除

应纳税额 =（200 000 - 40 000）× 20% = 32 000（元）

2. 境外缴纳税额抵免的计税方法

在中国境内有住所或虽无住所，但在中国境内居住满一年以上的个人，为我国个人所得税的居民纳税人，其从中国境内和境外取得的所得，都应缴纳个人所得税。实际上，纳税人的境外所得一般均已在来源国家或地区缴纳了所得税。为了避免发生国家间对同一所得的重复征税，同时维护我国的税收权益，我国在对纳税人的境外所得行使税收管辖权时，对该所得在境外已纳税额采取了分情况扣除的做法。也即，纳税人从中国境外取得的所得，准予其在应纳税额中扣除已在境外实缴的个人所得税税款，但扣除额不能超过纳税人境外所得按照本法规定计算的应纳税额。

实际已在境外缴纳的税款，是指纳税人从中国境外取得的所得，依照

所得的来源国家或地区的法律应当并且实际已经缴纳的税额。准予抵免的实缴境外税款最多不能超过境外所得按我国税法计算的抵免限额（应纳税额和扣除限额）。我国个人所得税的抵免限额采用分国限额法，即分别来自于不同国家或地区和不同应税项目，依照税法规定的费用减除标准和适用税率计算抵免限额。对于同一国家或地区的不同应税项目，以其各项的抵免限额之和作为来自该国或该地区所得的抵免限额。计算公式为

来自某国或地区的抵免限额 = ∑(来自某国或地区的某一应税项目的所得 - 费用减除标准) × 适用税率 - 速算扣除数

上式中的费用减除标准和适用税率，均指我国个人所得税及其实施条例规定的有关费用减除标准和适用税率。

允许抵免额要分国确定，即在计算出的来自一国或地区所得的抵免限额与实缴该国或地区的税款之间相比较，以数额较小者作为允许抵免额。

在某一纳税年度，如发生的实缴境外税款超过抵免限额，即发生超限额时，超限额部分不允许在应纳税额中抵扣，但可以在以后纳税年度仍来自该国家或地区的不足限额，即实缴境外税款低于抵免限额的部分中补扣，补扣期最长不超过5年。

境外缴纳税款的抵免必须由纳税人提出申请，并提供境外税务机关填发的完税凭证原件。

综上所述，境外所得应纳税额计算公式为

应纳税额 = ∑(来自某国或地区的所得 - 费用减除标准) × 适用税率 - 速算扣除数 - 允许抵免额

【例4-14】 某中国公民6月从A国取得特权使用费收入12 000元，并缴纳了2 000元的个人所得税；同月从B国取得利息收入6 000元，缴纳了1 000元的所得税。求该公民6月份的应纳个人所得税。

解 （1）A国特许权使用费抵免限额 = 12 000 × (1 - 20%) × 20%
= 1 920（元）

2 000 > 1 920，大于抵免限额，无须补税，且超过限额的80元不能在本年度抵扣，但可以在以后5个纳税年度A国扣除限额的余额中补减。

（2）B国利息收入抵免限额 = 6 000 × 20% = 1 200（元）

1 000 < 2 000，低于限额，所以可以全额扣除，并需在我国补缴所得税200（1 200 - 1 000）元。

3. 两个或两个以上的纳税人共同取得同一项目所得的计税方法

两个或两个以上的纳税人共同取得同一项目所得的，如共同编著一本书而取得的稿酬、参加同一场演出取得的报酬等，应当对每个人取得的收入分别按照税法规定减除费用后计算纳税，即实行“先分、后扣、再税”的办法。

4.3.4 个人所得税的税收优惠

我国的个人所得税的税收优惠主要分为：免税项目、减税项目和暂免

征税项目。

1. 免税项目

《中华人民共和国个人所得税法》第 4 条规定，下列各项个人所得，免征个人所得税。

（1）省级人民政府、国务院部委和中国人民解放军军以上单位，以及外国组织、国际组织颁发的科学、教育、技术、文化、卫生、体育、环境保护等方面的奖金。

（2）国债和国家发行的金融债券利息。这里所说的国债利息，是指个人持有中华人民共和国财政部发行的债券而取得的利息所得；所说的国家发行的金融债券利息，是指个人持有经国务院批准发行的金融债券而取得的利息所得。

（3）按照国家统一规定发给的补贴、津贴。这里所说的补贴、津贴，是指按照国务院规定发给的政府特殊津贴、院士津贴、资深院士津贴，以及国务院规定免纳个人所得税的其他补贴、津贴。

（4）福利费、抚恤金、救济金。

（5）保险赔款。

（6）军人的转业费、复员费。

（7）按照国家统一规定发给干部、职工的安家费、退职费、退休工资、离休工资、离休生活补助费。

（8）依照我国有关法律规定应予免税的各国驻华使馆、领事馆的外交代表、领事官员和其他人员的所得。

（9）中国政府参加的国际公约、签订的协议中规定免税的所得。

（10）经国务院财政部门批准免税的所得。

2. 减税项目

有下列情形之一的，经批准可以减征个人所得税。

（1）残疾、孤老人员和烈属的所得。

（2）因严重自然灾害造成重大损失的。

（3）其他经国务院财政部门批准减税的。

3. 暂免征税项目

根据财政部、国家税务总局《关于个人所得税若干政策问题的通知》的规定，对下列所得暂免征收个人所得税。

（1）个人举报、协查各种违法、犯罪行为而获得的奖金。

（2）个人办理代扣代缴税款手续，按规定取得的扣缴手续费。

（3）个人转让自用达 5 年以上且是唯一的家庭居住用房取得的所得。

（4）达到离休、退休年龄，但确因工作需要，适当延长离休、退休年龄的高级专家（指享受国家发放的政府特殊津贴的专家、学者），其在延长离休、退休期间的工资、薪金所得，视同离休、退休工资免征个人所得税。

（5）对个人购买福利彩票、赈灾彩票、体育彩票，一次中奖收入在 1

万元以下的（含1万元）暂免征收个人所得税；超过1万元的，全额征收个人所得税。

（6）企业依照国家有关法律规定宣告破产，企业职工从该破产企业取得的一次性安家费收入，免征个人所得税。

（7）对被拆迁人按照国家有关城镇房屋拆迁管理办法规定的标准取得的拆迁补偿款，免征个人所得税。

（8）个人取得单张有奖发票奖金所得不超过800元（含800元）的，暂免征收个人所得税；超过800元的，应全额按照个人所得税法规定的“偶然所得”项目征收个人所得税。

4.4　个人所得税的申报缴纳

个人所得税采用了以源泉扣缴为主、纳税人自行申报纳税为辅的征收方式。在我国，代扣代缴个人所得税收入占个人所得税收入的75%以上。

4.4.1　源泉扣缴

代扣代缴，是指按照税法规定履行扣缴税款义务的单位或个人，在向个人支付应税所得时，代扣其应纳的个人所得税税款并代为上缴国库，同时向税务机关报送扣缴个人所得税报告表的一种纳税方式。

自1995年4月1日起执行的《个人所得税代扣代缴暂行办法》，对扣缴义务人和代扣代缴的范围、扣缴义务人应承担的责任、代扣代缴的期限等做了明确的规定。

1. 扣缴义务人

《中华人民共和国个人所得税法》第8条规定：个人所得税，以所得人为纳税人，以支付所得的单位或者个人为扣缴义务人。

凡支付个人应税所得的企业（公司）、事业单位、机关、社会团体、军队、驻华机构、个体户等单位或者个人，为个人所得税的扣缴义务人。

2. 代扣代缴的范围

除“个体工商户的生产、经营所得”外，扣缴义务人在向个人支付税法列举的10项应税所得时，不论纳税人是否属于本单位人员，均应代扣代缴其应纳的个人所得税税款。

3. 扣缴义务人的法律责任

扣缴义务人应该设立代扣代缴税款账簿，正确反映个人所得税的扣缴情况，并如实填写《扣缴个人所得税报告表》及其他有关资料。

扣缴义务人对纳税人的应扣未扣的税款，其应纳税款仍然由纳税人缴纳，扣缴义务人应承担应扣未扣税款的50%以上至3倍的罚款。

4. 代扣代缴期限

扣缴义务人每月所扣的税款，应当在次月7日内缴入国库，并向主管税务机关报送纳税申报表、代扣代收税款凭证等有关资料。

4.4.2 自行申报

自行申报纳税，是指纳税人在税法规定的纳税期限内，自行向税务机关申报取得的应税所得项目和数额，如实填写纳税申报表，计算应纳税额，并据此缴纳个人所得税的一种方法。

1. 自行申报纳税的所得项目

《中华人民共和国个人所得税法实施条例》第36条规定，纳税人有下列情形之一的，应当按照规定到主管税务机关办理纳税申报：①年所得12万元以上；②从中国境内两处或者两处以上取得工资、薪金所得的；③从中国境外取得所得的；④取得应纳税所得，没有扣缴义务人的；⑤国务院规定的其他情形。

2. 申报期限

（1）年所得12万元以上的纳税人，在纳税年度终了后3个月内向主管税务机关办理纳税申报。

（2）个体工商户和个人独资、合伙企业投资者取得的生产、经营所得应纳的税款，分月预缴的，纳税人在每月终了后15日内办理纳税申报；分季预缴的，纳税人在每个季度终了后7日内办理纳税申报。纳税年度终了后，纳税人在3个月内进行汇算清缴。

（3）纳税人年终一次性取得对企事业单位的承包经营、承租经营所得的，自取得所得之日起30日内办理纳税申报；在1个纳税年度内分次取得承包经营、承租经营所得的，在每次取得所得后的次月7日内申报预缴，纳税年度终了后3个月内汇算清缴。

（4）从中国境外取得所得的纳税人，在纳税年度终了后30日内向中国境内主管税务机关办理纳税申报。

（5）纳税人取得其他各项所得须申报纳税的，在取得所得的次月15日内向主管税务机关办理纳税申报。

3. 申报方式

为了方便纳税人自行申报，《个人所得税自行纳税申报办法》规定，纳税人可以采取多种方式进行纳税申报，既可以采取数据电文方式（如网上申报）、邮寄申报方式，也可以直接到主管税务机关申报或者采取符合主管税务机关规定的其他方式申报。同时规定，纳税人可以委托有税务代理资质的中介机构或者他人代理申报。

个人所得税纳税申报资料

4. 纳税申报

为进一步优化纳税服务，加强税收征管，根据《中华人民共和国个人所得税法》及其实施条例和有关规定，现将国家税务总局修改后的个人所得税申报表及其填表说明列于下。

按照规定“从中国境内两处或者两处以上取得工资、薪金所得的”“取得应纳税所得，没有扣缴义务人的”，以及“国务院规定的其他情形”的个人所得税申报填报《个人所得税基础信息表（B表）》（见表4-6）和《个人所得税自行纳税申报表（A表）》（见表4-7）。

表4－6　个人所得税基础信息表（B表）

姓名		身份证件类型		身份证件号码	
纳税人类型	□有任职受雇单位　□无任职受雇单位（不含股东投资者） □投资者　□无住所个人　（可多选）		
任职受雇单位名称及纳税人识别号			
"三费一金"缴纳情况	□基本养老保险费　□基本医疗保险费 □失业保险费　□住房公积金　□无　（可多选）	电子邮箱	
境内联系地址	＿＿＿省＿＿＿市＿＿＿ 区（县）＿＿＿	邮政编码	
联系电话	手机：＿＿＿ 固定电话：＿＿＿	职业	
职务	○高层　○中层　○普通　（只选一）	学历	
是否残疾人/烈属/孤老	□残疾　□烈属　□孤老　□否	残疾等级情况	
该栏仅由境外所得纳税人填写	○户籍所在地 ○经常居住地	＿＿＿省＿＿＿市＿＿＿区（县）＿＿＿ 邮政编码＿＿＿	

该栏仅由投资者纳税人填写	投资者类型		□个体工商户　□个人独资企业投资者　□合伙企业合伙人 □承包、承租经营者　□股东　□其他投资者（可多选）		
	被投资单位信息	名称		扣缴义务人编码	
		地址		邮政编码	
		登记注册类型		行业	
		所得税征收方式	○查账征收 ○核定征收（只选一）	主管税务机关	
	以下由股东及其他投资者填写				
	公司股本（投资）总额			个人股本（投资）额	
该栏仅由无住所纳税人填写	纳税人识别号				
	国籍（地区）			出生地	
	性别			出生日期	年　月　日
	劳动就业证号码			是否税收协定缔约国对方居民	○是　○否
	境内职务			境外职务	
	来华时间			任职期限	
	预计离境时间			预计离境地点	
	境内任职受雇单位	名称		扣缴义务人编码	
		地址		邮政编码	
	境内受聘签约单位	名称		扣缴义务人编码	
		地址		邮政编码	
	境外派遣单位	名称		地址	
	支付地		○境内支付 ○境外支付 ○境内、外同时支付（只选一）	境外支付国国别（地区）	

谨声明：此表是根据《中华人民共和国个人所得税法》及其实施条例和国家相关法律法规规定填写的，是真实的、完整的、可靠的。 纳税人签字：　　年　月　日	
代理机构（人）签章： 经办人： 经办人执业证件号码：	主管税务机关受理专用章： 受理人：
填表（代理申报）日期：　年　月　日	受理日期：　年　月　日

国家税务总局监制

表 4－7　个人所得税自行纳税申报表（A 表）

税款所属期：自　　年　月　日至　　年　月　日　　　　　　　　　　　　　　　　金额单位：人民币元（列至角分）

姓名		国籍（地区）				身份证件类型			身份证件号码												
自行申报情形	□从中国境内两处或者两处以上取得工资、薪金所得											□没有扣缴义务人				□其他情形					
任职受雇单位名称	所得期间	所得项目	收入额	免税所得	税前扣除项目								减除费用	准予扣除的捐赠额	应纳税所得额	税率/%	速算扣除数	应纳税额	减免税额	已缴税额	应补（退）税额
					基本养老保险费	基本医疗保险费	失业保险费	住房公积金	财产原值	允许扣除的税费	其他	合计									
1	2	3	4	5	6	7	8	9	10	11	12	13	14	15	16	17	18	19	20	21	22
谨声明：此表是根据《中华人民共和国个人所得税法》及其实施条例和国家相关法律法规规定填写的，是真实的、完整的、可靠的。 纳税人签字：　　　年　月　日																					
代理机构（人）公章： 经办人： 经办人执业证件号码：												主管税务机关受理专用章： 受理人：									
代理申报日期：　　年　月　日												受理日期：　　年　月　日									

国家税务总局监制

本章小结

个人所得税是对个人取得的各项应税所得征收的一种税。我国的个人所得税课征制度虽然与企业所得税有所区别（企业所得税是综合征收，即将纳税人的所有应税收入综合在一起征税；而个人所得税是分类课征，即将个人的应税所得按其性质的不同分别采取不同的办法计算征税），但个人所得税的应纳税额的计算在许多方面与企业所得税相似，如应纳税所得额的确定、境外所得已纳税额的扣除等。

个人所得税案例

我国现行的分类所得税模式，由于应税所得的确定涉及按月、按次或按年度计算扣除额的问题，同时又涉及税率不同的问题，这就要求既要严格区分所得的性质以便归类，又要解决同类收入中“次”的确定问题。具体如表4－8所列。

表4－8　征税对象、费用减除标准和税率的关系

适用税率	应税所得	费用减除标准
3%～45%七级超额累进税率	工资、薪金所得	每月扣3 500元（4 800元）
5%～35%五级超额累进税率	个体工商户的生产、经营所得	扣成本、费用、税金、损失
	承包经营、承租经营所得	每月扣3 500元
比例税率20%	劳务报酬所得、稿酬所得、特许权使用费所得、财产租赁所得	每次所得≤4 000元，扣800元 每次所得＞4 000元，扣20%
	财产转让所得	扣财产原值、合理费用
	利息、股息、红利所得；偶然所得；其他所得	没有扣除项目

主要法律依据

[1]《中华人民共和国个人所得税法》（中华人民共和国主席令第48号）。成文日期：2011年06月30日。

[2]《中华人民共和国个人所得税法实施条例》（中华人民共和国国务院令第519号）。成文日期：2008年2月18日。

[3]《国务院关于修改〈中华人民共和国个人所得税法实施条例〉的决定》（中华人民共和国国务院令600号）。成文日期：2011年07月19日。

[4]《国家税务总局关于雇主为雇员承担全年一次性奖金部分税款有关个人所得税计算方法问题的公告》（国家税务总局2011年第28号公告）。成文日期：2011年04月28日。

[5]《财政部　国家税务总局关于个人股票期权所得征收个人所得税问题的通知》（财税〔2005〕35号）。成文日期：2005年03月28日。

[6]《财政部　国家税务总局　中国证券监督管理委员会关于实施上市公司股息红利差别化个人所得税政策有关问题的通知》（财税〔2012〕85号）。成文日期：2012年11月16日。

[7]《国家税务总局关于印发〈个人所得税管理办法〉的通知》（国税发〔2005〕120号）。成文日期：2005年07月06日。

[8]《国家税务总局关于进一步推进个人所得税全员全额扣缴申报管理工作的通知》（国税发〔2007〕97号）。成文日期：2007年08月14日。

[9]《国家税务总局关于明确年所得12万元以上自行纳税申报口径的通知》（国税函〔2006〕1200号）。成文日期：2006年12月15日。

[10]《全国人民代表大会常务委员会关于修改〈中华人民共和国个人所得税法〉的决定》（中华人民共和国主席令第48号）。成文日期：2011年06月30日。

[11]《财政部　国家税务总局关于调整个体工商户业主　个人独资企业和合伙企业自然人投资者个人所得税费用扣除标准的通知》（财税〔2011〕62号）。成文日期：2011年07月29日。

[12]《财政部　国家税务总局关于个人无偿受赠房屋有关个人所得税问题的通知》（财税〔2009〕78号）。成文日期：2009年05月25日。

[13]《国家税务总局关于明确个人所得税若干政策执行问题的通知》（国税发〔2009〕121号）。成文日期：2009年08月17日。

[14]《国家税务总局关于个人所得税有关问题的公告》（国家税务总局2011年第27号公告）。成文日期：2011年04月18日。

[15]《财政部　人力资源和社会保障部　国家税务总局关于企业年金职业年金个人所得税有关问题的通知》（财税〔2013〕103号）。成文日期：2013年12月06日。

习　题

一、思考题

1. 个人所得税的纳税人有哪些？怎样判定居民纳税人和非居民纳税人？居民和非居民纳税人的纳税义务存在哪些不同？

2. 如何确定所得的来源地？

3. 个人所得税的应税项目有哪些？

4. 个人所得税的不同应税项目对应的税率是如何设置的？

5. 个人所得税应纳税所得额、应纳税额分别是怎样计算的？

6. 个人所得税的税收优惠主要有哪些？

7. 个人所得税的纳税方法有哪两种？

二、单项选择题

1. 在中国境内有住所，或者无住所而在境内居住满 1 年的个人，应就下列所得在我国缴纳个人所得税（　　）。

A. 仅就来源于中国境内所得　　B. 仅就来源于中国境外所得

C. 来源于中国境内、外所得　　D. 不需要缴纳个人所得税

2. 下列所得中，不属于稿酬所得的是（　　）。

A. 文学作品发表取得的所得

B. 书画作品发表取得的所得

C. 摄影作品发表取得的所得

D. 文学作品手稿原件公开拍卖所得

3. 在中国境内无住所而在中国境内取得工资、薪金所得的纳税人和在中国境内有住所而在中国境外取得工资、薪金所得的纳税人附加减除费用标准为（　　）。

A. 每月 3 500 元　　B. 每月 1 300 元

C. 每月 4 800 元　　D. 每年 1 300 元

4. 所谓“劳务报酬所得一次收入畸高的”是指（　　）。

A. 个人一次取得的劳务报酬所得超过 20 000 元

B. 个人一次取得的劳务报酬所得超过 50 000 元

C. 个人一次取得的劳务报酬的应纳税所得额超过 20 000 元

D. 个人一次取得的劳务报酬的应纳税所得额超过 50 000 元

5. 下列所得不征收个人所得税的是（　　）。

A. 职工取得单位发放的奖金　　B. 个体户取得的经营收入

C. 独生子女补贴　　D. 劳务报酬所得

6. 某小型客运公司职工李某从今年 3 月 1 日起在某报纸上连载小说，每期取得报社支付的收入 300 元，共连载 110 期（其中三月份 30 期）。9 月份将连载的小说结集出版，取得稿酬 48 600 元，则下面说法正确的是（　　）。

A. 小说连载每期取得的收入应由报社按劳务报酬所得代扣代缴个人所得税 60 元

B. 小说连载取得收入应合并为一次，由报社按稿酬所得代扣代缴个人所得税 3 696 元

C. 3 月份取得的小说连载收入应由报社按稿酬所得于当月代扣个人所得税 1 800 元

D. 出版小说取得的稿酬缴纳个人所得税时允许抵扣其中报刊连载时已缴纳的个人所得税

7. 下列收入中，应按“劳务报酬所得”缴纳个人所得税的是（　　）。

A. 在其他单位兼职取得的收入

B. 退休后再受雇取得的收入

C. 在任职单位取得董事费收入

D. 个人购买彩票取得的中奖收入

8. 经有关部门批准，李医生开办了一家私人诊所，其取得的医疗收入应按（　　）项目缴纳个人所得税。

A. 工资、薪金所得

B. 个体工商户的生产、经营所得

C. 劳务报酬所得

D. 其他所得

9. 某演员今年3月参加演出的税后出场费为10 000元，则其应纳税所得额为（　　）元。

A. 1 600　　B. 1 800　　C. 1 904. 76　　D. 2 000

10. 我国个人所得税的征收方式是（　　）。

A. 完全由个人自行申报

B. 由税务机关上门征收

C. 完全由单位代扣代缴

D. 以代扣代缴为主，以个人自行申报为辅

三、多项选择题

1. 个人所得税居民纳税人与非居民纳税人的判定标准有（　　）。

A. 时间标准　　B. 住所标准

C. 公民标准　　D. 经营、工作地标准

2. 下列所得应按工资、薪金所得项目纳税的有（　　）。

A. 公司职工取得的劳动分红

B. 个人担任某单位独立董事职务取得的董事费收入

C. 出租汽车经营单位对本单位出租车驾驶员采用单车承包或承租方式运营，出租车驾驶员从事客货营运取得的收入

D. 城镇事业单位和职工个人缴纳失业保险费超过规定比例的部分

3. 下列个人所得中，应当征收个人所得税的有（　　）。

A. 企业集资利息　　B. 从股份公司取得的股息

C. 企业债券利息　　D. 国家发行的金融债券利息

4. 适用20%税率的应税项目有（　　）。

A. 稿酬所得　　B. 财产转让所得

C. 特许权使用费所得　　D. 财产租赁所得

5. 下列个人应按税法规定的期限自行申报缴纳个人所得税的是（　　）。

A. 从境内两处取得工资的中国公民

B. 2016 年年末取得年收入 15 万元的中国公民

C. 从英国获得特许权使用费收入的中国公民

D. 从事汽车修理、修配业务取得收入的个体

6. 下列所得中，属于工资、薪金所得的是（　　）。

A. 个人独立从事制图取得的所得

B. 教师为受雇任职学校讲课取得的所得

C. 临时工为单位安装作业取得的所得

D. 雇员取得的年终劳动分红

7. 下列各项所得，免征个人所得税的是（　　）。

A. 个人取得的保险赔款

B. 军人的转业安置费

C. 国家发行的金融债券利息

D. 外籍个人以现金形式取得的住房补贴和伙食补贴

8. 下列各项中，以一个月以内取得的收入为一次计征个人所得税的有（　　）。

A. 分月取得的某项专利权的转让收入

B. 财产租赁所得

C. 小说在报刊上连载三个月的稿酬所得

D. 属于同一事项连续取得的劳务报酬所得

9. 下列各项中对“次”表述正确的是（　　）。

A. 只有一次性收入的，以取得该项收入为一次

B. 属于同一事项连续取得的收入，以每次支付收入为一次

C. 特许权使用费所得以某项使用权的一次转让所取得的收入为一次

D. 财产租赁所得，以一个月取得的收入为一次

10. 实行查账征税办法的个人独资企业和合伙企业生产经营所得，确定个人所得税应纳税所得额时不准予扣除的项目有（　　）。

A. 投资者的工资

B. 投资者及投资者家庭发生的生活费用

C. 企业计提的各种准备金

D. 企业从业人员计税标准内的工资支出

四、实务计算题

1. 某交通运输企业的员工李某今年 12 月取得当月工资 3 000 元，同时领取全年考核奖金 20 000 元。

要求：在不考虑其他因素的情况下，计算李某当月应纳个人所得税税额。

2. 某客运集团员工孙某于今年 3 月利用假期外出提供劳务，取得以下收入：从 A 公司取得一笔工程设计费 50 000 元，从 B 公司取得业务咨询费 3 000 元。

要求：在不考虑其他税费的情况下，计算孙某该月应纳个人所得税额。

3. 王某是某物流公司的员工，今年12月份取得收入情况如下：（1）取得工资、薪金5 000元；（2）出版专业书一本，取得稿酬20 000元；（3）为其他单位授课一次，取得收入5 000元；（4）当月闲置房屋租赁取得收入2 000元，税费共计支付120元；（5）取得银行存款利息收入200元。

要求：请你计算王某当月应纳个人所得税税额。

4. 中国公民赵某在今年12月有如下收入。

（1）当月工资5 500元，应按照所在省规定的办法和比例扣除住房公积金和各项基本社会保险费720元，12月份取得除当月工资以外的年度绩效工资30 000元。

（2）将旅游见闻向晚报和某杂志投稿，分别取得稿酬收入600元和900元。

（3）11月份购入甲公司债券20 000份，每份买入价5元，支付相关税费共计1 000元。12月份卖出债券10 000份，每份卖出价7元，支付相关税费共计700元。

（4）利用业余时间兼职，12月份从兼职单位取得报酬3 000元并从中拿出500元通过国家机关捐给希望工程。

（5）通过拍卖行将一幅祖传收藏的字画拍卖，取得收入500 000元，主管税务机关核定赵某收藏该字画发生的费用为100 000元，拍卖时支付相关税费50 000元。

（6）从A国取得特许权使用费收入折合人民币40 000元，在A国缴纳了个人所得税8 000元，从B国取得股息折合人民币10 000元，在B国缴纳了个人所得税1 000元。

要求：根据上述资料，按下列序号计算回答问题，每问需计算出合计数。

① 当月赵某按照工资、薪金所得应缴纳的个人所得税。

② 赵某稿酬收入应缴纳的个人所得税。

③ 赵某转让债券所得应缴纳的个人所得税。

④ 赵某兼职所应缴纳的个人所得税。

⑤ 赵某拍卖字画应缴纳的个人所得税。

⑥ 赵某来源于境外的所得在我国应补缴的个人所得税。

第5章

交通运输业资源课税

学习要求

重点掌握：交通运输业资源税类各税种的征税范围、纳税人和税率。

一般掌握：交通运输业资源税类各税种计税依据的确定及应纳税额的计算。

理　　解：交通运输业资源课税的概念和作用。

了　　解：交通运输业资源税类各税种的有关减免规定、征收管理。

主要法律依据

资源课税是以自然资源为课税对象的税类。我国的资源税类主要对矿产资源和土地资源征税，现行征收的资源税类有资源税、城镇土地使用税、耕地占用税、土地增值税等。本章主要研究与交通运输业相关的资源税类，包括城镇土地使用税、耕地占用税、土地增值税等。

5.1　资源课税概述

5.1.1　资源课税的概念

自然资源是指未经人类加工而可以利用的天然物质资源。其范围很广，包括土地、矿藏、水流、森林、草原、野生生物、海洋，以及阳光、空气、风能等地面、地下、海底和空间等的一切资源。一般来说，作为课税对象的是那些具有交换价值和使用价值的自然资源，世界各国对资源的征税都是有选择的，而不是对所有的资源都征税。

对资源征税按其征税目的和意义的不同，可以分为一般资源税和级差资源税两种。

（1）一般资源税是以自然资源的开发和利用为前提，无论资源的好坏和收益的多少都一律征收的一种资源税。这种税体现普遍征收、有偿开采的原则，具有受益税的性质，体现了对国有资源的有偿开采。

（2）级差资源税是国家对开发和利用自然资源的单位和个人，由于资源条件的差别所取得的级差收入课征的一种税。征收级差资源税，将企业和个人利用自然资源而多得的级差收入直接归国家所有，使企业的利润水平能真实地反映企业主观努力经营所取得的成果，排除不可比因素，有利于企业在同等水平上开展竞争；同时，也有利于促使企业合理利用国有土地和其他资源，防止企业为追逐高额利润，造成国家有限的耕地和资源的浪费。

实际应用中，各国在建立资源征税体系时，往往通过确定征税范围和采用有差别的税率，把一般资源税和级差资源税结合起来，使其既有普遍征收的特点，又能调节级差收入。

5.1.2 资源课税的作用

资源课税的作用主要有以下几个方面。

1. 促进国有资源的合理开发和利用

开征资源税，根据资源和开发条件的优劣，确定不同的税额，一方面有利于国家加强对自然资源的保护和管理；另一方面有利于企业提高资源的开发利用率，有效地防止"采富弃贫""采易弃难"现象的发生。

2. 合理调节资源级差收入，促进企业公平竞争

我国地域辽阔，各种资源的结构和开发条件存在很大的差异。在这种情况下，利润的高低并不能真实地反映企业的效率。开征资源税可以把因自然条件优越产生的级差收入归国家所有，排除利润分配上的不合理，为企业竞争创造了公平的外部环境。

3. 有利于明晰自然资源产权，促进产权制度的建立

长期以来，我国对自然资源产权的观念十分淡薄，造成一些单位和个人对国有自然资源乱采滥伐，造成了资源的巨大损失和浪费。开征资源税，有利于明晰资源的国家所有权，进而明确资源的占有权和使用权，最终有利于社会主义市场经济条件下产权关系的确立。

4. 与其他税种配合发挥税收的整体功能，保证国家财政收入

资源课税是具有特殊调节作用的税类，一方面，它拓宽税收调节领域，是市场经济条件下体现公平税负原则的一个重要税类；另一方面，它可以弥补流转课税的调节不足，将一部分漏征收入征收起来，充裕财政收入。

5.2 城镇土地使用税

5.2.1 城镇土地使用税概述

1. 城镇土地使用税的概念及特点

城镇土地使用税（land use tax on cities and towns）是以国有土地为征税对象，对拥有土地使用权的单位和个人征收的一种税。其特点如下。

1）征税对象是国有土地

在我国，城镇土地的所有权归国家，开征城镇土地使用税，实质上是运用国家政治权利，对土地使用者进行征税。农业土地因属于集体所有，故未纳入征税范围。

2）征税范围广

现行城镇土地使用税对我国境内使用土地的单位和个人征收，征收范围较广，有利于筹集地方财政资金、调节土地使用和收益分配。

3）实行差别幅度税额

城镇土地使用税实行差别幅度税额，对不同的城镇适用不同的税额，对同一城镇的不同地段，根据市政建设状况和经济繁荣程度也确定不等的负担水平。差别幅度税额可以达到调节土地级差收入的目的。

2. 我国城镇土地使用税的发展

在1950年1月政务院颁布的《全国税收实施要则》中，规定全国统一征收地产税；同年6月，调整税收，将地产税和房产税合并为房地产税。1951年8月，政务院颁布《中华人民共和国城市房地产税暂行条例》，在全国范围内执行房地产税。1973年简化税制时，把对国内企业征收的房地产税合并到工商税中，使该税的征收范围缩小到只对房产管理部门、有房产的个人和海外侨胞征收。随着改革的深化，这一状况越来越不符合实际。

1984年10月，在进行第二步“利改税”改革时国家决定把原城市房地产税分为房产税和土地使用税两个税种。房产税已于1986年10月1日开征，土地使用税则由于当时的条件不成熟，未与房产税同步开征。1988年9月，国务院发布了《中华人民共和国城镇土地使用税暂行条例》，于同年11月1日起执行。该税属于地方税，其收入全部归地方所有。

2006年12月31日国务院发布了《关于修改〈中华人民共和国城镇土地使用税暂行条例〉的决定》（国务院令第483号），对1988年制定的《中华人民共和国城镇土地使用税暂行条例》的部分内容做了第一次修订，提高了城镇土地使用税税额标准，将城镇土地使用税的征收范围扩大到外商投资企业和外国企业，并重新公布，该条例自2007年1月1日起施行。2013年12月4日国务院第32次常务会议做了部分修改（2013年12月7日起实施）。

5.2.2 城镇土地使用税的纳税人和征税范围

1. 城镇土地使用税的纳税人

城镇土地使用税的纳税人，是指在我国境内的城市、县城、建制镇、工矿区范围内使用土地的单位和个人。单位包括国有企业、集体企业、私营企业、股份制企业、外商投资企业、国外企业及其他企业和事业单位、社会团体、国家机关、军队及其他单位；个人包括个体工商户及其他个人。

城镇土地使用税的纳税人通常包括以下几类。

（1）拥有土地使用权的单位和个人。

（2）拥有土地使用权的单位和个人不在土地所在地的，其土地的实际使用人和代管人为纳税人。

（3）土地使用权未确定或权属纠纷未解决的，其实际使用人为纳税人。

（4）土地使用权共有的，共有各方都是纳税人，由共有各方分别缴纳。

2. 城镇土地使用税的征税范围

城镇土地使用税的征税范围，包括在城市、县城、建制镇和工矿区内的国家所有和集体所有的土地。

上述城市、县城、建制镇和工矿区分别按以下标准确认。

（1）城市是指经国务院批准设置的市。

（2）县城是指县人民政府所在地。

（3）建制镇是指经省、自治区、直辖市人民政府批准设立的建制镇。

（4）工矿区是指工商业比较发达，人口比较集中，符合国务院规定的建制镇标准，但尚未设立建制镇的大中型工矿企业所在地。

建立在城市、县城、建制镇和工矿区以外的工矿企业则不需缴纳城镇土地使用税。

5.2.3 城镇土地使用税应纳税额的计算

1. 城镇土地使用税的税率

城镇土地使用税采用定额征收，即按照大、中、小城市及县城、建制镇和工矿区规定幅度差别税额计算征收。

根据《中华人民共和国城镇土地使用税暂行条例》第四条规定，城镇土地使用税年税额为：

大城市 1.5 ~ 30 元/m^2；

中等城市 1.2 ~ 24 元/m^2；

小城市 0.9 ~ 18 元/m^2；

县城、建制镇、工矿区 0.6 ~ 12 元/m^2。

各省、自治区、直辖市人民政府可以根据市政建设情况和经济繁荣程度在规定税额幅度内，确定所辖地区的适用税额幅度。经济落后地区，土地使用税的适用税额标准可适当降低，但降低额不得超过上述规定最低税额的30%；经济发达地区的适用税额标准可以适当提高，但需上报财政部批准。

2. 城镇土地使用税的计税依据

城镇土地使用税实行从量定额征收，其计税依据是纳税人实际占用的土地面积，土地面积的计量标准为每平方米。纳税人实际占用的土地面积是指由省、自治区、直辖市人民政府确定的单位组织测定的土地面积，具体分为以下几种情况。

（1）凡由省、自治区、直辖市人民政府确定的单位组织测定土地面积的，以测定的面积为准。

（2）尚未组织测量，但纳税人持有政府部门核发的土地使用证书的，以证书确认的土地面积为准。

（3）尚未核发土地使用证书的，应由纳税人申报土地面积据以纳税，待核发土地使用证书以后再做调整。

（4）对在城镇土地使用税征税范围内单独建造的地下建筑用地，按规定征收城镇土地使用税。其中，已取得地下土地使用权证的，按土地使用权证确认的土地面积计算应征税款；未取得地下土地使用权证或地下土地使用权证上未标明土地面积的，按地下建筑垂直投影面积计算应征税款。

对上述地下建筑用地暂按应征税款的50%征收城镇土地使用税。

3. 城镇土地使用税应纳税额计算

城镇土地使用税的应纳税额可以通过纳税人实际占用的土地面积乘以该土地所在地段的适用定额税率求得。其计算公式如下

全年应纳税额＝实际占用应税土地面积（m^2）×适用定额税率

【例5－1】 百捷物流公司坐落在某县城，今年占用土地面积共计20 000m^2，其中幼儿园用地1 000m^2，厂区绿化用地2 000m^2，厂区外绿化用地2 500m^2，自用大宗商品仓储设施用地10 000m^2；经税务机关核定，该地征收城镇土使用税4元/m^2。计算该公司今年缴纳的城镇土地使用税。

解 厂区内的绿化用地需要缴纳城镇土地使用税；企业办的学校、幼儿园，其用地能与企业其他用地明确区分的，免征城镇土地使用税：

今年缴纳的城镇土地使用税税额＝(20 000－1000－2 500)×4

＝66 000（元）

交通运输业纳税人缴纳城镇土地使用税有没有相应的优惠政策？ **小思考5－1**

为了体现国家的产业政策，支持重点产业的发展，对企业的铁路专用线、公路等用地，在厂区以外、与社会公用地段未加隔离的，暂免征收城镇土地使用税；中国铁路总公司铁路运输企业自用的房产、土地免征房产税和城镇土地使用税。

5.2.4 城镇土地使用税的减免

与交通运输业相关的城镇土地使用税税收优惠政策如下。

1. 对民航机场用地征免土地使用税的有关规定

（1）机场飞行区（包括跑道、滑行道、停机坪、安全带、夜航灯光区）用地，场内外通信导航设施用地和飞行区四周排水防洪设施用地，免征城镇土地使用税。

（2）机场道路，区分为场内、场外道路。场外道路用地免征土地使用税；场内道路用地依照法规征收城镇土地使用税。

(3) 机场工作区（包括办公、生产和维修用地及候机楼、停车场）用地、生活区用地、绿化用地，均须依照法规征收城镇土地使用税。

2. 对港口的码头（即泊位，包括岸边码头、伸入水中的浮码头、堤岸、堤坝、栈桥等）用地

这类用地免征城镇土地使用税。

3. 对铁路系统有关房产税、城镇土地使用税税收政策

根据铁路运输体制改革和铁路系统的实际情况，经国务院批准，对铁路系统有关房产税、城镇土地使用税税收政策如下。

中国铁路总公司所属铁路运输企业自用的房产、土地免征房产税和城镇土地使用税，具体范围见小资料 5 - 1。

☞ 小资料 5 - 1

铁路运输企业的房产税、城镇土地使用税税收优惠

(1)《财政部　国家税务总局关于明确免征房产税、城镇土地使用税的铁路运输企业范围的补充通知》（财税〔2006〕17 号）根据铁路运输体制改革情况，对享受免征房产税、城镇土地使用税政策的中国铁路总公司所属铁路运输企业的范围进行了明确。

享受免征房产税、城镇土地使用税优惠政策的中国铁路总公司所属铁路运输企业是指铁路局及国有铁路运输控股公司（含广铁集团公司、青藏铁路公司、大秦铁路股份有限公司、广深铁路股份有限公司等，具体包括客货、编组站、车务、机务、工务、电务、水电、供电、列车、客运、车辆段）、铁路办事处、中铁集装箱运输有限责任公司、中铁特货运输有限责任公司、中铁快运股份有限公司。

(2) 根据《财政部　国家税务总局关于明确免征房产税、城镇土地使用税的铁路运输企业范围及有关问题的通知》（财税〔2004〕36 号）的规定，地方铁路运输企业自用的房产、土地应缴纳的房产税、城镇土地使用税比照中国铁路总公司所属铁路运输企业的政策执行。

(3) 根据《财政部　国家税务总局关于股改及合资铁路运输企业房产税、城镇土地使用税有关政策的通知》（财税〔2009〕132 号），为支持铁路股份制改革和合资铁路发展，免征房产税城镇土地使用税的铁路运输企业，又扩大到股改及合资铁路运输企业。

对股改铁路运输企业及合资铁路运输公司自用的房产、土地暂免征收房产税和城镇土地使用税。其中股改铁路运输企业是指铁路运输企业经国务院批准进行股份制改革成立的企业；合资铁路运输公司是指由中国铁路总公司及其所属铁路运输企业与地方政府、企业或其他投资者共同出资成立的铁路运输企业。

中国铁路总公司所属其他企业、单位的房产和土地，按税法规定征收房产税和城镇土地使用税。

4. 对物流企业自有的（包括自用和出租）大宗商品仓储设施用地

自2017年1月1日起至2019年12月31日止，对物流企业自有的（包括自用和出租）大宗商品仓储设施用地，减按所属土地等级适用税额标准的50%计征城镇土地使用税。

这里所说的物流企业，是指至少从事仓储或运输经营业务，为工农业生产、流通、进出口和居民生活提供仓储、配送等第三方物流服务，实行独立核算、独立承担民事责任，并在工商部门注册登记为物流、仓储或运输的专业物流企业。

这里所说的大宗商品仓储设施，是指同一仓储设施占地面积在6 000m^2及以上，且主要储存粮食、棉花、油料、糖料、蔬菜、水果、肉类、水产品、化肥、农药、种子、饲料等农产品和农业生产资料，煤炭、焦炭、矿砂、非金属矿产品、原油、成品油、化工原料、木材、橡胶、纸浆及纸制品、钢材、水泥、有色金属、建材、塑料、纺织原料等矿产品和工业原材料的仓储设施。

仓储设施用地，包括仓库库区内的各类仓房（含配送中心）、油罐（池）、货场、晒场（堆场）、罩棚等储存设施和铁路专用线、码头、道路、装卸搬运区域等物流作业配套设施的用地。

物流企业的办公、生活区用地及其他非直接从事大宗商品仓储的用地，不属于本通知规定的优惠范围，应按规定征收城镇土地使用税。

5.2.5 城镇土地使用税的征收管理

1. 纳税义务发生时间

（1）纳税人购置新建商品房，自房屋交付使用之次月起，缴纳城镇土地使用税。

（2）纳税人购置存量房，自办理房屋权属转移、变更登记手续，房地产权属登记机关签发房屋权属证书之次月起，缴纳城镇土地使用税。

（3）纳税人出租、出借房产，自交付出租、出借房产之次月起，缴纳土地使用税。

（4）以出让或转让方式有偿取得土地使用权的，应由受让方从合同约定交付土地时间的次月起缴纳城镇土地使用税；合同未约定交付时间的，由受让方从合同签订的次月起缴纳城镇土地使用税。

（5）纳税人新征用的耕地，自批准征用之日起满1年时开始缴纳土地使用税。

（6）纳税人新征用的非耕地，自批准征用次月起缴纳土地使用税。

（7）自2009年1月1日起，纳税人因土地的权利发生变化而依法终止城镇土地使用税缴纳义务的，其应纳税款的计算应截止到土地权利发生变化的当月末。

2. 纳税期限

城镇土地使用税实行按年计算、分期缴纳的征收办法，具体纳税期限由省、自治区、直辖市人民政府确定。

3. 纳税地点和征收机构

城镇土地使用税在土地所在地缴纳。

纳税人使用的土地不属于同一省、自治区、直辖市管辖的，由纳税人分别向土地所在的税务机关缴纳土地使用税；在同一省、自治区、直辖市管辖范围内，纳税人跨地区使用的土地，其纳税地点由各省、自治区、直辖市地方税务局确定。

4. 纳税申报

城镇土地使用税纳税申报资料

城镇土地使用税的纳税人应按照条例的有关规定及时办理纳税申报，并如实填写《城镇土地使用税纳税申报表》。在中华人民共和国境内申报缴纳城镇土地使用税的单位和个人，城镇土地使用税纳税申报时填报城镇土地使用税纳税申报表主表和两个附表。附表一为《城镇土地使用税减免税明细申报表》，附表二为《城镇土地使用税税源明细表》。

城镇土地使用税纳税申报表主表表样如表5-1所列。

5.3 耕地占用税

5.3.1 耕地占用税概述

1. 耕地占用税的概念及特点

耕地占用税（farmland conversion tax）是对占用耕地建房或从事其他非农业建设的单位和个人，就其实际占用的耕地面积征收的一种税。它是出于特定目的，对特定土地资源占用所进行的课税。与其他税种相比，耕地占用税具有鲜明的特点。

1）在占用耕地环节一次性课征

耕地占用税在纳税人获准占用耕地的环节征收，除对获准占用耕地后超过2年的使用者须加征耕地占用税外，此后不再征收耕地占用税。因而，耕地占用税具有一次性征收的特点。

2）税收收入专项用于耕地开发与改良

耕地占用税实行专款专用，其税款收入主要用于开展宜耕土地开发和改良现有耕地，并设立发展农业专项基金，具有“取之于地、用之于地”的补偿性特点。

3）以人均占用耕地数额确定税收负担

即以县为单位，以人均占用耕地面积为标准确定税收负担，人均占用耕地越少，税负越重。

2. 我国耕地占用税的发展

耕地是最重要的土地资源，是最基本的农业生产资料。我国人口众多，耕地资源相对较少。为了保护土地资源，国务院在1987年4月1日发布了《中华人民共和国耕地占用税暂行条例》，并于发布之日起施行，

表 5－1 城镇土地使用税纳税申报表

税款所属期：自 年 月 日至 年 月 日 填表日期： 年 月 日 金额单位：元至角分；面积单位：平方米

纳税人识别号										
纳税人信息	名称						纳税人分类		单位□个人□	
	登记注册类型			*			所属行业		*	
	身份证件类型			身份证□ 护照□ 其他□			身份证件号码			
	联系人						联系方式			
申报纳税信息	土地编号	宗地的地号	土地等级	税额标准	土地总面积	所属期起	所属期止	本期应纳税额	本期减免税额	本期已缴税额	本期应补（退）税额
	*										
	*										
	*										
	*										
	*										
	*										
	*										
	*										
	*										
	合计			*		*	*				

以下由纳税人填写：					
纳税人声明	此纳税申报表是根据《中华人民共和国城镇土地使用税暂行条例》和国家有关税收规定填报的，是真实的、可靠的、完整的。				
纳税人签章		代理人签章		代理人身份证号	
以下由税务机关填写：					
受理人		受理日期	年 月 日	受理税务机关签章	

本表一式两份，一份纳税人留存，一份税务机关留存。

开始在全国开征耕地占用税耕地占用税，暂行条例实施 20 年来，对保护耕地、促进合理利用土地资源起到了积极的作用。但是随着时间的推移，1987 年的条例越来越不适应形势的发展，保护耕地的作用日益弱化。为进一步通过税收手段调节占地，加大保护耕地的力度，2007 年 12 月 1 日以国务院令形式重新颁布《中华人民共和国耕地占用税暂行条例》，并自 2008 年 1 月 1 日起实行，1987 年 4 月 1 日国务院发布的《中华人民共和国耕地占用税暂行条例》同时废止。

5.3.2 耕地占用税的纳税人和征税范围

1. 耕地占用税的纳税人

《中华人民共和国耕地占用税暂行条例》规定，凡在我国境内占用耕地建房或从事其他非农业建设的单位和个人，都是耕地占用税的纳税人。

所称单位，包括国有企业、集体企业、私营企业、股份制企业、外商投资企业、外国企业以及其他企业和事业单位、社会团体、国家机关、军队以及其他单位；所称个人，包括个体工商户以及其他个人。

2. 耕地占用税的征收范围

耕地占用税的征税范围包括纳税人为建房或从事其他非农业建设而占用的国家所有和集体所有的耕地。

所称耕地是指种植农业作物的土地，包括菜地、园地。其中，园地包括花圃、苗圃、茶园、果园、桑园和其他种植经济林木的土地。

占用鱼塘及其他农用土地建房或从事其他非农业建设，也视同占用耕地，必须依法征收耕地占用税。

5.3.3 耕地占用税应纳税额的计算

1. 耕地占用税的税率

由于我国不同地区之间人口和耕地资源的分布极不均衡，各地区之间的经济发展水平有较大差异。考虑到不同地区之间客观条件的差别，以及与此相关的税收调节力度和纳税人负担能力方面的差别，耕地占用税在税率设计上采用了地区差别定额税率。税率规定如下。

（1）人均耕地不超过 1 亩的地区（以县级行政区域为单位，下同），为 10～50 元/m^2。

（2）人均耕地超过 1 亩但不超过 2 亩的地区，为 8～40 元/m^2。

（3）人均耕地超过 2 亩但不超过 3 亩的地区，6～30 元/m^2。

（4）人均耕地超 3 亩的地区，为 5～25 元/m^2。

经济特区、经济技术开发区和经济发达且人均耕地特别少的地区，适用税额可以适当提高，但是提高的部分最高不得超过《中华人民共和国耕地占用税暂行条例》规定的当地适用税额的 50%。各省、自治区、直辖市耕地占用税平均税额如表 5－2 所列。

表5-2 各省、自治区、直辖市耕地占用税平均税额

单位：元

地 区	平均税额/m^2
上海	45
北京	40
天津	35
江苏、浙江、福建、广东	30
辽宁、湖北、湖南	25
河北、安徽、江西、山东、河南、重庆、四川	22.5
广西、海南、贵州、云南、陕西	20
山西、吉林、黑龙江	17.5
内蒙古、西藏、甘肃、青海、宁夏、新疆	12.5

占用基本农田的，适用税额应当在规定的当地适用税额的基础上提高50%。

铁路线路、公路线路、飞机场跑道、停机坪、港口、航道占用耕地，减按2元/m^2 的税额征收耕地占用税。

2. 耕地占用税的计税依据

《中华人民共和国耕地占用税暂行条例》规定，耕地占用税以纳税人实际占用的耕地面积为计税依据，按照规定的适用税额一次性征收。

3. 耕地占用税应纳税额计算

耕地占用税计算公式为

$$应纳税额=实际占用耕地面积(m^2)\times 适用定额税率$$

【例5-2】 某交通运输企业坐落在某海滨城市，其厂区占用农民土地面积共计10 000m^2，耕地5 000m^2，果园2 500m^2，棉田2 500m^2。除厂区外，该企业今年还占用了耕地10 000m^2 用于扩建港口。该地区征收耕地占用税20 元/m^2。计算该公司今年缴纳耕地占用税。

解 铁路线路、公路线路、飞机场跑道、停机坪、港口、航道占用耕地，减按2元/m^2 的税额征收耕地占用税。

今年缴纳的耕地占用税税额 $=10\,000\times 20+10\,000\times 2=220\,000$（元）

5.3.4 耕地占用税的征收管理

耕地占用税由地方税务机关负责征收。土地管理部门在通知单位或者个人办理占用耕地手续时，应当同时通知耕地所在地同级地方税务机关。获准占用耕地的单位或者个人应当在收到土地管理部门的通知之日起30日内缴纳耕地占用税。土地管理部门凭耕地占用税完税凭证或者免税凭证和其他有关文件发放建设用地批准书。

纳税人临时占用耕地，应当依照本条例的规定缴纳耕地占用税。纳税人在批准临时占用耕地的期限内恢复所占用耕地原状的，全额退还已经缴纳的耕地占用税。

占用林地、牧草地、农田水利用地、养殖水面及渔业水域滩涂等其他农用地建房或者从事非农业建设的，比照本条例的规定征收耕地占用税。建设直接为农业生产服务的生产设施占用前款规定的农用地的，不征收耕地占用税。

5.4 土地增值税

5.4.1 土地增值税概述

1. 土地增值税的概念

土地增值税（land value increment tax）是对有偿转让国有土地使用权及地上建筑物和其他附着物产权，取得增值收入的单位和个人征收的一种税。土地属于不动产，对土地课税是一种古老的税收形式，也是当代各国普遍征收的一种财产税。

2. 我国土地增值税的特点

（1）征收面较广。凡在我国境内转让房地产并取得收入的单位和个人，除税法规定免税的以外，均应依照《中华人民共和国土地增值税暂行条例》的规定缴纳土地增值税。

（2）以转让房地产的增值额为计税依据。增值额为纳税人转让房地产的收入，减除税法规定应予扣除的项目金额后的金额。

（3）实行超率累进税率。以转让房地产增值额的高低为依据来确认，实行分级计税。

（4）实行按次征收。每发生一次转让行为，则根据每次取得的增值额征一次税。

3. 我国土地增值税的发展

中华人民共和国成立以来，我国长期对国有土地采用行政划拨的无偿占用方式，对土地、房屋等不动产的征税制度比较薄弱，先后开征过的税种如契税、城市房产税、房产税、城镇土地使用税等，但这些税种都不属于对土地增值额或土地收益额的征税。这种土地使用制度不利于提高土地资源的有效使用率。

1987 年起我国开始对土地使用制度进行改革，1988 年国务院颁布了《中华人民共和国城镇土地使用税暂行条例》，改变了过去对城镇土地无偿划拨和无条件使用的传统规定。1990 年 5 月国务院发布了《中华人民共和国城镇国有土地使用权的出让和转让暂行条例》，对国有土地使用权的出让和转让做了界定，从而确立了土地有偿使用，允许出让和转让使用权的新制度。现行土地增值税的基本规范，是 1993 年 12 月 13 日国务院发布的《中华人民共和国土地增值税暂行条例》。土地增值税是国家为加强宏观经济调控、规范和发展房地产产业政策而设置的税种。我国开征土地增值税的目的主要是规范土地、房地产市场交易秩序，适当调节土地增值收益，增加国家财政收入，维护国家权益。

5.4.2 土地增值税的纳税人和征税范围

1. 土地增值税的纳税人

土地增值税的纳税人为转让国有土地使用权、地上建筑物及其附着物的（简称转让房地产）并取得收入的单位和个人。这里所说的单位是指各类企业单位、事业单位、国家机关和社会团体及其他组织；个人包括个体经营者。另外，单位和个人还包括外商投资企业，外国企业及外国机构，华侨，香港、澳门、台湾同胞及外国公民等。

2. 土地增值税的征税范围

1）土地增值税的基本征税范围

（1）转让国有土地使用权并取得收入。这里所说的“转让”是指以出售或者其他方式有偿转让房地产的行为，不包括以继承、赠与等方式无偿转让房地产的行为。“国有土地”是指按国家法律规定属于国家所有的土地。

（2）地上建筑物及其附着物连同国有土地使用权一并转让并取得收入。“地上建筑物”是指建于地上的一切建筑物，包括地上地下的各种附属设施。“附着物”是指建于地上不能移动或一经移动即遭损坏的种植物、养植物及其他物品。

（3）存量房地产的买卖。“存量房地产”是指已经建成并已投入使用的房地产，其房屋所有人将房屋产权和土地使用权一并转让给其他单位和个人。

2）土地增值税的特殊征税范围

（1）房地产继承、赠与。不属于土地增值税的征税范围。

（2）房地产的出租。不属于土地增值税的征税范围。

（3）房地产的抵押。对房地产的抵押，在抵押期间不征收土地增值税。待抵押期满后，视该房地产是否转移占有而确定是否征收土地增值税。对于以房地产抵债而发生房地产权属转让的，应列入土地增值税的征税范围。

（4）房地产的交换。属于土地增值税的征税范围。但对于个人之间互换自用居住用房地产的，经当地税务机关核实，可以免征土地增值税。

（5）合作建房。对于一方出地，一方出资金，双方合作建房，建成后按比例分房自用的，暂免征收土地增值税；建成后转让的，应征收土地增值税。

（6）房地产的代建房行为。这种情况是指房地产开发公司代客户进行房地产的开发，开发完成后向客户收取代建收入的行为。对于房地产开发公司而言，虽然取得了收入，但没有发生房地产权属的转移，其收入属于劳务收入的性质，故不属于土地增值税的征税范围。

（7）房地产的重新评估。不属于土地增值税的征税范围。

☞ 小思考5－2 **这里所说的“赠与”是指哪些情况？**

① 房产所有人、土地使用权所有人将房屋产权、土地使用权赠与直系亲属或承担直接赡养义务的人；② 房产所有人、土地使用权所有人通过中国境内非营利的社会团体、国家机关将房屋产权、土地使用权赠与教育、民政和其他社会福利、公益事业的。

5.4.3 土地增值税应纳税额的计算

1. 土地增值税的税率

根据《中华人民共和国土地增值税暂行条例》第七条的规定，土地增值税税率实行四级超率累进税率，具体如下。

（1）增值额未超过扣除项目金额50%的部分，税率为30%。

（2）增值额超过扣除项目金额50%、未超过扣除项目金额100%的部分，税率为40%。

（3）增值额超过扣除项目金额100%、未超过扣除项目金额200%的部分，税率为50%。

（4）增值额超过扣除项目金额200%的部分，税率为60%。

土地增值税税率如表5－3所列。

表5－3 土地增值税税率表

级数	增值额占扣除项目金额的比率/%	税率/%	速算扣除系数/%
1	不超过50%的部分	30	0
2	超过50%～100%的部分	40	5
3	超过100%～200%的部分	50	15
4	超过200%的部分	60	35

2. 土地增值税的计税依据

土地增值税的计税依据是纳税人转让房地产所取得的应税收入，应包括转让房地产的全部价款及有关的经济收益，包括货币收入、实物收入和其他收入。其中，实物形态的财产应进行估价，其他收入，如专利权、商标权等的价值需要进行专门的评估。

2016年5月1日全面营改增后，纳税人转让房地产的土地增值税应税收入不含增值税。适用增值税一般计税方法的纳税人，其转让房地产的土地增值税应税收入不含增值税销项税额；适用简易计税方法的纳税人，其转让房地产的土地增值税应税收入不含增值税应纳税额。

税法规定准予从转让房地产所取得的收入额中扣除的项目主要包括以下几项。

1）取得土地使用权所支付的金额

取得土地使用权所支付的金额是指纳税人为取得土地使用权所支付的地价款和按国家统一规定缴纳的有关费用。

2）房地产开发成本

房地产开发成本是指纳税人房地产开发项目实际发生的成本，包括土地征用及拆迁补偿费、前期工程费、建筑安装工程费、基础设施费、公共配套设施费、开发间接费用等。

3）房地产开发费用

房地产开发费用是指与房地产开发项目有关的销售费用、管理费用、财务费用。根据现行财务制度的规定，上述三项费用作为期间费用计入当期损益，不按成本核算对象进行分摊。因此，作为土地增值税扣除项目的房地产开发费用，并不是按纳税人房地产开发项目实际发生的费用进行扣除，而是按照税法实施细则规定的标准进行扣除，具体如下。

（1）财务费用中的利息支出，凡能够按转让房地产项目计算分摊并能够提供金融机构贷款证明的，允许据实扣除，但最高不能超过按商业银行同类同期贷款利率计算的金额。其他房地产开发费用，按取得土地使用权所支付的金额和房地产开发成本两项金额之和的5%以内计算扣除，其允许扣除的房地产开发费用为

利息+(取得土地使用权所支付的金额+房地产开发成本)×5%以内

（2）财务费用中的利息支出，凡不能按转让房地产项目计算分摊利息支出或不能提供金融机构贷款证明的，利息支出应并入房地产开发费用中一并计算扣除，不得单独计算扣除。其允许扣除的房地产开发费用为

(取得土地使用权所支付的金额+房地产开发成本)×10%以内

上述计算扣除的具体比例由各省、自治区、直辖市人民政府规定。利息的上浮幅度按照国家的有关规定执行，超过上浮幅度的部分不允许扣除；对于超过贷款期限的利息部分和加罚的利息也不允许扣除。

4）与转让房地产有关的税金

与转让房地产有关的税金是指转让房地产时缴纳的增值税、城市维护建设税、印花税。因转让房地产缴纳的教育费附加，也可视同税金予以扣除。

5）财政部规定的其他扣除项目

对从事房地产开发的纳税人可按取得土地使用权时所支付的金额和房地产开发成本两项计算的金额之和，加计20%扣除。此项优惠只适用于从事房地产开发的纳税人，除此之外的其他纳税人则不适用。

6）旧房及建筑物的评估价格

旧房及建筑物的评估价格是指转让已使用的房屋及建筑物时，由政府批准设立的房地产评估机构评定的重置成本乘以成新度折扣率后的价格，

评估价格须经当地税务机关确认。

3. 土地增值税应纳税额计算

土地增值税以纳税人转让房地产所取得的增值额为计税依据，按照超率累进税率计算应纳税额。

1）计算方法

土地增值税按照纳税人转让房地产所取得的增值额和规定的税率计算征收。土地增值税的计算公式为

$$应纳税额=\sum(每级距的土地增值额\times 适用的税率)$$

但在实际工作中，分步计算法的计算过程比较烦琐，一般可以采用速算扣除法计算。具体方法如下。

（1）增值额未超过扣除项目金额50%

$$土地增值税税额=增值额\times 30\%$$

（2）增值额超过扣除项目金额50%，未超过100%

$$土地增值税税额=增值额\times 40\%-扣除项目金额\times 5\%$$

（3）增值额超过扣除项目金额100%，未超过200%

$$土地增值税税额=增值额\times 50\%-扣除项目金额\times 15\%$$

（4）增值额超过扣除项目金额200%

$$土地增值税税额=增值额\times 60\%-扣除项目金额\times 35\%$$

2）计算步骤（速算扣除法）

（1）计算扣除项目金额。

（2）计算增值额。

$$增值额=收入额-扣除项目金额$$

（3）计算增值率（即增值额占扣除项目金额的比例）。

$$增值率=(增值额/扣除项目金额)\times 100\%$$

（4）确定适用的税率。

依据计算的增值率，按其税率表确定适用的税率。

（5）依据使用的税率计算应纳税额。

$$应纳税额=增值额\times 适用税率-扣除项目金额\times 速算扣除系数$$

【例5-3】 某交通运输企业出售一栋商品房，取得收入5 000万元，并按税法规定缴纳了有关税费共275万元。该企业为建此楼支付的地价款和按国家统一规定交纳的有关费用为500万元；房地产的开发成本为1 500万元；构建此楼的利息支出为120万元，不超过按商业银行同类同期贷款利率计算的金额，且能够提供金融机构贷款证明。该企业所在地政府规定的费用扣除系数为5%。计算该公司出售房地产应缴纳的土地增值税税额。

解

（1）出售收入额为5 000万元

（2）扣除项目金额

① 支付的地价款和按国家统一规定交纳的有关费用为500万元。

② 房地产的开发成本为 1 500 万元。

③ 房地产的开发费用为

$$(500+1\ 500)\times 5\% = 100\ (万元)$$

④ 缴纳的有关税金 275 万元。

⑤ 利息费用支出为 120 万元。

⑥ 扣除项目金额为

$$500+1\ 500+100+275+120=2\ 495\ (万元)$$

(3) 出售房产的增值额为

$$5\ 000-2\ 495=2\ 505\ (万元)$$

(4) 增值率为

$$(2\ 505/2\ 495)\times 100\% = 100.40\%$$

(5) 应纳土地增值税税额为

$$2\ 505\times 50\% - 2495\times 15\% = 878.25\ (万元)$$

5.4.4 土地增值税的征收管理

1. 纳税申报

土地增值税的纳税人应在转让房地产合同签订后的 7 日内，到房地产所在地主管税务机关办理纳税申报，并向税务机关提交房屋及建筑物产权、土地使用权证书、土地转让、房产买卖合同、房地产评估报告及其他转让房地产的有关资料。

根据《中华人民共和国土地增值税暂行条例实施细则》的规定，对纳税人在项目全部竣工结算前转让房地产取得的收入可以预征土地增值税。当地税务机关规定预征的，纳税人应当到主管税务机关办理纳税申报，并按比例预交，待该项目全部竣工、办理决算后再进行清算，多退少补。

2. 纳税地点

土地增值税的纳税人应向房地产所在地主管税务机关办理纳税申报，并按税务机关核定的期限缴纳税款。“房地产所在地”是指房地产的坐落地。纳税人转让的房地产坐落在两个或两个以上地区的，应按房地产所在地分别申报纳税。

本章小结

本章主要讲述了交通运输业相关的资源课税的概念、特点、种类等。相关的资源课税主要包括城镇土地使用税、耕地占用税、土地增值税等。城镇土地使用税是以国有土地为征税对象，对拥有土地使用权的单位和个人征收的一种税。耕地占用税是对占用耕地建房或从事其他非农业建设的单位和个人，就其实际占用的耕地面积征收的一种税。土地增值税是对有偿转让国有土地使用权及地上建筑物和其他附着物产权，取得增值收入的单位和个人征收的一种税。上述三种资源类课税都与交通运输企业密切相关。

主要法律依据

[1]《中华人民共和国城镇土地使用税暂行条例》（中华人民共和国国务院令第483号）。成文日期：2006年12月31日。

[2]《中华人民共和国耕地占用税暂行条例》（中华人民共和国国务院令第511号）。成文日期：2007年12月01日。

[3]《中华人民共和国土地增值税暂行条例》（中华人民共和国国务院令第138号）。成文日期：1993年12月13日。

[4]《中华人民共和国土地增值税暂行条例实施细则》（财法字〔1995〕6号）。成文日期：1995年01月27日。

[5]《国家税务总局　建设部关于土地增值税征收管理有关问题的通知》（国税发〔1996〕48号）。成文日期：1996年04月05日。

[6]《财政部　国家税务总局关于继续实施物流企业大宗商品仓储设施用地城镇土地使用税优惠政策的通知》（财税〔2017〕33号）。成文日期：2017年04月26日。

习　题

一、思考题

1. 什么是资源课税？与交通运输业相关的资源课税有哪些？
2. 什么是城镇土地使用税？城镇土地使用税有哪些特点？
3. 对于城镇土地使用税，交通运输企业是否有相关的税收优惠？
4. 简述耕地占用税的征收范围及计税依据。
5. 耕地使用税有何特点，交通运输业享受何种税收优惠？
6. 简述土地增值税的税率。
7. 土地增值税可扣除的项目有哪些？

二、单项选择题

1. 下列情形中，纳税人应当进行土地增值税清算的是（　　）。

A. 直接转让土地使用权的

B. 取得销售（预售）许可证满1年仍未销售完毕的

C. 转让未竣工结算房地产开发项目50%股权的

D. 房地产开发项目尚未竣工但已销售面积为50%的

2. 某交通运输企业在市区拥有一块地，尚未由有关部门组织测量面积，但持有政府部门核发的土地使用证书。下列关于该企业履行城镇土地使用税纳税义务的表述中，正确的是（ ）。

A. 暂缓履行纳税义务

B. 以证书确认的土地面积作为计税依据履行纳税义务

C. 自行测量土地面积并履行纳税义务

D. 待将来有关部门测定完土地面积后再履行纳税义务

3. 下列情形中，应当计算缴纳土地增值税的是（ ）。

A. 物流企业向房地产开发企业转让国有土地使用权

B. 房产所有人通过希望工程基金会将房屋产权赠予西部教育事业

C. 甲企业出资金、乙企业出土地，双方合作建房，建成后按比例分房自用

D. 房地产开发企业代客户进行房地产开发，开发完成后向客户收取代建收入

4. 对于房地产开发公司，可以作为加计20%扣除的基数的是（ ）。

A. 销售费用

B. 与房地产开发相关的财务费用

C. 建筑工程安装费

D. 与房地产开发相关的管理费用

5. 纳税人申报缴纳土地增值税时，须向主管税务机关提供（ ）。

A. 工商执照原件　　B. 税务登记证原件

C. 所得税完税凭证　　D. 土地使用权证书

6. 下列土地中，免征城镇土地使用税的是（ ）。

A. 营利性医疗机构自用的土地

B. 公园内附设照相馆使用的土地

C. 运输企业使用海关部门的免税土地

D. 公安部门无偿使用铁路企业的免税土地

7. 百星物流企业与速达物流企业按3:2的占用比例共用一块土地，该土地面积1 000m^2，该土地所属地区城镇土地使用税年税额3元/m^2，该地区城镇土地使用税分上半年、下半年两次缴纳，百星物流企业上半年应纳城镇土地使用税（ ）元。

A. 900　　B. 1 500　　C. 1 800　　D. 3 000

8. 某管道运输公司与政府机关共同使用一栋共有土地使用权的建筑物。该建筑物占用土地面积2 000m^2，建筑物面积10 000m^2（公司与机关的占用比例为4:1），该公司所在市城镇土地使用税单位税额5元/m^2。该公司应纳城镇土地使用税（ ）元。

A. 0　　B. 2 000　　C. 8 000　　D. 10 000

9. 城镇土地使用税适用地区差别定额税率，经济落后地区，税额可适当降低，但降低额不得超过税率表中规定的最低税额的（ ）。

A. 10%　　B. 20%　　C. 30%　　D. 40%

10. 在同一省、自治区、直辖市管辖范围内，纳税人跨区域使用土地，其纳税地点是（　　）。

A. 在纳税人注册地纳税

B. 在土地所在地纳税

C. 纳税人选择纳税地点

D. 由省、自治区、直辖市地方税务局确定

三、多项选择题

1. 依据耕地占用税的相关规定，下列土地中属于耕地的有（　　）。

A. 苗圃　　B. 花圃　　C. 茶园　　D. 菜地

2. 下列各项中，符合城镇土地使用税有关纳税义务发生时间规定的有（　　）。

A. 纳税人新征用的耕地，自批准征用次月起缴纳城镇土地使用税

B. 纳税人出租房产，自交付出租房产之次月起缴纳城镇土地使用税

C. 纳税人新征用的非耕地，自批准征用之月起缴纳城镇土地使用税

D. 纳税人购置新建商品房，自房屋交付使用之次月起缴纳城镇土地使用税

3. 根据有关规定，可以不征或免征土地增值税的有（　　）。

A. 经税务机关核实的个人之间互换自有居住用地房地产的

B. 单位之间互换房地产

C. 个人将房产赠予直系亲属

D. 以房地产抵债而发生房地产权属转让的

4. 下列房地产转让行为中，需缴纳土地增值税的是（　　）。

A. 某国家机关将房产无偿拨给下属事业单位

B. 税务机关拍卖扣押的欠税单位的房产

C. 某国有企业以房产对外投资，参股分红

D. 某国有企业与一外国企业合作建房后出售

5. 下列项目中，属于土地增值税免税项目的是（　　）。

A. 国家机关转让自用的房产

B. 因国家建设需要而被政府征用、收回的房地产

C. 个人因改善居住条件而转让居住满 5 年的自用住房

D. 建造普通标准住宅出售增值额未超过扣除项目金额之和的 20%

6. 下列各项中，应当暂免或免征土地增值税的有（　　）。

A. 公司与公司之间互换房产

B. 房地产开发公司为客户代建房产

C. 因国家建设需要，依法征用，收回的房地产

D. 双方合作建房后按比例分房自用

7. 下列土地中，可以依法免缴城镇土地使用税的有（　　）。

A. 石油天然气生产建设中用于地质勘探、钻井、井下作业、油气田地面工程等施工临时用地

B. 厂区内的绿化用地

C. 市政街道、广场、绿化地带等公共用地

D. 军队自用的土地

8. 下列在开征区使用城镇土地者应属城镇土地使用税的纳税人的有（　　）。

A. 使用国有土地的国有企业　　B. 使用集体土地的国有企业

C. 使用国有土地的外商投资企业　　D. 使用集体土地的集体企业

9. 纳税人实际占用的土地面积规定如下（　　）。

A. 凡由省、自治区、直辖市人民政府确定的单位组织测定土地面积的，以测定的面积为准

B. 尚未组织测量，但纳税人持有政府部门核发的土地使用证书的，以证书确认的土地面积为准

C. 尚未核发出土地使用证书的，应由纳税人申报土地面积，据以纳税，待核发土地使用证以后再做调整

D. 没有土地使用证书的，由税务机关核定纳税人的实际占用面积

10. 下列税收优惠规定中税法条例明确规定减免的优惠政策有（　　）。

A. 举办宗教仪式用地

B. 市政广场公共用地

C. 纳税单位无偿使用免税单位的土地

D. 个人所有的居住房屋和院落用地

四、实务计算题

1. 某物流公司转让一幢写字楼取得收入为1 000万元。已知该公司为取得土地使用权所支付的金额为50万元，房地产开发成本为200万元，房地产开发费用为40万元，与转让房地产有关的税金为60万元。

要求：计算该物流公司应缴纳的土地增值税。

2. 某交通运输集团企业2003年转让一幢新建办公楼取得收入5 000万元，该办公楼的建造成本和相关费用为3 700万元，缴纳与转让办公楼相关的税金为277.5万元（其中印花税税金为2.5万元）。

要求：计算该交通运输集团企业应缴纳的土地增值税税额。

3. 某货运公司转让一幢旧办公楼，原造价500万元，经房地产评估机构评定其重置成本为1 200万元，成新折扣率为八成。转让价格为1 800万元，并已按规定缴纳了转让环节的有关税金100万元，支付房地产评估费用5万元。

要求：试计算该货运公司转让办公楼应缴纳的土地增值税税额。

4. 某运输公司与政府机关共同使用一栋共有土地使用权的建筑物。该建筑物占用土地面积2 000m^2，建筑物面积10 000m^2（运输公司与机关的占用比例为4:1），该运输公司所在市城镇土地使用税单位税额5元/m^2。

要求：计算该运输公司应纳城镇土地使用税。

5. 甲航空公司（国有企业）生产经营用地分布于A、B、C三个地域，A的土地使用权属于甲企业，面积10 000m^2，其中幼儿园占地1 000m^2，厂区绿化占地2 000m^2；B的土地使用权属甲企业与乙企业共同拥有，面积5 000m^2，实际使用面积各半；C面积3 000m^2，甲航空公司一直使用但土地使用权未确定。假设A、B、C的城镇土地使用税的单位税额为5元/m^2。

要求：计算甲航空公司全年应纳城镇土地使用税。

6. A管道运输公司为位于某城市郊区的一国有企业，其土地使用的相关资料如下。

（1）A管道运输公司提供的政府部门核发的土地使用证书显示：A管道运输公司实际占用的土地面积中，企业内托儿所和厂医院共占地1 000m^2；厂区以外的公用绿化用地2 000m^2。

（2）1月1日将一块100m^{2}的土地无偿借给某国家机关作公务使用。

（3）1月1日从某公园无偿借到一块50m^{2}的土地作为办公室。

（4）与A管道运输公司合资的某外商投资企业与A管道运输公司拥有同一栋办公楼，该办公楼建筑面积5 000m^2，其中A管道运输公司实际使用2 000m^2，其余归外商投资企业使用。该办公楼占用土地3 000m^2。

（5）除上述土地外，其余土地10 000m^2，均为A管道运输公司生产经营用地。

要求：假设当地的城镇土地使用税每年征收一次，该地土地年税额为1元/m^2，请根据上述资料，分析计算A管道运输公司应缴纳的城镇土地使用税。

7. 某物流企业占用耕地100 000m^{2}建设住宅，其中10 000m^{2}作为学校和幼儿园用地。该地区的耕地占用税税率为8元/m^2。

要求：计算该物流企业应缴纳的耕地占用税。

第 6 章

交通运输业财产课税

学习要求

重点掌握：交通运输业财产税各税种的征税范围、纳税人和税率。

一般掌握：交通运输业财产课税各税种计税依据的确定及应纳税额的计算。

理　　解：交通运输业财产课税的基本概念和特点。

了　　解：交通运输业财产课税各税种的有关减免规定及征收管理。

主要法律依据

财产课税是指以纳税人拥有或支配的财产为课税对象的一类税收。我国现行征收的财产税类有房产税、契税、车船税等。本章主要研究与交通运输业联系密切的房产税、契税和车船税的纳税人、征税对象、税率结构、应纳税额计算、征收管理等问题。

6.1　财产课税概述

6.1.1　财产课税的概念

财产是指经过人类劳动所创造的物质财富，包括不动财产和可动财产两类。不动财产是指不能移动或移动后会损失其经济价值的财产，如土地上的各种设施、建筑物。可动财产是指不动财产以外的、可以移动的财产，包括有形动产和无形动产两类。作为财产征税对象的财产并不是广义上的全部财产，而只能是某些特定的财产。从世界各国税收实践来看，无形动产因无法查实而一般不予征税或不经常征税（或只在发生变动和转移时征税）。

在人类历史发展过程中，当私有财产制度确立后，对财产课税就有了可能。国家产生以后，产生了税收，也可以说同时有了财产税。当时由于生产力水平比较低下，社会财富较少，土地是最重要的生产资料，也是私有财产的一种主要形式，对土地的征税就成为最早的财产税。在奴隶社会以种植业和养殖业为主的自然经济条件下，征税对象不多，主要有土地和人丁，国家自然要选择这两者征税，土地财产税自然也就成为财产税的最初形式。

财产税产生以后，经历了奴隶社会、封建社会、资本主义社会和社会主义社会等几个不同的社会制度。随着社会生产力和社会政治经济情况的发展变化，财产税的课税对象发生了很大变化。在商品经济不发达的奴隶社会和封建社会，财产税的主要课税对象是土地。到了商品经济发达的资本主义社会，由于财产的种类日益增多，可以作为课税对象的财产也趋于复杂多样，除了不动财产以外，还有可动财产，包括有形动产和无形动产。财产税的征收范围因此而不断扩大，税种也渐渐增多，除了土地税，还有房产税、车船税、遗产税等。

6.1.2 财产课税的特点

财产课税有着悠久的历史，虽然在现代各国的税制结构中并不占主导地位，但它能起到其他税种难以达到的调节作用。对财产征税，一是可以调节财产拥有人的收入，特别是调节因占有财产数量、质量的不同而形成的级差收入；二是限制不必要的财产占用，提高财产使用效果，特别是促进土地资源的合理利用；三是增加国家财政收入，加强国家对财产的监督和管理。财产课税与其他税类比较，其主要特点如下。

（1）征税对象是财产。这是财产税与流转税、所得税的最根本的区别，由此引出了财产税的其他特点。

（2）征税范围难以普及到全部财产。由于财产的种类繁多，各国都很难做到对全部财产征税，通常各国都是有选择地开征特种财产税。财产税的税收收入比较少，而且缺乏弹性，不能随着财政的需要提供资金。

（3）属于直接税，税负不易转嫁。财产税由对财产进行占有、使用或收益的主体直接承担，并且由于财产税主要是对使用、消费过程中的财产征收，而不是对生产、流通领域的财产征收，因而其赋税很难转嫁。

（4）财产税的征收管理比较困难。第一，估价难以确定。财产税一般都是从价计征，而这一价值是估定的。估定价值的工作是很困难的，往往出现随意评估，而且会出现徇私舞弊等现象。第二，不同类型的财产为了征税而分为不同的级次。税率和估价比率（估价对市值的比率）可以随着分级不同而改变。如果估价的比率不等，在每个财产等级之内，就会出现税收的不平等待遇；如果估计的比率随财产的价值、年龄、类型等而变化，这会不符合纵向公平准则。

（5）财产税是辅助性税种。尽管财产税历史十分悠久，但财产税在现代税制中不宜作为主体税种。由于各国以流转税、所得税为主体税种，因而财产税在各国税制体系中多为辅助性税种，不占有重要地位，多被划为地方税，从而成为地方财政收入的主要来源。

财产税与所得税相比，有以下几点区别：从课税对象看，虽然都表现为收入，但财产税的课税对象是收入的存量，而所得税的课税对象却是收入的流量；从纳税人看，财产税的纳税人是财产税的所有者、使用者、继承者等，而所得税的纳税人是各项所得的所得者；从计税依据看，财产税是对财产的本身或者价值征税，而所得税则是对财产产生的收益征税。

6.1.3　财产课税的分类

依据不同的标准，可以对财产税进行不同的分类。

1. 一般财产税和特别财产税

根据征税范围的不同，财产税可分为一般财产税和特别财产税两类，两类财产税的课征方式并不相同。

所谓一般财产税，也称综合财产税，它是对纳税人的全部财产进行综合计征的财产税。但在现实中，一般财产税并非以全部财产额为计税依据，而是要规定一定的减免额或扣除额。例如，美国的财产税名为一般财产税，而实为有选择的财产税，并非对全部财产征税；德国等国的一般财产税则规定了免税扣除项目以减少税基；印度等国的一般财产税则以应税财产总价值额减去负债后的净值额为计税依据。

所谓特别财产税，也称个别财产税或特种财产税，是对纳税人的一种或几种财产单独或合并课征的财产税。例如，对土地课征的土地税，对房产课征的房产税，对土地和房产合并课征的房地产税等，均属于个别财产税。个别财产税是财产税最早存在的形式，它在课征时一般不需要考虑免除和扣除。

2. 静态财产税和动态财产税

所谓静态财产税，是指以一定时期内的纳税人所拥有或支配的财产占用额为课税对象的税收，是对在一定时期内权力未发生变动的财产征收的一种财产税。

所谓动态财产税，是指财产所有权或使用权等其他权益发生转移时，以财产或财产权益的转移价值或增值额为课税对象的税收。也有学者把动态财产税限定为对无偿转移所有权的财产征收的财产税。动态财产税最为典型的形式是继承税或称遗产税和赠与税等。

除上述分类以外，还有学者做出了其他一些分类。例如，有人按课税环节的不同，把财产税分为三类：第一类是在财产持有或使用环节课征的一般财产税，如房产税、土地使用税；第二类是在财产转让环节课征的财产转让税，如资本转让税、注册登记税等；第三类是在财产收入环节课征的财产收益税，如土地增值税、不动产增值税等。此外，还有人把财产税分为经常财产税和临时财产税，从量财产税和从价财产税等。

尽管理论上的分类多样繁复，但世界各国在现实中征收的财产税大致有土地税、房产税、房地产税、不动产税、车辆税、财产净值税、遗产税等几种。我国现行征收的财产税类有房产税、车船税、契税等，本书把土地课税归入资源课税。

☞ 小资料6－1 **中国财产税制的演变**

我国奴隶社会对土地课征的"贡""助""彻"，是我国历史上财产税的雏形。到了春秋时期，由于生产力的发展，特别是铁制农具的广泛使用，在井田以外开垦的私田日益增多。私田不属于王室所有，不向王室交纳贡赋，全部收获都归私田的所有者支配。私田的不断扩大，冲击着奴隶制经济基础。当时的一个主要诸侯国鲁国，为了增加财政收入和抑制开垦私田，于鲁宣公十五年（公元前594年）开始对井田以外的私田征税，称为"初税亩"。"初税亩"首次以法律形式承认了土地的私有权和地主经济的合法化，实行"初税亩"后，土地所有者除了纳税，全部收入归自己支配，土地可以自由买卖和出租。土地再不具有"王室所有"的性质，而真正成为私人的财产，对土地征收的财产税也就从雏型阶段走向成熟。以后汉代课征的"车船税"，唐代课征的"间架税"，都属于财产税。新中国成立后，财产税一直作为整个税制的辅助部分而存在。1950年1月由政务院颁布的《全国税政实施要则》规定的14种税中，属于财产税的有房产税、地产税、遗产税，之后房产税和地产税合并为城市房地产税。由于我国过去较长时间实行公有制占绝对优势的所有制形式，采取高度集中统一的计划经济体制，并实行平均主义大锅饭的分配体制，个人及非公有制经济拥有的财产特别是不动产数量很小，因此这一时期可供征收财产税的经济税源十分有限，虽然也开征了财产税性质的城市房地产税，但其收入在整个税收收入中的比重很小。改革开放以来，我国国民经济迅速发展，社会财富不断积累，城乡居民收入水平大幅度提高，并出现了高收入阶层，个人和法人拥有的各类财产大量增加，在我国课征财产税已有了深厚的经济基础。现阶段利用财产课税形式增加财政收入、调节国民经济和分配已具备了经济前提，为此我国正研究开征新的财产税，尽快完善我国的财产税制。

6.2 房产税

6.2.1 房产税概述

1. 房产税的概念及特点

房产税（real estate tax）是以房屋为征税对象，按照房屋的计税余值或者租金收入，向产权所有人征收的一种财产税。房产税具有如下特点。

1）房产税属于财产税中的个别财产税

我国现行的房产税的征税对象只是房屋，属于个别财产税。

2）征税范围限于城镇的经营性房屋

房产税的征税范围是在城市、县城、建制镇和工矿区。农村的房屋没有纳入征税范围。另外，对某些拥有房屋但自身没有纳税能力的单位，如国家拨付行政经费、事业经费和国防经费的单位自用的房产，税法也通过免税的方式将这类房屋排除在征税范围之外。因为这些单位本身没有经营收入，若对其征税，就要相应增加财政拨款，征税也就失去意义。

3）区别房屋的经营使用方式规定征税办法

拥有房屋的单位和个人，既可以自己使用房屋，又可以把房屋用于出租、出典。对于自用的房屋按计税余值征收，对于出租、出典的房屋按租金收入征税。这样征税符合纳税人的经营特点，便于平衡税收负担和征收管理。

2. 我国房产税的发展

我国在20世纪50年代开征了面向全国征收的城市房地产税。1950年1月，中国人民政府政务院颁布的《全国税政实施要则》中把房产税和地产税列为两个独立的税种，1951年8月政务院颁布《中华人民共和国城市房地产税暂行条例》，将房产税和地产税合并为一个税种，定名为城市房地产税，规定只在核准征收的城市征收。1973年进行税制改革，在简化税制的原则下，实行工商税，将企业缴纳的城市房地产税并入工商税，对企业不再单独征收，但保留城市房产税这一税种，只对居民个人和房产管理部门及外侨的房屋继续征收。1984年，国家改革工商税制，决定恢复征收房地产税，将房地产税分为房产税和城镇土地使用税两个税种。1986年9月15日，国务院发布《中华人民共和国房产税暂行条例》，并从当年10月1日起施行，但对住宅免征。各省、自治区、直辖市人民政府根据暂行条例规定，先后制定了实施细则。至此，房产税又在全国范围内全面征收，该条例至今仍在执行。

6.2.2　房产税的纳税人与征税范围

1. 纳税人

房产税以征税范围内的房屋产权所有人为纳税人。具体如下。

（1）产权属国家所有的，由经营管理单位纳税；产权属集体和个人所有的，由集体单位和个人纳税。

所称单位，包括国有企业、集体企业、私营企业、股份制企业、外商投资企业、外国企业以及其他企业和事业单位、社会团体、国家机关、军队以及其他单位；所称个人包括个体工商户和其他个人。

（2）产权出典的，由承典人纳税。所谓产权出典，是指产权所有人将房屋、生产资料等的产权在一定期限内典当给他人使用而取得资金的一种融资业务。这种业务大多发生于出典人急需用款，但又想保留产权回赎权的情况。承典人向出典人支付一定的典价之后，在质典期内即获抵押物品的支配权，并可转典。产权的典价一般要低于卖价。出典人在规定期内需归还抵押物品的本金和利息，方可赎回出典房屋等的产权。由于在房屋出典期内，产权所有人已无权支配房屋，因此，税法规定由对房屋具有支配权的承典人为纳税人。

（3）产权所有人、承典人不在房屋所在地的，由房屋代管人或者使用人纳税。

所谓租典纠纷，是指产权所有人在房产出典和租赁关系上，与承典人、租赁人发生各种争议，特别是权利和义务的争议悬而未决的。此外还有一些产权归属不清的问题，也都属于租典纠纷。对租典纠纷尚未解决的房产，规定由代管人或使用人为纳税人，主要目的在于加强征收管理，保证房产税及时入库。

（4）无租使用其他房产的问题。纳税单位和个人无租使用房产管理部门、免税单位及纳税单位的房产，应由使用人代为缴纳房产税。

（5）自2009年1月1日起，外商投资企业、外国企业和组织及外籍个人，依据《中华人民共和国房产税暂行条例》缴纳房产税。

2. 征税范围

房产税的征税对象是房产。所谓房产，是指有屋面和围护结构（有墙或两边有柱），能够遮风避雨，可供人们在其中生产、学习、工作、娱乐、居住或储藏物资的场所。房地产开发企业建造的商品房，在出售前不征收房产税；但对出售前房地产开发企业已使用或出租、出借的商品房应按规定征收房产税。

房产税的征税范围是城市、县城、建制镇和工矿区。具体规定如下：

（1）城市是指国务院批准设立的市；

（2）县城是指县人民政府所在地的地区；

（3）建制镇是指经省、自治区、直辖市人民政府批准设立的建制镇；

（4）工矿区是指工商业比较发达、人口比较集中、符合国务院规定的建制镇标准但尚未设立建制镇的大中型工矿企业所在地。开征房产税的工矿区必须经省、自治区、直辖市人民政府的批准。

农村的房屋不纳入房产税征税范围，是为了减轻农民负担，有利于农业发展，繁荣农村经济。因为农村的房屋，除农副业生产用房外，大部分是农民居住用房。

6.2.3 房产税应纳税额的计算

1. 房产税的计税依据

房产税以房产的计税价值或房产的租金收入为计税依据。按房产的计税价值征税，称为从价计征；按房产的租金收入征税，称为从租计征。

1）从价计征

《中华人民共和国房产税暂行条例》规定，从价计征的房产税，以房产原值一次减除10%～30%后的余值为计税依据计算缴纳，具体减除幅度由当地所属的省、自治区、直辖市人民政府确定。

（1）房产原值，是指纳税人按照会计制度规定，在会计核算账簿“固定资产”科目中记载的房屋原价。凡按会计制度规定在账簿中记载有房屋原价的，应以房屋原价按规定减除一定比例后作为房产余值计征房产税；没有记载房屋原价的，按照上述原则，并参照同类房屋确定房产原值，计征房产税；房产原值明显不合理的，应重新予以评估。

值得注意的是，自 2009 年 1 月 1 日起，对依照房产原值计税的房产，不论是否记载在会计核算账簿“固定资产”科目中，均应按照房屋原价计算缴纳房产税。房屋原价应根据国家有关会计制度规定进行核算。对纳税人未按国家会计制度规定核算并记载的，应按规定予以调整或重新评估。

自 2010 年 12 月 21 日起，对按照房产原值计税的房产，无论会计上如何核算，房产原值均应包含地价，包括为取得土地使用权支付的价款、开发土地发生的成本费用等。宗地容积率低于 0.5 的，按房产建筑面积的 2 倍计算土地面积并据此确定计入房产原值的地价。

(2) 房产原值包括与房屋不可分割的各种附属设备或一般不单独计算价值的配套设施，主要有：暖气、卫生、通风、照明、煤气等设备；各种管线，如蒸汽、压缩空气、石油、给水排水等管道及电力、电信、电缆导线；电梯、升降机、国道、晒台等。属于房屋附属设备的水管、下水道、暖气管、煤气管等应从最近的探视井或三通管起，计算原值；电灯网、照明线从进线盒连接管起计算原值。

自 2006 年 1 月 1 日起，为了维持和增加房屋的使用功能或使房屋满足设计要求，凡以房屋为载体，不可随意移动的附属设备和配套设备，如给排水、采暖、消防、中央空调、电器及智能化楼宇设备等，无论在会计核算中是否单独记账与核算，都应计入房产原值，计征房产税。对于更换房屋附属设备和配套设施的，在将其价值计入房产原值时，可扣减原来相应设备和设施的价值；对附属设备和配套设施中易损坏、需要经常更换的零配件，更新后不再计入房产原值。

(3) 纳税人对原有房屋进行改建、扩建的，要相应地增加房屋的原值。

(4) 从 2007 年 1 月 1 日起，对居民住宅区内业主共有的经营性房产，由实际经营（包括经营和出租）的代管人或使用人缴纳房产税。其中自营的，依照房产原值减去 10% ~30% 后的余值计征，没有房产原值或不能将业主共有房产与其他房产的原值准确划分开的，由房产所在地地方税务机关参照同类房产核定房产原值；出租的，依照租金收入计征。

(5) 凡在房产税征收范围内的具备房屋功能的地下建筑，包括与地上房屋相连的地下建筑以及完全建在地面以下的建筑、地下人防设备等，均应按照有关的规定征收房产税。上述具备房屋功能的地下建筑是指有屋面和围护结构，能够遮风避雨，可供人们在其中生产、经营、工作、学习、娱乐、居住或储藏物资的场所。自用的地下建筑，按以下方式计税。

① 工业用途房产，以房产原价的 50% ~ 60% 作为应税房产原值。

应纳房产税的税额 = 应税房产原值 × [1 − (10% ~ 30%)] × 1.2%

② 商业和其他用途的房产，以房产原价的 70% ~ 80% 作为应税房

产原值。

应纳房产税的税额 = 应税房产原值 × [1 − (10% ~ 30%)] × 1.2%

房产原价折算为应税房产原值的具体比例，由各省、自治区、直辖市和计划单列市财政和地方税务部门在上述幅度内自行确定。

③ 对于与地上房屋相连的地下建筑，如房屋的地下室、地下停车场、商场的地下部分等，应将地下部分与地上房屋视为一个整体，按照地上房屋建筑的有关规定计算征收房产税。

房产余值是房产的原值减除规定比例后的剩余价值。此外还应注意两个问题。

① 对投资联营的房产，在计征房产税时应予以区别对待。对于以房产投资联营，投资者参与投资利润分红，共担风险的，按房产余值作为计税依据计征房产税。对以房产投资，收取固定收入，不承担联营风险的，实际是以联营名义取得房产租金，应根据《中华人民共和国房产税暂行条例》的有关规定由出租房按租金收入计缴房产税。

② 对融资租赁房屋的情况，由于租赁费包括购进房屋的价款、手续费、借款利息等，与一般房屋出租的“租金”内涵不同，且租赁期满后，当承租方偿还最后一笔租赁费时，房屋产权要转移到承租方。这实际是一种变相的分期付款购买固定资产的形式，所以在计征房产税时应以房产余值计算征收。根据财税〔2009〕128 号文件的规定，融资租赁的房产，自承租人自融资租赁合同约定开始日的次月起依照房产余值缴纳房产税。合同未约定开始日的，由承租人自合同签订的次月起依照房产余值缴纳房产税。

2）从租计征

《中华人民共和国房产税暂行条例》规定，从租计征的房产税，以房屋出租取得的租金收入为计税依据。租金收入就是房屋产权所有人出租房产使用权所得的报酬，包括货币收入和实物收入。2016 年 5 月 1 日全面“营改增”后，计征房产税的租金收入不含增值税。

对以劳务或其他形式为报酬抵付房租收入的，应根据当地同类房产的租金水平，确定一个标准租金额从租计征。

对出租房产，租赁双方签订的租赁合同约定有免收租金期限的，免收租金期间由产权所有人按照房产余值缴纳房产税。

出租的地下建筑，按照出租地上房屋建筑的有关规定计算征收房产税。

纳税人对个人出租房屋的租金收入申报不实或申报数与同一地段同类房屋的租金收入相比明显不合理的，税务部门可以按照《中华人民共和国税收征收管理法》的有关规定，采取科学合理的方法核定其应纳税额，具体办法由各省、自治区、直辖市地方税务机关结合当地实际情况制定。

2. 房产税的税率

我国现行房产税采用比例税率。由于房产税的计税依据分为从价计征和从租计征两种形式，房产税的税率也有两种：一是按房产原值一次减除10%～30%后的余值计税，税率为1.2%；二是按房产出租的租金收入计征的，税率为12%。从2001年1月1日起，对个人按市场价格出租居民住房，用于居住的，可暂减按4%的税率征收房产税。自2008年3月1日起，对个人出租房屋，不区分用途，按4%的税率征收房产税。

3. 房产税应纳税额的计算

房产税的计税依据有两种，与之相适应的应纳税额的计算也分为两种：一是从价计征的计算；二是从租计征的计算。

1）从价计征的计算

从价计征是按房产的原值减除一定比例后的余值计征，其计算公式为

$$\text{应纳税额}=\text{应税房产原值}\times(1-\text{扣除比例})\times 1.2\%$$

如前所述，房产原值是"固定资产"科目中记载的房屋原价；减除一定比例是省、自治区、直辖市人民政府规定的10%～30%的减除比例；计征的适用税率为1.2%。

2）从租计征的计算

从租计征是按房产的租金收入计征，其计算公式为

$$\text{应纳税额}=\text{租金收入}\times 12\%(\text{或}4\%)$$

【例6-1】某运输企业今年上半年企业共有房产原值4 000万元，6月底办理移交手续，将原值200万元、占地面积400m^{2}的一栋仓库出租给某商场存放货物，7月1日起计租，租期1年，每月租金收入1.5万元。8月10日对委托施工单位建设的生产车间办理验收手续，由在建工程转入固定资产原值500万元。

要求：计算该运输企业今年应缴纳的房产税税额。（房产税计算余值的扣除比例为20%，不考虑其他税种）

解　（1）经营自用房产应缴纳的房产税税额为

$$(4\,000-200)\times(1-20\%)\times 1.2\%=36.48\ (\text{万元})$$

$$200\times(1-20\%)\times(1.2\%/12)\times 6=0.96\ (\text{万元})$$

（2）出租房产应缴纳的房产税税额为

$$1.5\times 6\times 12\%=1.08\ (\text{万元})$$

（3）在建工程转入房产应缴纳的房产税税额为

$$500\times(1-20\%)\times(1.2\%/12)\times 4=1.6\ (\text{万元})$$

（4）今年应缴纳房产税税额为

$$36.48+0.96+1.08+1.6=40.12\ (\text{万元})$$

6.2.4　房产税的减免

房产税的税收优惠是根据国家政策需要和纳税人的负担能力制定的。由于房产税属于地方税，因此给予地方一定的减免权限，这样有利于地方因地制宜地处理问题。《中华人民共和国房产税暂行条例》规定，纳税人纳税确有困难的，可由省、自治区、直辖市人民政府确定，定期减征或者

免征房产税。

中国铁路总公司所属铁路运输企业自用的房产、土地免征房产税和城镇土地使用税。

6.2.5 房产税的征收管理

1. 房产税纳税义务发生时间

（1）纳税人将原有房产用于生产经营，从生产经营之月起，缴纳房产税。

（2）纳税人自行新建房屋用于生产经营，从建成之次月起，缴纳房产税。

（3）纳税人委托施工企业建设的房屋，从办理验收手续之次月起，缴纳房产税。

（4）纳税人购置新建商品房，从房屋交付使用之次月起，缴纳房产税。

（5）纳税人购置存量房，自办理房屋权属转移、变更登记手续，房地产权属登记机关签发房屋权属证书之次月起，缴纳房产税。

（6）纳税人出租、出借房产，自交付出租、出借房产之次月起，缴纳房产税。

（7）房地产开发企业自用、出租、出借本企业建造的商品房，自房屋使用或交付之次月起，缴纳房产税。

（8）自2009年1月1日起，纳税人因房产的实物或权利状态发生变化而依法终止房产税纳税义务的，其应纳税款的计算应截止到房产的实物或权利状态发生变化的当月末。

2. 房产税的纳税期限

房产税实行按年计算、分期缴纳的征收方法，具体纳税期限由省、自治区、直辖市人民政府确定。

3. 房产税的纳税地点

房产税在房产所在地缴纳。房产不在同一地方的纳税人，应按房产的坐落地点分别到房产所在地的税务机关缴纳。

4. 房产税纳税申报

房产税的纳税人应按照有关规定及时办理纳税申报，并如实填写房产税纳税申报表。

房产税纳税申报资料

在中华人民共和国境内申报缴纳房产税的单位和个人，房产税纳税申报时填报房产税纳税申报表主表和三个附表，附表一为《房产税减免税明细申报表》，附表二为《从价计征房产税税源明细表》，附表三为《从租计征房产税税源明细表》。房产税纳税申报表主表样表如表6-1所示。

表 6－1 房产税纳税申报表

税款所属期：自 年 月 日至 年 月 日　　填表日期： 年 月 日　　金额单位：元至角分；　　面积单位：平方米

纳税人识别号			
纳税人信息	名称		纳税人分类	单位□ 个人□
	登记注册类型	*	所属行业	*
	身份证件类型	身份证□护照□其他□	身份证件号码	
	联系人		联系方式	

一、从价计征房产税

	房产编号	房产原值	其中：出租房产原值	计税比例	税率	所属期起	所属期止	本期应纳税额	本期减免税额	本期已缴税额	本期应补（退）税额
1	*										
2	*										
3	*										
4	*										
5	*										
6	*										
7	*										
8	*										
9	*										
10	*										
合计	*	*	*	*	*	*	*				

二、从租计征房产税

	本期申报租金收入	税率	本期应纳税额	本期减免税额	本期已缴税额	本期应补（退）税额
1						
2						
3						
合计		*				

以下由纳税人填写：				
纳税人声明	此纳税申报表是根据《中华人民共和国房产税暂行条例》和国家有关税收规定填报的，是真实的、可靠的、完整的。			
纳税人签章		代理人签章		代理人身份证号	
以下由税务机关填写：				
受理人		受理日期	年 月 日	受理税务机关签章	

本表一式两份，一份纳税人留存，一份税务机关留存。

6.3 契 税

6.3.1 契税概述

1. 契税的概念及特点

契税（contract tax）是以在中华人民共和国境内转移土地、房屋权属为征税对象，向产权承受人征收的一种财产税。

契税按财产转移价值征税，税源较为充足，能够增加地方财政收入。随着市场经济的发展和房地产交易的活跃，契税的财政作用将日益显著。契税对于保护合法产权、避免产权纠纷也具有重要意义。不动产所有权和使用权的转移形式多种多样，对承受人征收契税，有利于通过法律形式确定产权关系，维护公民合法权益，避免产权纠纷。契税具有如下特点。

（1）契税属于财产转移税。它以权属发生转移的土地和房屋为征税对象，具有对财产转移课税的性质。

（2）契税由财产承受人纳税。一般税种在税制中确定纳税人，都确定销售者为纳税人，即卖方纳税。对买方征税的主要目的，在于承认不动产转移生效，承受人纳税以后，便可拥有转移过来的不动产的产权或使用权，法律保护纳税人的合法权益。

2. 我国契税的发展

契税是一个历史悠久的税种，最早起源于东晋时期的“估税”。新中国成立后，政务院于1950年4月颁布了《契税暂行条例》，规定：凡土地、房屋之买卖、典当、赠与和交换均应凭土地、房屋的产权证明，在当事人双方订立契约时由产权承受人缴纳契税。1954年6月，财政部对该条例进行了部分修改，修改的主要内容是：对公有制单位的买卖、典当、赠与和交换土地、房屋的行为，免征契税。契税的征税对象是土地和房屋，但由于我国的土地是属于国家和集体共有的公有制制度，不能自由买卖，因此很长时间以来我国的契税实际上仅就房屋征收。契税的征收对加强土地、房屋权属转移的管理，增加财政收入等方面发挥了积极的作用。但是，随着我国市场经济的不断发展，房地产市场越来越活跃，交易的形式更加多样、灵活，原有契税的规定已不适应社会经济发展的需要。1981年和1990年财政部分别发出了《关于改进和加强契税征收管理工作的通知》和《关于加强契税工作的通知》，对契税政策进行了一些补充和调整。1997年7月7日，国务院重新制定颁布了《中华人民共和国契税暂行条例》，再次明确规定了契税的征收范围包括土地和房屋两部分，并对契税税率做了新的具体规定。该条例于同年10月1日起施行。

小资料6-2

中国古代契税起源

我国契税起源于东晋时期的“估税”，至今已有1 600多年的历史。当时规定，凡买卖田宅、奴婢、牛马，立有契据者，每一万钱交易额官府征收四百钱即税率为4%，其中卖方缴纳3%，买方缴纳1%。北宋开宝二年（公元969年），开始征收印契钱（性质上是税，只是名称为钱）。这时不再由买卖双方分摊，而是由买方缴纳了，并规定缴纳期限为两个月。从此，开始以保障产权为由征收契税。以后历代封建王朝对土地、房屋的买卖、典当等产权变动都征收契税，但税率和征收范围不完全相同。如清初顺治四年（公元1648年）规定，民间买卖、典押土地和房屋登录于官时，由买主依买卖价格，每一两银纳三分（即3%）。到清朝末年，土地、房屋的买卖契税税率提高到9%，典当契税税率提高到6%。

6.3.2　契税的纳税人和征税范围

1. 契税的纳税人

契税的纳税人是在中华人民共和国境内转移土地、房屋权属，承受的单位和个人。“土地、房屋权属”是指土地使用权和房屋所有权；“承受”是指以受让、购买、受赠、交换等方式取得的土地、房屋权属的行为。“单位”是指企业单位、事业单位、国家机关、军事单位和社会团体及其他组织。“个人”是指个体经营者及其他个人，包括中国公民、外籍人员。

2. 契税的征税范围

契税的征税对象是在境内发生土地使用权、房屋所有权权属转移的土地和房屋。具体范围如下。

1）国有土地使用权出让

国有土地使用权出让是指土地使用者向国家支付土地使用权出让费用，国家将国有土地使用权在一定年限内让与土地使用人的行为。

国有土地使用权的出让，受让者应向国家缴纳出让金，以出让金为依据计算缴纳契税。不得因减免土地出让金而减免契税。

2）土地使用权转让

土地使用权转让是指土地使用者以出售、赠与、交换或者其他方式将土地使用权转移给其他单位和个人的行为。土地使用权转让不包括农村集体土地承包经营权的转移。

土地使用权出售，是指土地使用者以土地使用权作为交易条件，取得货币、实物、无形资产或者其他经济利益的行为。

土地使用权赠与，是指土地使用者将其土地使用权无偿转让给受赠者的行为。

土地使用权交换，是指土地使用者之间互相交换土地使用权的行为。

3）*房屋买卖*

房屋买卖是指房屋所有者将其房屋出售，由承受人交付货币、实物、无形资产或者其他经济利益的行为。

以下几种特殊情况，视同买卖房屋。

（1）以房产抵债或实物交换房屋。经当地政府和有关部门批准，以房产抵债和实物交换房屋，均视同房屋买卖，应由产权承受人，按房屋现值缴纳契税。

例如，贾某因无力偿还债务，而以自有的房产折价抵偿债务。经双方同意，有关部门批准，乙某取得贾某的房屋产权，在办理产权过户手续时，按房产折价款缴纳契税。如以实物（金银首饰等等价物品）交换房屋，应视同以货币购买房屋。

对已缴纳契税的购房单位和个人，在未办理房屋权属登记前退房的，退还已纳契税；在办理房屋权属变更登记后退房的，不予退还已纳契税。

（2）以房产投资或做股权转让。这种交易业务属房屋产权转移，应根据国家房地产管理的有关规定，办理房屋产权交易和产权变更登记手续，视同房屋买卖，由产权承受方按契税税率计算缴纳契税。

例如，甲企业以自有房产投资于乙企业取得相应的股权。其房屋产权变为乙企业所有，故产权所有人发生变化。因此，乙企业在办理产权登记手续后，按甲企业入股房产现值（国有企事业房产必须经国有资产管理部门评估核价）缴纳契税。如丙企业以股份方式购买乙企业房屋产权，丙企业在办理产权登记后，按取得房产买价缴纳契税。

以自有房产作股投入本人独资经营的企业，免纳契税。因为以自有的房地产投入本人独资经营的企业，产权所有人和使用人未发生变化，无须办理房产变更手续，也无须办理契税手续。

买房拆料或翻建新房，应照章征收契税。

例如，贾某购买乙某房产，不论其目的是取得该房产的建筑材料或是翻建新房，实际构成房屋买卖。贾某应首先办理房屋产权变更手续，并按买价缴纳契税。

4）*房屋赠与*

房屋赠与是指房屋所有者将其房屋无偿转让给受赠者的行为。房屋赠与的前提是：产权无纠纷，赠与双方自愿。房屋赠与应有书面合同（契约），并到有关部门办理登记过户手续。如果房屋赠与行为具有涉外关系，还需公证处证明和外事部门认证，才能生效。房屋的受赠者应按规定缴纳契税。

5）*房屋交换*

房屋交换是指房屋所有者之间互相交换房屋的行为。

根据税法的规定，土地、房屋权属以下列方式转移的，视同土地使用权转让、房屋买卖或者房屋赠与征税，具体如下：

① 以土地、房屋权属作价投资、入股；

② 以土地、房屋权属抵债；

③ 以获奖方式承受土地、房屋权属；

④ 以预购方式或者预付集资建房款方式承受土地、房屋权属。

小思考6－1

继承房屋是否需要缴纳契税？

遗嘱继承是我国继承法规定的种类之一，对于继承房屋是否征税，《关于继承土地、房屋权属有关契税问题的批复》（国税函〔2004〕1036号）中明确：① 对于《中华人民共和国继承法》规定的法定继承人（包括配偶、子女、父母、兄弟姐妹、祖父母、外祖父母）继承土地、房屋权属，不征契税；② 按照《中华人民共和国继承法》规定，非法定继承人根据遗嘱承受死者生前的土地、房屋权属，属于赠与行为，应征收契税。由此规定可以看出，对于继承房屋是否征收契税需要视法定继承和遗嘱继承两种情况分别予以确定。

6.3.3 契税应纳税额的计算

1. 契税的税率

契税实行3%~5%的幅度税率。具体执行税率由各省、自治区、直辖市人民政府在税法规定的3%~5%幅度内根据本地区的实际情况确定，并报财政部和国家税务总局备案。

2. 契税的计税依据

契税的计税依据为不动产的价格。2016 年 5 月 1 日全面“营改增”后，计征契税的成交价格不含增值税。按照土地、房屋权属转移的不同情况，具体如下。

（1）国有土地使用权出让、土地使用权出售、房屋买卖，以成交价格为计税依据。成交价格是指土地、房屋权属转移合同确定的价格，包括承受者应支付的货币、实物、无形资产或者其他经济利益。合同确定的成交价格中所包含的所有价款都属于计税依据的范围，成交价格中所包含的行政事业性收费，不得从中剔除。

（2）土地使用权交换、房屋交换，计税依据为所交换的土地使用权、房屋的价格差额。即交换价格不相等的，由多交付货币、实物、无形资产或者其他经济利益的一方缴纳契税；交换价格相等的，免征契税。

（3）土地使用权赠与、房屋赠与，由征收机关参照土地使用权出售、房屋买卖的市场价格核定。

（4）以划拨方式取得土地使用权，经批准转让房地产时，由房地产转让者补缴契税，其计税依据为补缴的土地使用权出让费或者土地收益。

需注意的是：税法规定，上述成交价格明显低于市场价格并且无正当理由的，或者所交换土地使用权、房屋的价格的差额明显不合理并且无正当理由的，由征收机关参照市场价格核定计税依据。

（5）房屋附属设施征收契税的依据。

① 不涉及土地使用权和房屋所有权转移变动的，不征收契税。

② 采取分期付款方式购买房屋附属设施土地使用权、房屋所有权的，应按合同规定的总价款计征契税。

③ 承受的房屋附属设施权属如果为单独计价的，按照当地确定的适用税率征收契税；如果与房屋统一计价的，适用与房屋相同的契税税率。

（6）个人无偿赠与不动产行为（法定继承人除外），应对受赠人全额征收契税。在缴纳契税时，纳税人需提交经税务机关审核并签字盖章的《个人无偿赠与不动产登记表》，税务机关（或其他征收机关）应在纳税人的契税完税凭证上加盖“个人无偿赠与”印章，在《个人无偿赠与不动产登记表》中签字并将该表留存。

3. 契税应纳税额计算

契税采用比例税率。当计税依据确定之后，应纳税额的计算则比较简单。契税应纳税额的计算公式为

$$应纳税额=计税依据\times 税率$$

应纳税额以人民币计算。转移土地、房屋权属以外汇结算的，按照纳税义务发生之日中国人民银行公布的人民币市场汇率的中间价折合成人民币计算。

【例6-2】物流企业甲从某房地产开发公司购买了一套商品房用于办公，价格为100万元，双方签订了购买合同。当地政府规定的契税税率为5%。计算甲企业应缴纳的契税税额。

解 甲企业应缴纳的契税税额为

$$100\times 5\%=5\ (万元)$$

6.3.4 契税的征收管理

1. 纳税义务发生时间

契税的纳税义务发生时间，为纳税人签订土地、房屋权属转移合同的当天，或者纳税人取得其他具有土地、房屋权属转移合同性质凭证的当天。

这里所说的“其他具有土地、房屋权属转移合同性质凭证”是指具有合同性质的契约、协议、合约、单据、确认书以及由各省、自治区、直辖市人民政府确定的其他凭证。

纳税人因改变土地、房屋用途应当补缴已经减征或者免征契税的，其纳税义务发生时间为改变土地、房屋用途的当天。

2. 纳税期限

纳税人应当自纳税义务发生之日起10日内，向土地、房屋所在地的契税征收机关办理纳税申报，并在契税征税机关核定的期限内缴纳税款。

纳税人符合减征或者免征契税规定的，应当在签订土地、房屋权属转

移合同后10日内，向土地、房屋所在地的契税征收机关办理减征或者免征契税手续。

3. 纳税地点

契税在土地、房屋所在地的征收机关缴纳。

4. 纳税申报

（1）根据人民法院、仲裁委员会的生效法律文书发生土地、房屋权属转移，纳税人不能取得销售不动产发票的，可持人民法院执行裁定书原件及相关材料办理契税纳税申报，税务机关应予受理。

（2）购买新建商品房的纳税人在办理契税纳税申报时，由于销售新建商品房的房地产开发企业已办理注销税务登记或者被税务机关列为非正常户等原因，致使纳税人不能取得销售不动产发票的，税务机关在核实有关情况后应予受理。

5. 征收管理

契税的征收机关为土地、房屋所在地的财政机关或者地方税务机关。具体征收机关由各省、自治区、直辖市人民政府确定。

对已缴纳契税的购房单位和个人，在未办理房屋权属变更登记前退房的，退还已纳契税；在办理房屋权属变更登记之后退还的，不予退还已纳契税。

纳税人办理纳税事宜后，征收机关应向纳税人开具契税完税凭证。纳税人应当持契税完税凭证和其他规定的文件材料，依法向土地管理部门、房产管理部门办理有关土地、房屋的权属变更登记手续。土地管理部门、房产管理部门应当向契税征收机关提供有关材料，并协助契税征收机关依法征收契税。纳税人未出具契税完税凭证的，土地管理部门、房产管理部门不予办理有关土地、房屋的权属变更登记手续。

6.4 车船税

6.4.1 车船税概述

1. 车船税的概念

车船税（vehicle and vessel tax）是以车船为征税对象，对在我国境内拥有车船的单位和个人所征收的一种税。征收车船税有利于为地方政府筹集财政资金，有利于车船的管理和合理配置，也有利于调节财富差异。

2. 我国车船税的发展

1951年政务院发布了《车船使用牌照税暂行条例》，开征车船使用牌照税。1986年国务院发布了《中华人民共和国车船使用税暂行条例》，开征车船使用税，按有关规定，该暂行条例不适用于外商投资企业和外国企业。因此，对外商投资企业和外国企业仍依照《车船使用牌照税暂行条例》的规定征收车船使用牌照税。

以上两个税种自开征以来，在组织地方财政收入，调节和促进经济发展方面发挥了积极作用。但随着社会主义市场经济体制的建立和完善，尤其是我国加入 WTO（world trade organization）后，两个暂行条例在实施中遇到了一些问题。一是内外两个税种，不符合税政统一、简化税制的要求；二是缺乏必要的税源监控手段，不利于征收管理；三是车船使用牌照税税额 55 年没有调整，车船使用税税额也已 20 年没有调整，随着经济的发展，这两个税种的税额标准已明显偏低。基于这种情况，2006 年 12 月 27 日国务院决定合并两个暂行条例，制定《中华人民共和国车船税暂行条例》，开征车船税以取代原车船使用牌照税和车船使用税。该条例自 2007 年 1 月 1 日起施行。1951 年 9 月 13 日政务院发布的《车船使用牌照税暂行条例》和 1986 年 9 月 15 日国务院发布的《中华人民共和国车船使用税暂行条例》同时废止。

现行的车船税法的基本规范，是 2011 年 2 月 25 日，由中华人民共和国第十一届全国人民代表大会常务委员会第十九次会议通过的《中华人民共和国车船税法》，自 2012 年 1 月 1 日起施行。

☞ **小资料6－3**　**我国对车船课税历史**

我国对车船课税历史悠久。早在汉武帝元光六年（公元前 129 年），我国就开征了“算商车”。明清时，曾对内河商船征收船钞。1945 年 6 月，国民党政府公布了《使用牌照税法》，在全国统一开征车船使用牌照税。新中国成立后，中央人民政府政务院于 1951 年颁布了《车船使用牌照税暂行条例》，对车船征收车船使用牌照税。1973 年简化税制、合并税种时，把对国有企业和集体企业征收的车船使用牌照税并入工商税。从那时起，车船使用牌照税只对不缴纳工商税的单位、个人及外侨征收，征税范围大大缩小。1984 年 10 月国务院决定恢复对车船征税，因原税名“车船使用牌照税”不太确定，实际工作中往往误认为是对牌照征税，因此，改名为车船使用税。1986 年 9 月 15 日，国务院发布了《中华人民共和国车船使用税暂行条例》，决定从 1986 年 10 月 1 日起在全国施行。各省、自治区、直辖市人民政府根据《中华人民共和国车船使用税暂行条例》规定，先后制定了施行细则。

6.4.2　车船税的纳税人和征税对象

1. 车船税的纳税人

车船税的纳税人，是指在中华人民共和国境内，车辆、船舶（以下简称“车船”）的所有人或管理人，即在我国境内拥有车船的单位和个人。

单位是指行政机关、事业单位、社会团体及各类企业。个人是指我国境内的居民和外籍个人。同时，应税车船的所有人或管理人未缴纳车船税的，应由使用人代缴。

小思考6－2

征收车船税会不会过多增加车船所有人的负担?

《中华人民共和国车船税暂行条例》充分考虑了目前我国车船所有人和管理人的承受能力，在原车船使用牌照税和车船使用税的基础上对税额幅度进行了调整。与原车船使用牌照税和车船使用税相比，车辆的税额低限维持不变，高限提高了1倍左右；船舶的最低税额每净吨增加1.8元，最高税额每净吨增加1元，且对捕捞和养殖渔船给予免税优惠。因此，车船税的征收不会给纳税人增加太多税收负担，在纳税人用于车船的各项开支中所占的比重也很小。

2. 车船税的征税对象

车船税的征税对象是指在中华人民共和国境内属于车船税法所附《车船税税目税额表》规定的车辆、船舶。车辆、船舶是指：

（1）依法应当在车船管理部门登记的机动车辆和船舶；

（2）依法不需要在车船管理部门登记、在单位内部场所行驶或者作业的机动车辆和船舶。

前款所称车船管理部门，是指公安、交通运输、农业、渔业、军队、武装警察部队等依法具有车船登记管理职能的部门；单位，是指依照中国法律、行政法规规定，在中国境内成立的行政机关，企业、事业单位，社会团体以及其他组织。

6.4.3 车船税的税率和应纳税额的计算

1. 车船税的税率

车船税采用定额税率，即对征税的车船规定单位固定税额，是税率的一种特殊形式。定额税率计算简便，适宜从量计征。车船税确定税额总的原则是：非机动车船的税负轻于机动车船；人力车的税负轻于畜力车；小吨位船舶的税负轻于大船舶。由于车辆与船舶的驾驶情况不同，车船税的税额也有所不同。

车船的适用定额税额，依照《中华人民共和国车船税暂行条例》规定的《车船税税目税额表》执行，如表6－2所示。国务院财政部门、税务主管部门可以根据实际情况，在《车船税税目税额表》规定的税目范围和税额幅度内，划分子税目，并明确车辆的子税目税额幅度和船舶的具体适用税额。车辆的具体适用税额由省、自治区、直辖市人民政府在规定的子税目税额幅度内确定。

机动船舶具体适用税额为：

① 净吨位不超过200t的，3元/t；

② 净吨位超过200t但不超过2 000t的，4元/t；

③ 净吨位超过2 000t但不超过10 000t的，5元/t；

④ 净吨位超过10 000t的，6元/t。

表 6－2　车船税税目税额表

税目		计税单位	年基准税额/元	备注
乘用车按发动机气缸容量（排气量分档）	1.0L（含）以下的	每辆	60～360	核定载客人数9人（含）以下
	1.0L以上至1.6L（含）的		300～540	
	1.6L以上至2.0L（含）的		360～660	
	2.0L以上至2.5L（含）的		660～1 200	
	2.5L以上至3.0L（含）的		1 200～2 400	
	3.0L以上至4.0L（含）的		2 400～3 600	
	4.0L以上的		3 600～5 400	
商用车	客车	每辆	480～1440	核定载客人数9人（包括电车）以上
	货车	整备质量每吨	16～120	1. 包括半挂牵引车、挂车、客货两用汽车、三轮汽车和低速载货汽车等。 2. 挂车按照货车税额的50%计算
其他车辆	专用作业车	整备质量每吨	16～120	不包括拖拉机
	轮式专用机械车	整备质量每吨	16～120	
摩托车		每辆	36～180	
船舶	机动驳船	净吨位每吨	3～6	拖船、非机动驳船分别按照机动船舶税额的50%计算；游艇的税额另行规定
	游艇	艇身长每米	600～2 000	

拖船按照发动机功率每1kW折合净吨位0.67t计算征收车船税。拖船、非机动驳船分别按照机动船舶税额的50%计算。

游艇具体适用税额为：

① 艇身长度不超过10m的，600元/m；

② 艇身长度超过10m但不超过18m的，900元/m；

③ 艇身长度超过18m但不超过30m的，1 300元/m；

④ 艇身长度超过30m的，2 000元/m；

⑤ 辅助动力帆艇，600元/m。

关于车船税应纳税额的计算，车船税法及其实施条例涉及的整备质量、净吨位、艇身长度等计税单位，有尾数的一律按照含尾数的计税单位据实计算车船税应纳税额。计算得出的应纳税额小数点后超过两位的可四舍五入保留两位小数。

乘用车以车辆登记管理部门核发的机动车登记证书或者行驶证书所载的排气量毫升数确定税额区间。

自2012年1月1日起，对节约能源的车辆，减半征收车船税；对适用新能源的车辆免征车船税；对于严重自然灾害影响纳税困难以及有其他特殊原因确需减税、免税的，可以减征或者免征车船税。

使用新能源的车辆包括纯电动汽车、燃料汽车和混合动力汽车。纯电动汽车、燃料电池汽车不属于车船税征收范围，其他混合动力汽车按照同类车辆适用税额减半征税。

小思考6－3

车船税法和实施条例所涉及的排气量、整备质量、核定载客人数、净吨位、功率（千瓦或马力）、艇身长度，以什么为标准？

以车船登记管理部门核发的车船登记证书或者行驶证相应项目所载数据为准。依法不需要办理登记、依法应当登记而未办理登记或者不能提供车船登记证书、行驶证的，以车船出厂合格证明或者进口凭证相应项目标注的技术参数、所载数据为准；不能提供车船出厂合格证明或者进口凭证的，由主管税务机关参照国家相关标准核定，没有国家相关标准的参照同类车船核定。

---

2. 车船税应纳税额的计算

纳税人按照纳税地点所在的省、自治区、直辖市人民政府确定的具体适用税额缴纳车船税。车船税由地方税务机关负责征收。

（1）购置的新车船，购置当年的应纳税额自纳税义务发生的当月起按月计算。计算公式为

$$应纳税额=(年应纳税额/12)\times 应纳税月份数$$

$$应纳税月份数=12-纳税义务发生时间(取月份)+1$$

（2）在一个纳税年度内，已完税的车船被盗抢、报废、灭失的，纳税人可以凭有关管理机关出具的证明和完税证明，向缴纳所在地的主管税务机关申请退还自被盗抢、报废、灭失月份起至该纳税年度终了期间的税款。

（3）以办理退税的被强盗车船，失而复得的，纳税人应当从公安机关出具相关证明的当月起计算缴纳车船税。

（4）在一个纳税年度内，纳税人在非车辆登记地由保险机构代收代缴机动车车船税，且能够提供合法有效完税证明的，纳税人不再向车辆登记地的地方税务机关缴纳车船税。

（5）已缴纳车船税的车船在同一纳税年度内办理转让过户的，不另纳税，也不退税。

【例 6－3】 某航运公司拥有机动船 15 艘（其中净吨位为 600t 的 10 艘，1 520t 的 5 艘），拥有非机动驳船 6 艘（其中净吨位为 30t 的 1 艘，300t 的 5 艘）。请计算该航运公司年应纳车船税税额。（当地人民政府规定净吨位为 30t 的船舶每年税额为 3 元/t，净吨位为 300t、600t 和 1 520t 的船舶每年税额均为 4 元/t）

解

（1）按净吨位计算机动船的应纳税额为

$$10\times600\times4+5\times1\ 520\times4=54\ 400\ （元）$$

（2）按净吨位计算非机动驳船的应纳税额为

$$(1\times30\times3+5\times300\times4)\times50\%=3\ 045\ （元）$$

（3）该公司年应纳车船使用税税额为

$$54\ 400+3\ 045=57\ 445\ （元）$$

6.4.4 车船税的征收管理

1. 纳税期限

车船税纳税义务发生时间为取得车船所有权或者管理权的当月。以购买车船的发票或其他证明文件所载日期的当月为准。纳税人未按照规定到车船管理部门办理应税车船登记手续的，以车船购置发票所载开具时间的当月作为车船税的纳税义务发生时间。对未办理车船登记手续且无法提供车船购置发票的，由主管地方税务机关核定纳税义务发生时间。

2. 纳税地点

车船税的纳税地点，由省、自治区、直辖市人民政府根据当地实际情况确定。跨省、自治区、直辖市使用的车船，纳税地点为车船的登记地。

扣缴义务人代收代缴车船税的，纳税地点为扣缴义务人所在地。

纳税人自行申报缴纳车船税的，纳税地点为车船登记地的主管税务机关所在地。

依法不需要办理登记的车船，纳税地点为车船所有人或者管理人主管税务机关所在地。

车船税由地方税务机关负责征收。从事机动车交通事故责任强制保险业务的保险机构为机动车车船税的扣缴义务人，应当依法代收代缴车船税。机动车车船税的扣缴义务人依法代收代缴车船税时，纳税人不得拒绝。纳税人对扣缴义务人代收代缴税款有异议的，可以向纳税人所在地的主管地方税务机关提出。扣缴义务人在代收车船税时，应当在机动车交通事故责任强制保险的保险单上注明已收税款的信息，作为纳税人完税的证明。除另有规定外，扣缴义务人不再给纳税人开具代扣代收税款凭证。纳税人如有需要，可以持注明已收税款信息的保险单，到主管地方税务机关开具完税凭证。

3. 纳税申报

车船税按年申报，分月计算，一次性缴纳。纳税年度为公历 1 月 1 日至12月31日。车船税按年申报缴纳。具体申报纳税期限由省、自治区、直辖市人民政府规定。

（1）税务机关可以在车船管理部门、车船检验机构的办公场所集中办理车船税征收事宜。

（2）公安机关交通管理部门在办理车辆相关登记和定期检验手续时，对未提交自上次检验后各年度依法纳税或者免税证明的，不予登记，不予发放检验合格标志。

（3）海事部门、船舶检验机构在办理船舶登记和定期检验手续时，对未提交依法纳税或者免税证明，且拒绝扣缴义务人代收代缴车船税的纳税人，不予登记，不予发放检验合格标志。

（4）对于依法不需要购买机动车交通事故责任强制保险的车辆，纳税人应当向主管税务机关申报缴纳车船税。

（5）纳税人在首次购买机动车交通事故责任强制保险时缴纳车船税或者自行申报缴纳车船税的，应当提供购车发票及反映排气量、整备质量、核定载客人数等与纳税相关的信息及相应凭证。

（6）从事机动车第三者强制保险业务的保险机构为机动车车船税的扣缴义务人，应当在收取保险费时依法代收车船税，并出具代收税款凭证。

本章小结

本章主要讲述了财产税的发展、特点、种类等。我国现行征收的财产税主要有房产税、契税和车船税等。房产税是以房屋为征税对象，按照房屋的计税余值或者租金收入，向产权所有人征收的一种财产税。契税是以在中华人民共和国境内转移土地、房屋权属为征税对象，向产权承受人征收的一种财产税。车船税是对在我国境内拥有车船的单位和个人所征收的一种税。上述三种财产类课税都与交通运输业密切相关。

主要法律依据

[1]《中华人民共和国房产税暂行条例》（国发〔1986〕90号）。成文日期：1986年09月15日。

[2]《财政部　国家税务总局关于具备房屋功能的地下建筑征收房产税的通知》（财税〔2005〕181号）。成文日期：2005年12月23日。

[3]《中华人民共和国车船税法》（中华人民共和国主席令第43号）。成文日期：2011年02月25日。

[4]《中华人民共和国车船税暂行条例实施细则》（中华人民共和国财政部　国家税务总局令第46号）。成文日期：2007年02月01日。

[5]《国家税务总局关于发布〈车船税管理规程（试行）〉的公告》（国家税务总局公告2015年第83号）。成文日期：2015年11月26日。

[6]《中华人民共和国契税暂行条例》（国务院令第224号）。成文日期：1997年07月07日。

[7]《中华人民共和国契税暂行条例细则》（财法字〔1997〕52号）。成文日期：1997年10月28日。

[8]《财政部　国家税务总局关于营改增后契税　房产税　土地增值税　个人所得税计税依据问题的通知》（财税〔2016〕43号）。成文日期：2016年04月25日。

习　题

一、思考题

1. 什么是财产课税？与交通运输业相关的财产课税有哪些？
2. 财产课税有哪些特点？
3. 房产税的纳税人有哪些？
4. 对于房产税，交通运输业是否有相应的优惠政策？
5. 房产税的纳税义务发生时间是什么？
6. 车船税的税率和计税依据分别是什么？
7. 请阐述车船税的法定减免的相关规定。
8. 简述契税的征收范围及计税依据。
9. 对于契税的减免，有哪些具体规定？

二、单项选择题

1. 纳税人自行新建房屋用于生产经营，从（　　）起，缴纳房产税。

A. 生产经营之月　　B. 生产经营之次月

C. 建成之月　　D. 建成之次月

2. 按照从价计征的办法，房产税应依（　　）计算征税。

A. 房产原值　　B. 房产余值

C. 房产净值　　D. 房产市价

3. 按现行房产税的有关规定，对个人按市场价格出租的居民住房，其应缴纳的房产税暂减按（　　）的税率征收。

A. 4%　　B. 5%　　C. 10%　　D. 3%

4. 下列项目中应当缴纳房产税的有（　　）。

A. 高校后勤实体自用房产

B. 事业单位（自收自支已经两年）办公用房

C. 中外合资生产企业

D. 百货商场用房

5. 某大型货运企业，其生产用房原值 8 000 万元，还拥有一个内部职工医院、一个幼儿园、一个超市和一所学校，房产的原值分别为 280 万元、100 万元、100 万元和 120 万元。已知当地政府规定的扣除比例为 20%，该企业缴纳的房产税为（　　）万元。

A. 76. 8　　B. 77. 76　　C. 78. 72　　D. 82. 56

6. 某物流企业有一处房产原值 1 000 万元，今年 7 月 1 日用于投资联营（收取固定收入，不承担联营风险），投资期为五年。已知该企业当年取得固定收入 20 万元，当地政府规定的扣除比例为 20%。该企业今年应缴纳房产税（　　）万元。

A. 6. 0　　B. 9. 6　　C. 10. 8　　D. 15. 6

7. 按照车船税有关规定，下列车船免征车船税的是（　　）。

A. 拖拉机　　B. 非机动驳船

C. 摩托车　　D. 载货汽车

8. 纳税义务发生时间是（　　）。

A. 纳税人签订土地、房屋权属转移合同的当天

B. 纳税人办妥土地、房屋权属变更登记手续的当天

C. 纳税人签订土地、房屋权属变更登记手续的 10 日内

D. 房屋、土地移交的当天

9. 下列行为不征收契税的是（　　）。

A. 以房抵债　　B. 以房产对外投资

C. 房屋赠与　　D. 房屋使用权交换

三、多项选择题

1. 依据房产税的相关规定，下列属于房产税征税对象的是（　　）。

A. 工厂围墙　　B. 企业职工宿舍

C. 房地产公司出租的写字楼　　D. 宾馆的室外游泳池

2. 依据房产税的相关规定，房产税以在征税范围内的房屋产权所有人为纳税人。下列各项表述中，不正确的有（　　）。

A. 房屋产权出典的，以出典人为纳税人

B. 产权属于集体和个人所有的，以集体单位和个人为纳税人

C. 房屋产权所有人不在房屋所在地的，以代管人或使用人为纳税人

D. 房屋产权未确定及租典纠纷未解决的，以购房人为纳税人

3. 下列各项中，暂免征收房产税的有（　　）。

A. 房管部门向居民出租的公有住房

B. 文化体育单位出租的公有住房

C. 企业向职工出租的单位自有住房

D. 个人对外出租经营的自有住房

4. 房产税的计税依据可以是（　　）。

A. 融资租赁房屋的，以房产原值计税
B. 联营投资房产，共担投资风险的，以房产余值计税
C. 出租房屋的，以租金计税
D. 租入房产的，以租金计税

5. 房产税纳税义务发生时间为（　　）。
A. 购置新建商品房，从房屋交付使用次月起
B. 出租出借原有房产，自交付出租、出借房产之月起
C. 原有房产用于生产经营，从生产经营之月起
D. 自建新房用于生产经营，从建成之次月起

6. 按照车船税有关规定，下列以“辆”为计税单位的是（　　）。
A. 载客汽车　　B. 载货汽车
C. 摩托车　　D. 三轮汽车

7. 下列有关契税的说法中正确的是（　　）。
A. 契税的纳税人是我国境内土地、房屋权属的承受者
B. 契税的征税对象是我国境内产权发生转移的不动产
C. 契税实行差别比例税率
D. 契税纳税人不包括国有经济单位

8. 甲厂与乙厂互换房屋产权，甲厂房屋价格为100万元，乙厂房屋价格为120万元。成交后，甲厂支付乙厂20万元的房屋差价款。该省规定契税税率为5%。此项业务，下列项目中正确的有（　　）。
A. 甲厂是纳税人　　B. 乙厂是纳税人
C. 应纳契税1万元　　D. 应纳契税5万元

四、实务计算题

1. 某货运公司有办公楼一栋，房产原值2 000万元，该货运公司委托装修公司为办公楼进行内部装修，6月份装修完毕办理竣工结算，装修支出250万元（包括中央空调更换支出），均计入固定资产原值。

要求：计算该货运公司当年应纳房产税。（该地规定允许按原值依次扣除20%）

2. 某交通运输企业拥有10辆载客汽车，15辆自重3.2t的载货汽车。按照当地政府规定，载客汽车每辆每年税额为300元，载货汽车按自重每年税额为80元/t。

要求：计算该企业全年应纳车船税。

3. 出于战略发展需要，甲物流企业与乙物流企业协商交换房产，甲企业换出房产的价值为600万元，乙企业换出房产的价值为900万元，甲企业另向乙企业支付银行存款300万元。已知当地政府规定的契税税率为3%。

要求：请回答是否应该缴纳契税，由谁缴，应缴纳契税的金额是多少？

第 7 章

交通运输业行为目的课税

学习要求

重点掌握：交通运输业行为目的税类各税种的征税范围、纳税人和税率。

一般掌握：交通运输业行为目的税类各税种的计税依据及应纳税额的计算。

理　　解：交通运输业行为目的税课税的基本概念和特点。

了　　解：交通运输业行为目的税类各税种的有关减免规定、征收管理。

主要法律依据

行为目的课税又称为行为税，是国家为了实现某种特定目的，以纳税人的某些特定行为目的为课税对象的一类税收。我国现行征收的行为目的税与交通运输业息息相关的，主要包括印花税、城市维护建设税、车辆购置税等。本章主要研究这三个税种的纳税人、征税对象、税率结构、应纳税额计算、纳税申报等问题。

7.1　行为目的课税概述

7.1.1　行为目的课税的概念

行为目的税是一个集合的概念，它因行为目的的不同而不同。行为有广义与狭义之分，由于行为目的的多样性，从广义上讲，几乎所有的税种都可以划归入行为目的税类，例如，对流转税、所得税、财产税和资源税的征收都可以理解为是对经营者产品生产和经营行为、营利目的、财产和资源的占有及转移行为而征税。因此，本章行为目的税所涉及的行为目的是狭义的特定行为目的。这里的特定行为目的是指除了正常的营利目的、商品流转行为、财产资源的占有和转移行为之外的依法应当进行纳税的行为目的。一般来讲，行为目的税是指依照国家法律法规规定对应当进行纳税的某些特定行为目的而征税的税类。

7.1.2 行为目的课税的发展

世界上很多国家都有对行为目的征税的税种，例如印花税、赌博税等。但是由于国家之间社会制度、思想意识形态以及经济发展水平的不同，各国征收行为目的税的内容和形式也不尽相同。世界上对行为目的税的征收历史已有多年，荷兰早在1624年就开始征收印花税，随后逐渐推广到许多国家和地区。而我国征收行为目的税的时间较短，新中国成立后才开始征收印花税等特定的行为目的税。1958年的税制改革，国家将印花税并入工商统一税中，到1973年税制改革，行为目的税仅剩下屠宰税等为数不多的几个税种。随着经济的发展，1978年税制改革后，行为目的税的征税范围不断扩大，税种不断增多，开征了印花税、固定资产投资方向调节税等13种行为目的税。1994年税制改革，又对行为目的税进行了调整，对工商税制做了结构性的重大改革，简并或取消了一些税种，又对行为目的税进行了调整。我国现行征收的行为目的税主要有印花税、城市维护建设税、车辆购置税等。

行为目的税同其他税种一样，是国家为推行产业政策和实现宏观调控的需要，通过立法程序而开征的，是国家运用税收杠杆的体现。我国现行税制对于发挥税收功能，理顺中央与地方的分配关系，加强和完善宏观调控都具有重要意义。但是现行税制也有许多不完善的地方，因此，行为目的税也需要不断地完善发展。

7.1.3 行为目的课税的特点

行为目的税是政府出于特定社会、经济、财政目的而设计征收的税种。其特点如下。

（1）税种较多，有比较明显的选择性。行为目的税大都选择某些特定的征税对象，通过单设税种的方法来达到某种特定目的，因此，税种比较多。

（2）调节范围广且明确，有较强的政策性。行为目的税通常具有明确的调节范围，体现国家特定的政策意图。

（3）税负比较直接不容易转嫁。行为目的税一般都由纳税人缴纳，纳税人与负税人相一致，因此税负不容易转嫁。

（4）具有较强的时效性但稳定性差。由于大多数行为目的税税种具有特定的调节目的和明确的政策意图，因此，当社会经济政治条件发生变化时，就可能需要对税种进行修改，实行停征或缓征，也可能新设税种，缺乏稳定性。

7.2 印　花　税

7.2.1　印花税概述

1. 印花税的概念

印花税（stamp duty）是以经济活动和经济交往中，书立、领受应税凭证的行为为征税对象征收的一种税。印花税因其采用在应税凭证上粘贴印花税票的方法缴纳税款而得名。征收印花税有利于增加财政收入、有利于配合和加强经济合同的监督管理、有利于培养纳税意识，也有利于配合对其他应纳税种的监督管理。

印花税的应税凭证是指单位和个人在经济活动和经济交往等过程中所领取或填制、书立的，用以证明其活动，反映其经济内容，明确权利、义务的书面证明。

2. 印花税的特点

印花税是一种具有行为税性质的凭证税，凡发生书立、领受应税凭证的行为，就必须依照印花税法的有关规定履行纳税义务。印花税自身有许多特点。

1）征收范围广

凡是在我国境内具有法律效力，受中国法律保护的凭证，无论是在中国境内还是境外书立，都应依照税法规定缴纳印花税。这些凭证包括合同或具有合同性质的凭证、产权转移书据、营业账簿及权利、许可证照以及财政部确定征税的其他凭证。印花税的应税凭证共有五大类 13 个税目，涉及经济活动的各个方面。

2）低税率低税负

印花税的税率在 0.05‰～1‰。按定额税率征税的，每件 5 元，税率较低，相应地纳税人的税负也较低。

3）纳税人自行完税

印花税的纳税方法不同于其他税种，它采取纳税人自行计算应纳税额、自行购买印花税票、自行贴花、自行对已粘贴的印花税票进行注销或划销的纳税方法。

3. 我国印花税的发展

印花税的历史比较悠久，最早始于 1624 年的荷兰，后为各国普遍采用，距今已有 300 多年的历史。我国在 1950 年由政务院发布了《全国税政实施要则》规定印花税为全国统一开征的 14 个税种之一。同年 12 月 9 日公布了《印花税暂行条例》在全国范围内开征印花税。1953 年和 1956 年先后两次修订条例，缩小征收范围，减少税目。1958 年税制改革，将印花税并入工商统一税，不再单独征收。改革开放以后，随着经济合同法、商标法、工商企业登记管理条例等一系列经济法规的颁布实施，经济活动逐步走向规范化和法律化，在经济交往中书立、领受各种凭证逐渐成为普遍现象。为此，1988 年 8 月 6 日国务院公布了《中华人民共和国印花税暂行条例》，于同年 10 月 1 日起恢复征收印花税。1988 年 9 月 29 日财政部发布了《中华人民共和国印花税暂行条例施行细则》。印花税的开征，通过对应税凭证的控制和管理，有利于促进经济活动的规范化、合理化；有利于我国市场经济的发展；有利于提高公民的法制观念和纳税意识，同时可以增加国家的财政收入。开征印花税，对加强税收管理具有一定的意义。

☞ 小资料7－1

印花税起源趣谈

从税史学理论上讲，任何一种税种的“出台”，都离不开当时的政治与经济的需要，印花税的产生也是如此。其间并有不少趣闻。公元 1624 年，荷兰政府发生经济危机，财政困难。当时执掌政权的统治者摩里斯（Maurs）为了解决财政上的需要，拟提出要用增加税收的办法来解决支出的困难，但又怕人民反对，便要求政府的大臣们出谋献策。众大臣议来议去，就是想不出两全其美的妙法来。于是，荷兰的统治阶级就采用公开招标办法，以重赏来寻求新税设计方案，谋求敛财之妙策。印花税，就是从千万个应征者设计的方案中精选出来的“杰作”。可见，印花税的产生较之其他税种，更具有传奇色彩。印花税的设计者可谓独具匠心。他观察到人们在日常生活中使用契约、借贷凭证之类的单据很多，连绵不断，所以，一旦征税，税源将很大；而且，人们还有一个心理，认为凭证单据上由政府盖个印，就成为合法凭证，在诉讼时可以有法律保障，因而对交纳印花税也乐于接受。正是这样，印花税被资产阶级经济学家誉为税负轻微、税源畅旺、手续简便、成本低廉的“良税”。英国的哥尔柏（Kolebe）说过：“税收这种技术，就是拔最多的鹅毛，听最少的鹅叫。”印花税就是具有“听最少鹅叫”的税种。从 1624 年世界上第一次在荷兰出现印花税后，由于印花税“取微用宏”，简便易行，欧美各国竞相效法。丹麦在 1660 年、法国在 1665 年、美国在 1671 年、奥地利在 1686 年、英国在 1694 年先后开征了印花税。它在不长的时间内，就成为世界上普遍采用的一个税种，在国际上盛行。

7.2.2 印花税的纳税人

《中华人民共和国印花税暂行条例》规定，凡在中华人民共和国境内书立、领受印花税条例所列凭证的单位和个人，都是印花税的纳税人，应当按照规定缴纳印花税。这里所说的“单位和个人”是指国内各类企业、事业、机关、团体、部队以及中外合资企业、合作企业、外资企业、外国公司企业和其他经济组织及其在华机构等单位和个人。所说的“凭证”是指在我国境内具有法律效力，受中国法律保护的凭证，不论该凭证是在中国境内还是在中国境外书立，均应按照税法规定纳税。

根据《中华人民共和国印花税暂行条例》规定，按照书立、使用、领受应税凭证的不同情形，纳税人具体有立合同人、立据人、立账簿人、领受人和使用人和各类电子应税凭证的签订人。

1. 立合同人

立合同人是指合同的当事人，这里所说的当事人是指对合同有直接权利义务关系的单位和个人，不包括保人、证人、鉴定人。各类合同包括购销、加工承揽、建设工程承包、财产租赁、货物运输、仓储保管、借款、财产保险、技术合同或者具有合同性质的凭证。各类合同的纳税人是立合同人，当事人的代理人有代理纳税的义务，与纳税人负有同等的税收法律义务和责任。

所称合同，是指根据原《中华人民共和国经济合同法》《中华人民共和国涉外经济合同法》和其他有关合同法规定立的合同。所称具有合同性质的凭证，是指具有合同效力的协议、契约、合约、单据、确认书及其他各种名称的凭证。

《中华人民共和国合同法》1999 年 10 月 1 日起施行，《中华人民共和国经济合同法》《中华人民共和国涉外经济合同法》《中华人民共和国技术合同法》同时废止。有关合同的法律依据可参考《中华人民共和国合同法》的规定。

在货运业务中，凡直接办理承、托运运费结算凭证的双方，均为货运凭证印花税的纳税人。

代办承、托运业务的单位负有代理纳税的义务；代办方与委托方之间办理的运费清算单据，不缴纳印花税。

2. 立据人

产权转移书据的纳税人是立据人，是指土地、房屋权属转移过程中买卖双方的当事人。如果立据人未贴或者少贴印花，书据的持有人应负责补贴印花。所立书据以合同方式签订的，应由持有书据的各方分别按全额贴花。

3. 立账簿人

营业账簿的纳税人是立账簿人。这里所说的立账簿人是设立并使用营业账簿的单位和个人。例如，企业单位因生产、经营需要，设立了营业账簿，该企业即为纳税人。

4. 领受人

领受人是指领取或接受并持有该项凭证的单位和个人。权利、许可证照的纳税人是领受人。例如，某人因其发明创造，经申请依法取得国家专利机关颁发的专利证书，该人即为纳税人。

5. 使用人

对于在国外书立、领受，但在国内使用的应税凭证，其纳税人是使用人。

6. 各类电子应税凭证的签订人

即以电子形式签订的各类应税凭证的当事人。

需要注意的是，对同一凭证，由两方或者两方以上当事人签订并各执一份的，当事人各方均是印花税的纳税人，应各就其所持凭证的计税金额履行纳税义务。

7.2.3 征税范围

根据《中华人民共和国印花税暂行条例》规定，印花税的征税范围主要包括以下各种凭证。

1. 合同或具有合同性质的凭证

这里所说的合同，是指根据《中华人民共和国合同法》和其他有关法规订立的合同。征税范围包括购销、加工承揽、建设工程承包、财产租赁、货物运输、仓储保管、借款、财产保险、技术合同等。所说具有合同性质的凭证，主要是指具有合同效力的协议、契约、合约、单据、确认书及其他各种凭证。

1）购销合同

购销合同包括供应、预购、采购、购销结合及协作、调剂、补偿、贸易等合同；出版单位与发行单位之间订立的图书、报纸、期刊和音像制品的应税凭证，例如订购单、订数单等；发电厂与电网之间、电网与电网之间（国家电网公司系统、南方电网公司系统内部各级电网互供电量除外）签订的购售电合同。但是，电网与用户之间签订的供用电合同不属于印花税列举征税的凭证，不征收印花税。

2）加工承揽合同

加工承揽合同包括加工、定做、修缮、修理、印刷、广告、测绘、测试等合同。

3）建设工程勘察设计合同

建设工程勘察设计合同包括勘察、设计合同。

4）建筑安装工程承包合同

建筑安装工程承包合同包括建筑、安装工程承包合同。承包合同，包括总承包合同、分包合同和转包合同。

5）财产租赁合同

财产租赁合同包括租赁房屋、船舶、飞机、机动车辆、机械、器具、设备等合同，还包括企业、个人出租门店、柜台等签订的合同。

6）货物运输合同

货物运输合同包括民用航空、铁路运输、海上运输、公路运输和联运合同，以及作为合同使用的单据。

在货运业务中，凡是明确承、托运双方业务关系的运输单据均属于合同性质的凭证。

7）仓储保管合同

仓储保管合同包括仓储、保管合同，以及作为合同使用的仓单、栈单等。

8）借款合同

借款合同是指银行及其他金融组织与借款人（不包括银行同业拆借）所签订的合同，以及只填开借据并作为合同使用、取得银行借款的借据。银行及其他金融机构经营的融资租赁业务，是一种以融物方式达到融资目的的业务，实际上是分期偿还的固定资金借款，因此融资租赁合同也属于借款合同。

9）财产保险合同

财产保险合同包括财产、责任、保证、信用保险合同，以及作为合同使用的单据。财产保险合同，分为企业财产保险、机动车辆保险、货物运输保险、家庭财产保险和农牧业保险五大类。“家庭财产两全保险”属于家庭财产保险性质，其合同在财产保险合同之列，应照章纳税。

10）技术合同

技术合同包括技术开发、转让、咨询、服务等合同，以及作为合同使用的单据。

（1）技术转让合同，包括专利权转让、专利申请权转让、专利实施许可和非专利技术转让。

（2）技术咨询合同，是当事人就有关项目的分析、论证、预测和调查订立的技术合同。但一般的法律、会计、审计等方面的咨询不属于技术咨询，其所立合同不贴印花。

（3）技术服务合同，是当事人一方委托另一方就解决有关特定技术问题，如为改进产品结构、改良工艺流程、提高产品质量、降低产品成本、保护资源环境、实现安全操作、提高经济效益等提出实施方案，实施所订立的技术合同，包括技术服务合同、技术培训合同和技术中介合同。但不包括以常规手段或者为生产经营目的而进行一般加工、修理、修缮、广告、印刷、测绘、标准化测试，以及勘察、设计等所书立的合同。

2. 产权转移书据

产权转移书据是指单位和个人因产权买卖、继承、赠与、交换、分割等所立的书据，包括财产所有权和版权、商标使用权、专利权、专有技术使用权等转移所书立的书据。其中“财产所有权”转移书据的征税范围是指经政府管理机关登记注册的动产、不动产的所有权转移所立的书据，以及企业股权转让所立的书据。

3. 营业账簿

营业账簿是指单位和个人记载生产经营活动的财务会计核算账簿。营业账簿按其反映内容的不同，可以分为记载资金的账簿和其他账簿。其中，资金账簿是反映生产经营单位资本金数额增减变化的账簿；其他账簿是指除了上述账簿以外的有关其他生产经营活动内容的账簿，包括日记账簿和各明细分类账簿。

4. 权利、许可证照

权利、许可证照是指政府授予单位、个人某种法定权利和准予从事特定经济活动的各种证照的统称，包括政府部门发给的房屋产权证、工商营业执照、商标注册证、专利证、土地使用证等。

5. 经财政部确定征税的其他凭证

☞ 小思考7－1 **为什么企业订立的电子合同也需要缴纳印花税？**

企业订立电子合同属于《中华人民共和国印花税暂行条例》列举的合同，需缴印花税。根据我国《中华人民共和国合同法》规定："书面形式"是指合同书、信件和数据电文（包括电报、电传、传真、电子数据交换和电子邮件）等可以有形地表现所载内容的形式。同时，《中华人民共和国电子签名法》规定，当事人约定使用电子签名、数据电文的文书，不得仅因为其采用电子签名、数据电文的形式而否定其法律效力。因此，《中华人民共和国合同法》和《中华人民共和国电子签名法》明确了电子合同的书面凭证性，符合《中华人民共和国印花税暂行条例》所规定的应纳税合同要求，应按规定缴纳印花税。

7.2.4 印花税应纳税额的计算

1. 印花税的计税依据

1）印花税计税依据的一般规定

税法规定印花税以各种应税凭证的金额或数量为计税依据。以下凭证应纳印花税以应税凭证计税金额为计税依据。

（1）购销合同的计税依据为合同记载的购销金额。

（2）加工承揽合同的计税依据为加工或承揽收入。受托方提供原材料的，原材料金额与加工费在合同中分别列明的，原材料按购销合同计税，加工费和辅料金额按加工承揽合同计税，二者合计为应纳税额。委托方提供原材料的，按加工费和辅料金额依加工承揽合同计税，原材料不交印花税。

（3）建设工程勘察设计合同的计税依据为勘察、设计收取的费用。

（4）建筑安装工程承包合同的计税依据为承包金额。

（5）财产租赁合同的计税依据为租赁金额，需说明的是，经计算税额不足1元的按1元贴花。

（6）货物运输合同的计税依据为取得的运输费用金额（即运输收入），但不包括所运输货物的金额、装卸费和保险费。

对国内各种形式的货物联运，凡在起运地统一结算全程运费的，应以全程运费作为计税依据，由起运地运费结算双方缴纳印花税；凡分程结算运费的，应以分程的运费作为计税依据，分别由办理运费结算的各方缴纳印花税。

（7）仓储保管合同的计税依据为所收取的仓储保管费用。

（8）借款合同的计税依据为借款金额。

① 凡是一项信贷业务及签订借款合同，又一次或分次填开借据的，只以借款合同所载金额为计税依据计税贴花；凡是只填开借据并作为合同使用的，应以借据所载金额为计税依据计税贴花。

② 借贷双方签订的流动资金周转性借款合同，一般按年（期）签订，规定最高限额，借款人在规定的期限和最高限额内随借随还。为避免加重借贷双方的负担，对这类合同只以其规定的最高额为计税依据，在签订时贴花一次，在限额内随借随还，不签订新合同，不另贴印花。

③ 对借款方以财产抵押，从贷款方取得一定数量抵押贷款的合同，应按借款合同贴花；在借款方因无力偿还借款而将抵押财产转移给贷款方时，应再就双方书立的产权书据，按产权转移书据的有关规定计税贴花。

④ 对银行及其他金融组织的融资租赁业务签订的融资租赁合同，应按合同所载租金总额，暂按借款合同计税。

⑤ 在贷款业务中，如果贷方系由若干银行组成的银团，银团各方均承担一定的贷款数额。借款合同由借款方与银团各方共同书立，各执一份合同正本。对这类合同借款方和贷款方银团各自应分别在所执的合同正本上，按各自的借款金额计税贴花。

⑥ 在基本建设贷款中，如果按年度用款计划分年签订借款合同，在最后一年按总概算签订借款总合同，且总合同的借款金额包括各个分合同的借款金额的，对这类基建借款合同，应按分合同分别贴花，最后签订的总合同，只就借款总额扣除分合同借款金额后的余额贴花。

（9）财产保险合同的计税依据为支付（收取）的保险费，但不包括所保财产的金额。

（10）技术合同的计税依据为合同所载的价款、报酬或使用费。为了鼓励技术研究开发，对技术开发合同只就合同所载的报酬金额计税，研究开发费用不作为计税依据。但是单对合同约定按研究开发经费一定比例作为报酬的，应按一定比例的报酬金额贴花。

（11）产权转移书据的计税依据为所载金额。

（12）营业账簿中记载资金的账簿的计税依据为“实收资本”和“资本公积”两项的合计金额。实收资本，包括现金、实物、无形资产和材料物资。现金按实际收到或存入纳税人开户银行的金额确定。实物，是指房屋、机器等，按评估确认的价值或者合同、协议约定的价格确定。无形资产和材料物资，按评估确认的价值确定。

资本公积，包括接受捐赠、法定财产重估增值、资本折算差额、资本溢价等。如果是实物捐赠，则按同类资产的市场价格或有关凭据确定。

其他账簿的计税依据为应税凭证件数。

（13）权利、许可证照的计税依据为应税凭证的件数。

2）印花税计税依据的特殊规定

（1）有关凭证以“金额”“收入”“费用”作为计税依据的，应当全额计税，不得作任何扣除。

（2）对同一凭证因记载有两个或两个以上经济事项而适用不同的税目税率，如果分别记载金额的，应分别计算应纳税额，计税额相加后贴花；如果未分别记载金额的，按税率高的计税贴花。

（3）根据税法的规定，适用比例税率的应税凭证，以凭证所记载金额为计税依据。应税凭证未标明金额的，应按凭证所记载数量及国家牌价计算金额；没有国家牌价的，按市场价格计算金额，然后按规定税率计算应纳税额。

（4）应税凭证所记载金额是外国货币的，应按凭证书立当天国家外汇管理局公布的外汇汇率折合成人民币并计税。

（5）应纳税额不足 1 角的，免印花税；1 角以上的，其税额尾数不满 5 分的不计，满 5 分的按 1 角计算。

（6）有些合同在签订时无法确定计税金额，如技术转让合同中的转让收入，是按销售收入的一定比例收取或是按实现利润分成的；财产租赁合同只是规定了月（天）租金标准却无租赁期限的，对此类合同可在签订时先按定额 5 元贴花，以后结算时再按实际金额计税，补贴印花。

（7）纳税人在签订应税合同时纳税义务既已发生，应计算应纳税额并贴花。因此，不论合同是否兑现或是否按期兑现，均应贴花。

对于已履行并已贴花的合同，所载金额与合同履行后实际结算金额不一致的，只要双方未修改合同金额，一般不再办理完税手续。

（8）对有经营收入的事业单位，凡属由国家财政拨付事业经费，实行差额预算管理的单位，其记载经营业务的账簿，按其他账簿定额贴花，不记载经营业务的账簿不贴花；凡属经费来源实行自收自支的单位，其营业账簿，应对记载资金的账簿和其他账簿分别计算应纳税额。

跨地区经营的分支机构使用的营业账簿，应由各分支机构于其所在地计算贴花。对上级单位核拨资金的分支机构，其记载资金的账簿按核拨的账面资金额计税贴花，其他账簿按定额贴花；对上级单位不核拨资金的分支机构，只就其他账簿按件定额贴花。为避免对同一资金重复计税贴花，上级单位记载资金的账簿，应按扣除拨给下属机构资金数额后的其余部分计税贴花。

（9）商品购销活动中，采用以货易货方式进行商品交易签订的合同，应按合同所载的购、销合计金额计税贴花。

（10）施工单位将自己承包的建设项目，分包或者转包给其他施工单位所签订的分包合同或者转包合同，应按新的分包合同或转包合同所载金额计算应纳税额。这是因为印花税是一种具有行为税性质的凭证税，尽管总承包合同已依法计税贴花，但新的分包或转包合同是一种新的凭证，又发生了新的纳税义务。

（11）从2008年9月19日起，对证券交易印花税政策进行调整，由双边征收改为单边征收，即只对卖出方（或继承、赠与A股、B股股权的出让方）征收证券（股票）交易印花税，对买入方（受让方）不再征税。税率仍保持1‰。

（12）对国内各种形式的货物联运，凡在起运地统一结算全程运费的，应以全程运费为计税依据，由起运地运费结算双方缴纳印花税；凡分程结算运费的，应以分程的运费作为计税依据，分别由办理运费结算的各方缴纳印花税。

对国际货运，凡由我国运输企业运输的，不论在我国境内、境外起运或中转分程运输，我国运输企业所持的一份运费结算凭证均按本程运费计算应纳税额；托运方所持的一份运费结算凭证，按全程运费计算应纳税额。由外国运输企业运输进出口货物的，外国运输企业所持的一份运费结算凭证免纳印花税；托运方所持的一份运费结算凭证应缴纳印花税。国际货运运费结算凭证在国外办理的，应在凭证转回我国境内时按规定缴纳印花税。

必须明确的是，印花税票为有价证券，其票面金额以人民币为单位，分为1角、2角、5角、1元、2元、5元、10元、50元、100元9种。

2. 印花税的税率

印花税的税率根据应税凭证性质的不同，其税率分为比例税率和定额税率。

各类合同以及具有合同性质的凭证、产权转移书据、营业账簿中记载资金的账簿适用比例税率。印花税的比例税率共分为4个档次，即1‰、0.5‰、0.3‰、0.05‰。权利、许可证照和营业账簿中的其他账簿，适用定额税率，均为按件贴花，税额为5元。因为这些凭证不属于资金账簿或者没有金额记载，规定按件定额纳税，可以方便纳税简化征管手续。印花税税目税率如表7－1所列。

表7－1 印花税税目税率表

税目	范围	计税依据	税率	说明
1. 购销合同	包括供应、预购、采购、购销结合及协作、调剂、补偿、易货等活动	购销金额	0.3‰	
2. 加工承揽合同	包括加工、定做、修缮、修理、印刷广告、测绘、测试等合同	加工或承揽收入	0.5‰	
3. 建设工程勘察设计合同	包括勘察、设计合同	收取费用	0.5‰	
4. 建筑安装工程承包合同	包括建筑、安装工程承包合同	承包金额	0.3‰	

续表

税目	范围	计税依据	税率	说明
5. 财产租赁合同	包括租赁房屋、船舶、飞机、机动车辆、机械、器具、设备等合同	租赁金额	1‰	
6. 货物运输合同	包括民用航空运输、铁路运输、海上运输、内河运输、公路运输和联运合同	运输费用	0.5‰	单据作为合同适用的，按合同贴花
7. 仓储保管合同	包括仓储、保管合同	仓储保管费用	1‰	仓单或栈单作为合同适用的，按合同贴花
8. 借款合同	银行及其他金融组织和借款人（不包括银行同业拆借）所签订的借款合同	借款金额	0.05‰	单据作为合同适用的，按合同贴花
9. 财产保险合同	包括财产、责任、保证、信用等的保险合同	保险费用	1‰	单据作为合同适用的，按合同贴花
10. 技术合同	包括技术开发、转让、咨询、服务等合同	记载金额	0.3‰	
11. 产权转移书据	包括财产所有权和版权、商标专用权、专利权、专有技术使用权等转移书据	记载金额	0.5‰	
12. 营业账簿	记载资金的账簿	实收资本与资本公积的合计金额	0.5‰	
	其他账簿	按件	5元	
13. 权利、许可证照	包括政府部门发给的房屋产权证、工商营业执照、商标注册证、专利证、土地使用证	按件	5元	

3. 印花税应按税额的计算

印花税的应纳税额根据应纳凭证的性质，分别按比例税率或者定额税率计算，计算公式如下。

采用比例税率计算应纳税额的公式为

应纳税额=应税凭证计税金额×适用税率

采用定额税率计算应纳税额的公式为

应纳税额=应税凭证数量×单位税额

【例7-1】某运输企业于某年7月1日开业经营，领受工商执照、房产证、土地使用证、商标注册证各一件；注册资本400万元，实收资本300万元，除记载资金的账簿外，另有其他营业账簿8本；与银行签订借款合同一份，借款金额100万元；与其他企业签订技术转让合同一份，金额为50万元；与客户签订货物运输合同一份，取得运费5万元，装卸费5 000元。试计算该企业当年应缴纳的印花税税额。

解

（1）领受权利、许可证照应纳税额为

$$4\times5=20\text{（元）}$$

（2）记载资金的账簿应纳税额为

$$3\ 000\ 000\times0.5‰=1500\text{（元）}$$

（3）其他营业账簿应纳税额为

$$8\times5=40\text{（元）}$$

（4）签订借款合同应纳税额为

$$1\ 000\ 000\times0.05‰=50\text{（元）}$$

（5）技术转让合同应纳税额为

$$500\ 000\times0.3‰=150\text{（元）}$$

（6）货物运输合同应纳税额为

$$50\ 000\times0.5‰=25\text{（元）}$$

（7）企业今年应纳印花税税额为

$$20+1\ 500+40+50+150+25=1\ 785\text{（元）}$$

7.2.5 印花税的减免

与交通运输业相关的印花税税收优惠政策如下。

1. 已缴纳印花税的凭证的副本或者抄本免征印花税

凭证的正式签署本已按规定缴纳了印花税，其副本或者抄本对外不发生权利义务关系，仅作留存备查时用，因此不需要另行缴纳印花税。但是如果以副本或者抄本视同正本使用的，应另行缴纳印花税。

2. 无息、贴息贷款合同免征印花税

无息、贴息贷款体现国家政策，满足特定时期的某种需要，其利息全部或者部分是由国家财政负担的，对这类合同征收印花税没有财政意义。

3. 关于特殊货运凭证的免税

（1）军事物资运输。凡附有军事运输命令或使用专用的军事物资运费结算凭证，免纳印花税。

（2）抢险救灾物资运输。凡附有县级以上（含县级）人民政府抢险救灾物资运输证明文件的运费结算凭证，免纳印花税。

（3）新建铁路的工程临管线运输。为新建铁路运输施工所需物料，使用工程临管线专用运费结算凭证，免纳印花税。

4. 对中国铁路总公司印花税优惠的规定

（1）对投入铁路发展基金的中央财政性资金，免征中国铁路总公司和中国铁路发展基金股份有限公司相应的资金账簿印花税。

（2）对中国铁路总公司在改革过程中通过控股、参股等与所属企业建立资本关系而增加的资金账簿资金免征印花税。

（3）对中国铁路总公司承继的原以铁道部名义签订的尚未履行完的各类应税合同，改革后需要变更执行主体的，对仅改变执行主体、其余条款未作变动且改革前已经贴花的，不再贴花。

（4）对中国铁路总公司及其所属企业因铁路改革签订的产权转移书据免予贴花。

7.2.6 印花税的征收管理

1. 纳税环节

印花税的纳税环节应当是在书立或者领受应税凭证时贴花纳税。具体是指在合同签订时、书据立据时、账簿启用时和证照领用时贴花。但是如果合同是在国外签订的，则应该在国内使用时办理贴花纳税手续。

2. 纳税办法

现行的印花税纳税办法根据税额的大小、贴花次数的多少以及税收征管的需要，分别采用以下三种不同的纳税办法。

1）自行贴花的纳税办法

纳税人在书立、领受应税凭证发生纳税义务时，自行计算应税税额，自行购买印花税票，自行一次贴足印花税票并加以注销或划销，即通常所说的“三自”纳税办法。这种办法一般适用于应税凭证较少或者贴花次数较少的纳税人。

对已贴花的凭证，修改后所载金额增加的，其增加部分应当补贴印花税票。凡多贴印花税票者，不得申请退税或者抵用。

2）汇贴或汇缴的纳税办法

汇贴的纳税办法是指，一份凭证的应纳税额超过500元的，应该向当地税务机关申请填写缴款书或者完税凭证，将其中的一联粘贴在凭证上或者由税务机关在凭证上加注完税标记代替贴花。

汇缴的纳税办法是指根据税法规定，同一种应纳税凭证，需要频繁贴花的，应该向当地税务机关申请按期汇总缴纳印花税。税务机关对核准汇总缴纳印花税的单位，应发给汇缴许可证。汇总缴纳的限期限额由当地税务机关确定，但是最长期限不得超过一个月。凡是汇总缴纳印花税的凭证，应加注税务机关指定的汇缴戳记，编号并装订成册后，将已贴印花或者缴款书的一联粘附册后，盖章注销，保存备案。各级地方税务机关应加强对按期汇总缴纳印花税单位的纳税管理，应要求纳税人定期报送汇总缴纳印花税情况报告，并定期对纳税人汇总缴纳印花税情况进行检查。

汇贴或汇缴的纳税办法一般适用于应纳税额较大或者贴花次数频繁的纳税人。缴纳方式一经选定，一年内不得改变。

3）关于货运凭证征收印花税代扣汇总缴纳

（1）运费结算付方应缴纳的印花税，应由运费结算收方或其代理方实行代扣汇总缴纳。

（2）运费结算凭证由交通运输管理机关或其指定的单位填开或审核的，当地税务机关应委托凭证填开或审核单位，对运费结算双方应缴纳的印花税，实行代扣汇总缴纳。

（3）在运费结算凭证费别栏目中应增列一项“印花税”，将应缴纳的印花税款填入“印花税”项目中。

3. 纳税地点

印花税一般实行就地纳税。对于全国性商品物资订货会（包括展销会、交易会等）上所签订合同应纳的印花税，由纳税人回其所在地后及时办理贴花完税手续；对地方主办、不涉及省际关系的订货会、展销会上所签订合同的印花税，其纳税地点由各省、自治区、直辖市人民政府自行确定。

4. 印花税的违章处罚

印花税纳税人有下列行为之一的，由税务机关根据情节轻重予以处罚。

（1）在应纳税凭证上未贴或者少贴印花税票的或者已粘贴在应税凭证上的印花税票未注销或者未划销的，适用《中华人民共和国税收征收管理法》第六十四条的处罚规定。由税务机关追缴其不缴或者少缴的税款、滞纳金，并处不缴或者少缴的税款50%以上5倍以下的罚款。

（2）已贴用的印花税票揭下重用造成未缴或少缴印花税的，适用《中华人民共和国税收征收管理法》第六十三条的处罚规定。由税务机关追缴其不缴或者少缴的税款、滞纳金，并处不缴或者少缴的税款50%以上五倍以下的罚款；构成犯罪的，依法追究刑事责任。

（3）伪造印花税票的，适用《中华人民共和国税收征收管理法实施细则》第九十一条的处罚规定。由税务机关责令改正，处2 000元以上1万元以下的罚款；情节严重的，处1万元以上5万元以下的罚款；构成犯罪的，依法追究刑事责任。

（4）按期汇总缴纳印花税的纳税人，超过税务机关核定的纳税期限，未缴或少缴印花税款的，视其违章性质，适用《中华人民共和国税收征收管理法》第六十三条或第六十四条的处罚规定，情节严重的，同时撤销其汇缴许可证。具体是由税务机关追缴其不缴或者少缴的税款、滞纳金，并处不缴或者少缴的税款50%以上五倍以下的罚款；构成犯罪的，依法追究刑事责任。

（5）纳税人违反以下规定的，适用《中华人民共和国税收征收管理法》第六十条的处罚规定。由税务机关责令限期改正，可以处2 000元以下的罚款；情节严重的，处2 000元以上1万元以下的罚款。

① 违反《中华人民共和国印花税暂行条例施行细则》第二十三条的规定："凡汇总缴纳印花税的凭证，应加注税务机关指定的汇缴戳记、编号并装订成册后，将已贴印花或者缴款书的一联粘附册后，盖章注销，保存备查。"

② 违反《中华人民共和国印花税暂行条例施行细则》第二十五条的规定："纳税人对纳税凭证应妥善保存。凭证的保存期限，凡国家已有明确规定的，按规定办；其余凭证均应在履行完毕后保存一年。"

（6）对于代售户出现如下情况，税务机关可视其情节轻重，给予警告或者取消其代售资格的处罚：

① 代售户对取得的税款逾期不缴或者挪作他用；

② 违反合同将所领印花税票转托他人代售或者转至其他地区销售；

③ 未按规定详细提供领、售印花税票的情况。

5. 印花税的纳税申报

印花税纳税申报（报告）表

印花税的纳税人应按照有关规定及时办理纳税申报，并如实填写《中华人民共和国印花税纳税申报（报告）表》，印花税纳税申报（报告）表如表7-2所示。

7.3 城市维护建设税

7.3.1 城市维护建设税概述

1. 城市维护建设税的概念

城市维护建设税（city maintenance and construction tax）简称城建税，是国家对缴纳增值税、消费税的单位和个人就其实际缴纳的增值税、消费税税额为计税依据而征收的一种税。城市维护建设税属于特定目的税，是国家为加强城市的维护建设，扩大和稳定城市维护建设资金的来源而采取的一项税收措施。

2. 城市维护建设税的特点

城市维护建设税具有以下几个特点。

（1）具有特定目的。城市维护建设税是一种具有受益性质的特定目的税，其税款专款专用。城市维护建设税的税款专门用于城市的公用事业和公共设施的维护建设。

（2）属于一种附加税。城市维护建设税以纳税人实际缴纳的增值税、消费税税额为计税依据，其本身并没有特定的、独立的征税对象，而是附加于增值税、消费税税额。

（3）根据城镇规模设计税率。城市维护建设税按照纳税人所在地的不同，分别设置了7%、5%、1%三档地区差别比例税率。

3. 我国城市维护建设税的发展

城市维护建设税是为了筹集城市的公用事业和公共设施的维护建设资金而征收的一种税。新中国成立以来，为解决城市维护和建设资金，国家

表7-2 印花税纳税申报（报告）表

税款所属期限：自　年　月　日至　年　月　日　　填表日期：　年　月　日　　金额单位：元至角分

纳税人识别号

纳税人信息									
纳税人信息	名称				□单位　□个人				
	登记注册类型			所属行业					
	身份证件类型			身份证件号码					
	联系方式								
应税凭证	计税金额或件数	核定征收		适用税率	本期应纳税额	本期已缴税额	本期减免税额		本期应补（退）税额
		核定依据	核定比例				减免性质代码	减免额	
	1	2	3	4	5 = 1 × 4 + 2 × 3 × 4	6	7	8	9 = 5 − 6 − 8
购销合同				0.3‰					
加工承揽合同				0.5‰					
建设工程勘察设计合同				0.5‰					
建筑安装工程承包合同				0.3‰					
财产租赁合同				1‰					
货物运输合同				0.5‰					
仓储保管合同				1‰					
借款合同				0.05‰					
财产保险合同				1‰					
技术合同				0.3‰					
产权转移书据				0.5‰					
营业账簿（记载资金的账簿）		—		0.5‰					
营业账簿（其他账簿）		—		5					
权利、许可证照		—		5					
合计	—	—		—					
以下由纳税人填写：									
纳税人声明	此纳税申报表是根据《中华人民共和国印花税暂行条例》和国家有关税收规定填报的，是真实的、可靠的、完整的。								
纳税人签章		代理人签章			代理人身份证号				
以下由税务机关填写：									
受理人		受理日期		年　月　日	受理税务机关签章				

本表一式三份，一份返还纳税人，一份作为资料归档，一份作为税收会计核算的原始凭证。

曾在一些大城市试行从工商利润中提取5%作为城市维护费，但是由于征收范围小、税率低，提取的资金有限，不能解决城市维护建设的需要。1985年2月，国务院发布了《中华人民共和国城市维护建设税暂行条例》并于同年度实施，开始征收城市维护建设税。城市维护建设税的征收，大大缓解了我国城市维护建设资金短缺的局面，促进了城市维护建设工作的开展。1994年税制改革，又对城市维护建设税的征收范围、征收办法及税率等方面作了调整。

7.3.2 城市维护建设税的纳税人和征税范围

1. 城市维护建设税的纳税人

城市维护建设税的纳税人是指缴纳增值税、消费税的单位和个人。凡是负有缴纳增值税、消费税义务的单位和个人，都是城市维护建设税的纳税人，都应当按照《中华人民共和国城市维护建设税暂行条例》的规定缴纳城市维护建设税。

这里所说的“单位和个人”包括国有企业、集体企业、私有企业、股份制企业、其他企业和行政单位、事业单位、军事单位、社会团体、其他单位，以及个体工商户以及其他个人。自2010年12月1日起，对外商投资企业、外国企业及外籍个人（以下简称“外资企业”）征收城市维护建设税。对外资企业2010年12月1日（含）之后发生纳税义务的增值税、消费税，征收城市维护建设税；对外资企业2010年12月1日之前发生纳税义务的增值税、消费税，不征收城市维护建设税。

增值税、消费税的代扣代缴、代收代缴义务人同时也是城市维护建设税的代扣代缴、代收代缴义务人。

2. 城市维护建设税的征税范围

城市维护建设税的征收范围包括：城市、县城、建制镇、工矿区以及税法规定征收增值税、消费税的其他地区。具体应根据行政区划作为划分标准。

☞ 小思考7-2　**在城市维护建设税中，是如何界定城市、县城、建制镇？**

一般按如下标准界定：城市是指经过国务院批准建立的市，从税务管理的角度讲，征税的范围包括市区、郊区和市辖县县城，不包括农村；县城是指未设立建制镇的县人民政府所在地；建制镇是指经省、自治区、直辖市人民政府批准设立的建制镇，征税的范围只限于镇人民政府所在地，不包括所辖的行政村。

7.3.3 城市维护建设税应纳税额的计算

1. 城市维护建设税的税率

城市维护建设税按照纳税人所在地的不同，分别设置了三档地区差别比例税率，具体如下：

（1）纳税人所在地为市区的，税率为 7%；

（2）纳税人所在地为县城、建制镇的，税率为 5%；

（3）纳税人所在地不在城市区、县城、建制镇的，税率为 1%；开采海洋石油资源的中外合作油（气）田所在地在海上，其城市维护建设税适用 1% 的税率。

城市维护建设税的适用税率，一般应按纳税人所在地的适用税率执行。但是对下列两种情况，可按缴纳增值税、消费税所在地的规定税率就地缴纳城市维护建设税：

（1）由受托方代扣代缴、代收代缴增值税、消费税的单位和个人，其代扣代缴、代收代缴的城市维护建设税按受托方所在地适用税率执行；

（2）流动经营等无固定纳税地点的单位和个人，在经营地缴纳增值税、消费税的，其城市维护建设税的缴纳按经营地适用税率执行。

另外，对于中国铁路总公司及所属运输企业应纳城市维护建设税的税率，财政部规定税率统一为 5%。

2. 城市维护建设税的计税依据

城市维护建设税的计税依据是纳税人实际缴纳的增值税、消费税税额。不包括非税款项目。

对于城市维护建设税的计税依据，说明如下。

（1）城市维护建设税的计税依据为增值税、消费税税额总和，不包括纳税人违反有关税法规定而必须上缴的滞纳金和罚款。滞纳金和罚款是税务机关对纳税人违法行为的经济制裁，不能作为城市维护建设税的计税依据。但是纳税人在被查补增值税、消费税和被处以罚款时，应同时对其偷漏的城市维护建设税进行补税、征收滞纳金和罚款。

（2）城市维护建设税以增值税、消费税的税额总和为计税依据并同时缴纳，因此，当增值税、消费税免征或者减征时城市维护建设税也应同时免征或者减征。

（3）对出口产品退还增值税、消费税的，不退还已缴纳的城市维护建设税。进口产品需征收增值税、消费税，不征收城市维护建设税。即进口不征，出口不退。

（4）从 2005 年 1 月 1 日起，经国家税务局正式审核批准的当期免抵的增值税税额应纳入城市维护建设税和教育费附加的计征范围，分别按规定的税（费）率征收城市维护建设税和教育费附加。2005 年 1 月 1 日前，已按免抵的增值税税额征收的城市维护建设税和教育费附加不再退还，未征的不再补征。

3. 城市维护建设税应纳税额的计算

城市维护建设税应纳税额的计算公式为

应纳税额 =（实际缴纳的增值税税额 + 消费税税额）× 适用税率

【例 7-2】 A 运输企业的厂区设在某市区，当年 4 月份缴纳增值税 80 万元，缴纳消费税 20 万元。计算该企业当年 4 月份应缴纳的城市建设维护税税额。

解 A运输企业设在市区，适用的税率为7%。

应纳城市维护建设税税额 =（80 + 20）× 7% = 7（万元）

7.3.4 城市维护建设税的征收管理

1. 纳税环节

城市维护建设税的纳税环节，实际就是纳税人缴纳增值税、消费税的环节。纳税人只要发生增值税、消费税的纳税义务，就要在同样的环节，分别计算缴纳城市建设维护税。

2. 纳税期限

城市维护建设税的纳税期限和增值税、消费税的纳税期限相一致。根据税法的规定，增值税和消费税的纳税期限均分别为1日、3日、5日、10日、15日或者1个月。纳税人的增值税、消费税的具体纳税期限，由主管税务机关根据纳税人应纳税额的大小分别核定，不能按照固定期限纳税的，可以按次纳税。

由于《中华人民共和国城市维护建设税暂行条例》是在1994年分税制前制定的，1994年后，增值税、消费税由国家税务局征收管理，而城市维护建设税由地方税务局征收管理，因此，在缴税入库的时间上不一定完全一致。

3. 纳税地点

城市维护建设税的纳税地点和增值税、消费税的纳税地点一样。纳税人缴纳增值税、消费税的纳税地点也就是城市维护建设税的纳税地点。

此外，对城市维护建设税的纳税地点还有一些特殊规定，具体如下。

（1）代扣代缴、代收代缴增值税、消费税的单位和个人，同时也是城市维护建设税的代扣代缴、代收代缴义务人，其城市维护建设税的纳税地点是在代扣代收地。

（2）对流动经营等无固定纳税地点的单位和个人，应随同增值税、消费税在经营地按适用税率缴纳。

（3）对管道局输油部分的收入，由取得收入的各管道局于所在地缴纳增值税，因此，其应缴纳的城市维护建设税也应由取得收入的各管道局于所在地缴纳增值税时一并缴纳。

7.4 车辆购置税

7.4.1 车辆购置税概述

1. 车辆购置税的概念

车辆购置税（vehicle purchase tax）是对在我国境内购置应税车辆的单位和个人，按其购置车辆的价格的一定比率征收的一种税。这里所称的“购置”，包括购买、进口、自产、受赠、获奖或者以其他方式取得并自用应税车辆的行为。所称“车辆”包括汽车、摩托车、电车、挂车、农用运输车。

2. 我国车辆购置税的特点

车辆购置税具有以下几个特点。

（1）兼有财产税和行为目的税的性质。车辆购置税的征收范围单一，它不是对所有的财产，而只对应税车辆征税；其征税具有特定目的，征收环节为购车之后、办理车辆登记注册手续之前。因此，车辆购置税既可以看作是对财产征税又可以看作是对车辆购置行为征税，具有财产税和行为目的税双重性质。

（2）车辆购置税是价外税。因其是价外征收，因此不易转嫁税负。

（3）车辆购置税属于费改税。车辆购置税是从 2001 年 1 月 1 日起新开征的税种，是由车辆购置费改制而来。

3. 我国车辆购置税的发展

车辆购置税是由原来的车辆购置附加费转化而来的。1985 年，国务院规定对所有购置车辆的单位和个人一律征收车辆购置附加费，作为由中央调控用于公路建设的专项资金，由交通部负责安排使用。作为在全国范围内普遍强制征收的专项政府基金，由于管理规范、操作简便，车辆购置费已具有明显的税收特征。于是，1998 年，根据国务院部署，财政部、国家计划委员会同国务院有关部门草拟了《关于规范道路和车辆收费管理的改革实施方案（草案）》明确将车辆购置附加费改为车辆购置税。车辆购置税与车辆购置附加费相比，主要变化是：名称由费改为税，征收部门由交通系统改为由国家税务系统征收，征收的钱款由过去交通系统逐级解缴国库改为税务系统缴入中央国库。2000 年 10 月 22 日国务院颁布了《中华人民共和国车辆购置税暂行条例》并于 2001 年 1 月 1 日开始实施。

随着我国改革开放的不断深入，社会经济迅速发展，人民的生活水平有了很大提高，单位和个人购置车辆的数量也急剧增加。征收车辆购置税，一方面，可以通过税收杠杆，增加购置车辆的经济成本，在社会范围内调控购置车辆的比例，防止和抑制盲目购置车辆的行为；另一方面，我国交通基础设施建设还比较薄弱，而此项税收收入可以增加政府财力，在满足基础设施建设、改善公共道路等方面能够起到积极作用。

小思考7－3

开征车辆购置税会增加消费者负担吗?

开征车辆购置税不会引起车价上涨，也不会增加消费者负担。与车辆购置费相比，车辆购置税的税率是 10%，跟车辆购置附加费的征收率一样，征收环节也一样。不同的是，一个是收费，一个是收税；一个是由交通部门征收，一个是由税务机关征收。因此，开征车辆购置税不会增加消费者负担。此外，车辆购置税是价外税，汽车的价格在开征车辆购置税之前就已经确定，购车人在购置车辆以后再纳税，因此，开征车辆购置税也不会引起车价上涨。

7.4.2 车辆购置税的纳税人和征税对象

1. 车辆购置税的纳税人

车辆购置税的纳税人，是在中华人民共和国境内购置规定车辆为课税对象、在特定的环节向车辆购置者征收的一种税。就其性质而言，属于直接税的范畴。

车辆购置税的纳税人是指在我国境内购置应税车辆的单位和个人。其中购置是指购买使用行为、进口使用行为、受赠使用行为、自产自用行为、获奖使用行为以及拍卖、抵债、走私、罚没等方式取得并使用的行为，这些行为都属于车辆购置税的应税行为。

这里所说的“单位”，包括国有企业、集体企业、私营企业、股份制企业、外商投资企业、外国企业以及其他企业和事业单位、社会团体、国家机关、部队以及其他单位；“个人”，包括个体工商户以及其他个人，既包括中国公民又包括外国公民。

2. 车辆购置税的征税范围

根据《中华人民共和国车辆购置税暂行条例》的规定，凡是在中华人民共和国境内购置应税车辆的，应当缴纳车辆购置税。应税车辆，包括汽车、摩托车、电车、挂车、农用运输车。具体征收范围如下。

（1）汽车：各类汽车。

（2）摩托车：①轻便摩托车：最高设计时速不大于50km/h，发动机气缸总排量不大于50cm^3的两个或者三个车轮的机动车；②二轮摩托车：最高设计车速大于50km/h，或者发动机气缸总排量大于50cm^3的两个车轮的机动车；③三轮摩托车：最高设计车速大于50km/h，或者发动机气缸总排量大于50cm^3，空车重量不大于400kg的三个车轮的机动车。

（3）电车：①无轨电车：以电能为动力，由专用输电电缆线供电的轮式公共车辆；②有轨电车：以电能为动力，在轨道上行驶的公共车辆。

（4）挂车：①全挂车：无动力设备，独立承载，由牵引车辆牵引行驶的车辆；②半挂车：无动力设备，与牵引车辆共同承载，由牵引车辆牵引行驶的车辆。

（5）农用运输车：①三轮农用运输车：柴油发动机，功率不大于7.4kW，载重量不大于500kg，最高车速不大于40km/h的三个车轮的机动车；②四轮农用运输车：柴油发动机，功率不大于28kW，载重量不大于1 500kg，最高车速不大于50km/h的四个车轮的机动车。

为了体现税法的统一性、固定性、强制性和法律的严肃性特征，车辆购置税征收范围的调整，由国务院决定，其他任何部门、单位和个人无权擅自扩大或缩小车辆购置税的征税范围。

国外买车缴什么税　　小资料7-2

韩国：1977年，韩国政府针对汽车消费推出了“差别化”的特别消费税制度。所谓“差别化”是指根据汽车型号的不同给予不同的课税，所购汽车的排气量越大，消费税率就越高。目前，韩国针对汽车实行的特别消费税分为三个档次：排气量1.5L以下的小型车为10%，1.5L至2.0L的中型车为15%，2.0L以上的大型车为20%。

新加坡：在新加坡，一辆进口车要征收31%的关税，140%的附加注册税，还有其他牌照税等小金额手续费。与此同时，政府还要征收汽油税、路税、停车费等税费。

阿联酋：阿联酋汽车进口关税定为4%的低关税，除此之外，再没有设置任何其他的附加税种。

保加利亚：保加利亚人在购新车时，应交20%的增值税（增值税税额直接打入小轿车的零售价格之中）。此外，还应缴纳所有权税和养路税。购买旧车时，也应缴纳当年的所有权税和养路税，如果该车已经缴纳这两项税，则买方无须交纳。购置旧车时，还应交纳成交价格7%的公证费。

越南：在越南购买一辆新车，只需向当地税务部门缴纳车价2%的购置税（过去为4%），接着要去当地的交警部门缴纳150 000盾（1美元约合15 000越南盾）的登记费，便可获得牌照，然后到当地的车检部门验车，费用是140 000盾，获得车检合格证后，则只需购买最低300 000盾的车辆保险即可。

印尼：在印尼买车需缴纳汽车购置税、增值税和奢侈品税，这些税收大约为车价的10%~15%不等，奔驰等高档车的税收比例较高，在25%~30%之间。印尼民众在购车后的唯一一次性付费项目是到交管部门办理拥车证（证明车为车主所有），费用约2 000美元。

南非：在南非市场上买车时，只需一次性支付14%的增值税和950兰特的注册费、牌照费，无须再缴纳其他任何费用。

俄罗斯：在莫斯科购买俄产私家车，商家只收20%的增值税，而且免费为顾客办理注册、上牌照等手续，这些手续费总计不过15美元，保险费可交可不交。购买外国进口车要比国产车多交25%的进口关税。

7.4.3　车辆购置税应纳税额的计算

1. 车辆购置税的税率

我国车辆购置税的税率实行统一比例税率，税率为10%。

2. 车辆购置税的计税依据

车辆购置税以应税车辆为课税对象，考虑到我国车辆市场供求的矛盾，价格差异变化，计量单位不规范以及征收车辆购置费的做法，实行从价定率、价外征收的方法计算应纳税额，应税车辆的价格即计税价格就成为车辆购置税的计税依据。但是，由于应税车辆购置的来源不同，应税行为的发生不同，计税价格的组成也就不一样。车辆购置税以纳税人所购置的车辆的价格为计税依据，车辆购置税的计税价格根据不同情况，按照下列规定确定。

（1）纳税人购买自用的应税车辆的计税价格，为纳税人购买应税车辆而支付给销售者的全部价款和价外费用，不包括增值税税款。这里所说的价外费用，是指销售方价外向购货方收取的手续费、基金、违约金、包装费、运输费、保管费、代收款项、代垫款项和其他各种性质的价外收费。如果含有增值税应换算为不含增值税的销售价格。

（2）纳税人进口自用的应税车辆的计税价格的计算公式为

计税价格 = 关税完税价格 + 关税 + 消费税

其中：应纳关税 = 关税完税价格 × 关税税率

应纳消费税税额 = 组成计税价格 × 消费税税率

组成计税价格 =（关税完税价格 + 关税）/（1 − 消费税税率）

进口自用的应税车辆是指纳税人直接从境外进口或委托代理进口自用的应税车辆，即非贸易方式进口自用的应税车辆。而且进口自用的应税车辆的计税依据，应根据纳税人提供的、经海关审查确认的有关完税证明资料确定。

（3）纳税人自产、受赠、获奖或者以其他方式取得并自用的应税车辆的计税价格，由主管税务机关参照最低计税价格核定。国家税务总局参照应税车辆市场平均交易价格，规定不同类型应税车辆的最低计税价格。国家税务总局未核定最低计税价格的车辆，计税价格为纳税人提供的有效价格证明注明的价格。有效价格证明注明的价格明显偏低的，主管税务机关有权核定应税车辆的计税价格。

（4）纳税人购买自用或者进口自用应税车辆，申报的计税价格低于同类型应税车辆的最低计税价格，又无正当理由的，按照最低计税价格征收车辆购置税。

（5）最低计税价格是指国家税务总局依据机动车生产企业或者经销商提供的车辆价格信息，参照市场平均交易价格核定的车辆购置税计税价格。根据纳税人购置应税车辆的不同情况，国家税务总局对以下几种特殊情形应税车辆的最低计税价格规定如下。

① 对已缴纳车辆购置税并办理了登记注册手续的车辆，其底盘和发动机同时发生更换，其最低计税价格按同类型新车最低计税价格的 70% 计算。

② 免税、减税条件消失的车辆，其最低计税价格的确定方法为

最低计税价格 = 同类型新车最低计税价格 ×［1 −（已使用年限/规定使用年限）］× 100%

其中，使用年限为：国产车辆按 10 年计算；进口车辆按 15 年计算。超过使用年限的车辆，不再征收车辆购置税。

（6）非贸易渠道进口车辆的最低计税价格，为同类型新车最低计税价格。

3. 车辆购置税应按税额计算

车辆购置税实行从价定率的办法计算应纳税额，应纳税额的计算公式为

应纳税额 = 计税价格 × 适用税率（10%）

由于应税车辆的来源、应税行为的发生以及计税依据组成的不同，因而，车辆购置税应按税额的计算方法也有区别。

其中：纳税人购买自用车辆的计税公式为

应纳税额 =（支付的全部价款 + 价外费用）× 适用税率

纳税人进口自用车辆的计税公式为

应纳税额 =（关税完税价格 + 消费税）× 适用税率

纳税人自产、受赠、获奖或以其他方式取得的自用车辆的计税公式为

应纳税额 = 规定的最低计税价格 × 适用税率

【例7－3】某运输企业进口的一部免税车辆现因改变用途需依法缴纳车辆购置税，已知该车原价50万元，同类型新车最低计税价格为40万元，该车已使用5年，规定使用年限为20年，车辆购置税税率为10%，计算该公司应缴纳的车辆购置税税额。

解　本题必须先求出最低计税价格，如果不会最低计税价格公式，则无法求出应缴纳的车辆购置税税额。

最低计税价格 = 同类型新车最低计税价格 ×［1 －（已使用年限/规定使用年限）］× 100%

最低计税价格 = 40 ×［1 －（5/20）］× 100%

= 30（万元）

应缴纳的车辆购置税税额 = 30 × 10% = 3（万元）

7.4.4　车辆购置税的征收管理

根据自2015年2月1日起开始施行的《车辆购置税征收管理办法》，车辆购置税的征收规定如下。

1. 纳税环节

车辆购置税是对应税车辆的购置行为课征的，因此，征税环节应选择在使用环节（即最终消费环节）。现行政策规定，纳税人应当在向公安机关等车辆管理机构办理车辆登记注册手续前，缴纳车辆购置税。即车辆购置税是在应税车辆上牌登记注册前的使用环节征收。

购买二手车时，购买者应当向原车主索要《车辆购置税完税证明》。购买已经办理车辆购置税免税手续的二手车，购买者应当到税务机关重新办理申报缴税或者免税手续。未按规定办理的，按征管法的规定处理。

2. 纳税期限

按照《中华人民共和国车辆购置税暂行条例》的规定，纳税人购买自

用应税车辆的，应当自购买之日起 60 日内申报纳税；进口自用应税车辆的，应当自进口之日起 60 日内申报纳税；自产、受赠、获奖或者以其他方式取得应税车辆的，应当自取得之日起 60 日内申报纳税。免税、减税车辆因转让、改变用途等原因不再属于免税、减税范围的，应当在办理车辆过户手续前或者办理变更车辆登记注册手续前缴纳车辆购置税。

车辆购置税税款应当一次缴清。

3. 纳税地点

根据《中华人民共和国车辆购置税暂行条例》的规定，纳税人购置应税车辆，应当向车辆注册地的主管税务机关申报纳税；购置不需要办理车辆登记注册手续的应税车辆，应当向纳税人所在地主管税务机关申报纳税。“车辆登记注册地”，是指车辆的上牌落籍地或落户地。

4. 征收机关

按照《中华人民共和国车辆购置税暂行条例》的规定，车辆购置税由国家税务局征收。目前暂由各省、自治区、直辖市、计划单列市交通部门所属车辆购置附加费稽征机构负责代征。

5. 纳税申报

纳税人办理纳税申报时应如实填写《车辆购置税纳税申报表》（以下简称纳税申报表），主管税务机关应对纳税申报资料进行审核，确定计税依据，征收税款，核发完税证明。征税车辆在完税证明征税栏加盖车辆购置税征税专用章，免税车辆在完税证明免税栏加盖车辆购置税征税专用章。完税后，由税务机关保存有关复印件，并对已经办理纳税申报的车辆建立车辆购置税征收管理档案。

主管税务机关在为纳税人办理纳税申报手续时，对设有固定装置的非运输车辆应当实地验车。

（1）纳税人应到下列地点办理车辆购置税纳税申报。

① 需要办理车辆登记注册手续的纳税人，向车辆登记注册地的主管税务机关办理纳税申报。

② 不需要办理车辆登记注册手续的纳税人，向纳税人所在地的主管税务机关办理纳税申报。

（2）车辆购置税实行一车一申报制度。

（3）纳税人购买自用应税车辆的，应自购买之日 60 日内申报纳税；进口自用应税车辆的，应自进口之日 60 日内申报纳税；自产、受赠、获奖或者以其他方式取得并自用应税车辆的，应自取得之日起 60 日内申报纳税。

（4）免税车辆因转让、改变用途等原因，其免税条件消失的，纳税人应在免税条件消失之日起 60 日内到主管税务机关重新申报纳税。

免税车辆发生转让，但仍属于免税范围的，受让方应当自购买或取得车辆之日起 60 日内到主管税务机关重新申报纳税。

（5）纳税人办理纳税申报时应如实填写《车辆购置税纳税申报表》

（以下简称纳税申报表），同时提供下列资料：

① 车主身份证明；

② 车辆价格证明；

③ 车辆合格证明；

④ 税务机关要求提供的其他资料。

（6）免税条件消失的车辆，纳税人在办理纳税申报时，应如实填写纳税申报表，同时提供以下资料：

① 发生二手车交易行为，提供纳税人身份证明、《二手车销售统一发票》和《车辆购置税完税证明》（以下简称完税证明）正本原件；

② 未发生二手车交易行为的，提供纳税人身份证明，完税证明正本原件及有效证明资料。

购置已征车辆购置税的车辆，还要缴纳车辆购置税吗？ 小思考7－4

车辆购置税实行一次征收制度。购置已征车辆购置税的车辆，不再征收车辆购置税。

本章小结

本章主要讲述了行为目的税的发展、特点、种类等。行为目的税主要包括印花税、城市维护建设税、车辆购置税等。印花税是对经济活动和经济交往中，书立、领受应税凭证的行为为征税对象征收的一种税。城市维护建设税是国家对缴纳增值税、消费税的单位和个人就其实际缴纳的增值税、消费税税额为计税依据而征收的一种税。车辆购置税是对在我国境内购置应税车辆的单位和个人，按其购置车辆的价格的一定比率征收的一种税。其中，对于交通运输业，车辆购置税又是重中之重。

主要法律依据

[1]《中华人民共和国印花税暂行条例》（中华人民共和国国务院令第11号）。成文日期：1988年08月06日。

[2]《中华人民共和国印花税暂行条例施行细则》（〔1988〕财税字第255号）。成文日期：1988年09月29日。

[3]《国家税务局关于货运凭证征收印花税几个具体问题的通知》（国税发〔1990〕173号）。成文日期：1990年10月12日。

[4]《国家税务总局关于印花税违章处罚有关问题的通知》（国税发〔2004〕15号）。成文日期：2004年01月29日。

[5]《国家税务总局关于进一步加强印花税征收管理有关问题的通知》

（国税函〔2004〕150 号）。成文日期：2004 年 01 月 30 日。
[6]《中华人民共和国城市维护建设税暂行条例》（国发〔1985〕19 号）。成文日期：1985 年 02 月 08 日。
[7]《财政部　国家税务总局关于生产企业出口货物实行免抵退税办法后有关城市维护建设税教育费附加政策的通知》（财税〔2005〕25 号）。成文日期：2005 年 02 月 25 日。
[8]《财政部　国家税务总局关于增值税　消费税　营业税实行先征后返等办法有关城建税和教育费附加政策的通知》（财税〔2005〕72 号）。成文日期：2005 年 05 月 25 日。
[9]《中华人民共和国车辆购置税暂行条例》（中华人民共和国国务院令第 294 号）。成文日期：2000 年 10 月 22 日。
[10]《车辆购置税征收管理办法》（国家税务总局令第 33 号）。成文日期：2014 年 12 月 02 日。

习　题

一、思考题

1. 什么是行为目的税？行为目的税有哪些特点？
2. 什么是印花税？印花税有哪些特点？
3. 印花税的纳税人有哪些？
4. 简述与交通运输业相关的印花税税收优惠政策。
5. 简述城市维护建设税的税率和计税依据。
6. 简述车辆购置税的计税依据。

二、单项选择题

1. 下列项目中，属于缴纳印花税的凭证是（　　）。

A. 家庭财产两全保险合同　　B. 专利证书副本
C. 劳务输出合同　　D. 向学校捐赠财产所立书据

2. 在确定合同计税依据时应当注意，有时合同在签订时无法确定计税金额，对于此类合同，一般按（　　）贴花，以后结算时，再予以补贴印花。

A. 定额 10 元　　B. 预期金额 5 元
C. 定额 15 元　　D. 定额 5 元

3. 甲、乙签订一份商品购销合同，甲要求乙提供商品的鉴定，丙愿意为该种商品提供鉴定，丁为甲的业务代理人，并代表甲与乙签订了经济合同，这一事项中，属于印花税纳税人的是（　　）。

A. 甲、乙　　B. 甲、乙、丁
C. 乙、丁　　D. 甲、乙、丙、丁

4. 城市维护建设税的计税依据是（　　）。

A. 是应缴纳的消费税、营业税和增值税（以下简称增值税、消费税）税额
B. 是实际缴纳的增值税、消费税税额
C. 包括增值税、消费税加收的滞纳金
D. 包括增值税、消费税的罚款

5. 不属于城市维护建设税纳税人的是（　　）。
A. 国有企业　　B. 个人　　C. 私营企业　　D. 外国企业

6. 我国车辆购置税实行法定减免税，下列不属于车辆购置税减免税范围的是（　　）。
A. 外国驻华使馆、领事馆和国际组织驻华机构及其外交人员自用车辆
B. 回国服务的留学人员用人民币现金购买 1 辆个人自用国产小汽车
C. 设有固定装置的非运输车辆
D. 长期来华定居专家进口 1 辆自用小汽车

三、多项选择题

1. 下列应税凭证中，可免纳印花税的有（　　）。
A. 无息、贴息贷款合同
B. 已缴纳印花税的凭证副本或抄本
C. 外国政府或国际金融组织向我国政府及国家金融机构提供的优惠贷款所书立的合同
D. 国家指定收购部门与村民委员会书立的农产品收购合同

2. 下列合同中，应作为印花税征税对象的有（　　）。
A. 仓储、保管合同或作为合同使用的入库单
B. 银行同业拆借所签订的借款合同
C. 企业和个人出租门店柜台所签订的租赁合同
D. 会计师事务所签订的会计咨询合同

3. 印花税税率形式有（　　）。
A. 定额税率　　B. 超额累进税率
C. 比例税率　　D. 全额累进税率

4. 某日化厂生产销售化妆品和护肤护发品，取得的收入应纳（　　）。
A. 增值税　　B. 消费税
C. 营业税　　D. 城市维护建设税

5. 下列关于城市维护建设税的说法正确的是（　　）。
A. 对出口产品退还增值税的，应退还已缴的城市维护建设税
B. 对出口产品退还消费税的，不退还已缴的城市维护建设税
C. 对出口产品退还消费税的，应退还已缴的城市维护建设税
D. 对于减免税而需要进行三税退库的，城市维护建设税可同时退库

6. 纳税人购买自用的应税车辆计税价格的组成包括（　　）。

A. 应税车辆价款　　B. 价外费用

C. 含增值税　　D. 不含增值税

四、实务计算题

1. 甲汽车零配件制造企业和乙汽车生产制造企业签订了购销合同，甲汽车零配件制造企业向乙汽车生产制造企业出售一批材料，市场价格为20万元，同时，乙汽车生产制造企业向甲企业出售A产品，市场价格为15万元，货物的价格差异由乙企业以银行存款支付，已知购销合同的印花税税率为0.3‰。

要求：试计算甲、乙两企业各自应纳的印花税税额。

2. 甲物流企业今年签订了以下几个合同：

（1）与乙企业签订了租赁合同，将企业的生产设备一台出租给乙企业，设备价值为10万元，每年租金为4万元，租期为2年；

（2）与丙运输公司签订运输合同，合同记载的运输费和仓储保管费用共3万元。

要求：试计算甲企业今年应缴纳的印花税税额。

3. 甲管道运输企业设在某市市区，12月份应缴纳的增值税为20万元，消费税为8万元，已在规定的纳税期限内缴纳，但税务机关在检查其年度纳税情况时发现，该企业11月份一笔运输货物业务因货款未收到而未办理纳税申报，经税务机关核定应补缴的增值税税额为5 000元，按规定加收滞纳金和罚款共6 000元。

要求：计算该企业应缴纳及应补缴的城市维护建设税。

4. 某县城货运公司为增值税一般纳税人。进口原材料一批，向海关缴纳进口环节增值税10万元；在国内提供劳务缴纳增值税30万元、消费税50万元，由于缴纳消费税超过纳税期限10天，被罚滞纳金1万元；出口乙产品一批，按规定退回增值税5万元。

要求：计算该企业应缴纳的城市维护建设税税额。

5. 甲企业是一家交通运输企业，坐落于某市市区，是增值税一般纳税人。购进原材料等取得的增值税专用发票上注明的税款共600万元，销售汽车取得销售收入（含税）8 000万元；该企业适用的消费税税率为8%。

要求：请分别计算该企业购进的汽车应缴纳的增值税、消费税和城市建设维护税税额。

6. 某汽车制造企业是增值税一般纳税人，将自产轿车3辆作为本企业固定资产使用，将自产轿车2辆作为专车配给对企业发展有特殊贡献的专家。该企业生产的上述轿车不含税价格为20万元/辆，国家税务总局核定的同类型轿车的最低计税价格为2万元/辆。

要求：计算该企业应缴纳的车辆购置税。

7. A运输企业从某汽车销售公司购买一辆轿车供企业自用，支付含增值税的价款550 000元，另支付购置工具件和零配件价款5 000元，车辆装饰费20 000元，销售公司代收保险费等10 000元，支付的各项价款均由销售公司开具统一发票。

要求：计算A企业应缴纳的车辆购置税税额。

第 8 章

交通运输业税收征收管理

学习要求

主要法律依据

重点掌握：税滞纳金征收制度、税收保全措施、税收强制执行措施。
一般掌握：法律责任，税收管理法的适用范围、纳税申报管理。
理　　解：税务登记管理、账簿与凭证管理、税款征收原则。
了　　解：税款征收方式、纳税担保试行办法、欠税清缴制度。

8.1　交通运输业税收征收管理概述

税收征收管理法是有关税收征收管理法律规范的总称，包括税收征收管理法及税收征收管理的有关法律、法规和规章。

《中华人民共和国税收征收管理法》（以下简称《征管法》）于 1992 年 9 月 4 日第七届全国人民代表大会常务委员会第二十七次会议通过，1993 年 1 月 1 日起施行。至 2015 年，全国人民代表大会先后对其进行了四次修订。

8.1.1　税收征收管理法的立法目的

《征管法》第一条规定对其立法目的进行了高度概括："为了加强税收征收管理，规范税收征收和缴纳行为，保障国家税收收入，保障纳税人的合法权益，促进经济和社会发展，制定本法。"

1. 加强税收征收管理

税收征收管理是国家征税机关依据国家税收法律、行政法规的规定，按照统一的标准，通过一定的程序，对纳税人应纳税额组织入库的一种行政活动，是国家将税收政策贯彻实施到每个纳税人，有效地组织税收收入及时、足额入库的一系列活动的总称。税收征管工作的好坏，直接关系到税收职能作用能否很好地发挥。因此，加强纳税人税收征收管理是《征管法》立法的首要目的。

2. 规范税收征收和缴纳行为

《征管法》既要为税务机关、税务人员提供依法行政的提供标准和规范，同时也要为纳税人提供缴纳税款的标准和规范。以“规范税收征收和缴纳行为”为目的，是对依法治国、依法治税思想的深刻理解和运用，为其他条款的修订指明了方向。

3. 保障国家税收收入

税收收入是国家财政的主要来源，组织税收收入是税收的基本职能之一。《征管法》是税收征收管理的标准和规范，其根本目的是保证税收收入的及时、足额入库。

4. 保护纳税人的合法权益

税收征收管理不仅要维护国家的利益，还要保护纳税人的合法权益不受侵犯。纳税人必须按照国家税收法律、行政法规的规定缴纳税款，除此之外的任何其他款项都被认为是对纳税人的合法权益造成了侵害。

5. 促进经济发展和社会进步

税收是国家宏观调控的重要杠杆，《征管法》是市场经济的重要法律规范，这就要求税收征收管理的措施，如税务登记、纳税申报、税款征收、税收检查以及税收政策等以促进经济发展和社会进步为目标，方便纳税人，保护纳税人。以促进经济和社会发展为目的，表明了税收征收管理的历史使命和前进方向。

8.1.2　税收征收管理法的适用范围

《征管法》第二条规定：“凡依法由税务机关征收的各种税收的征收管理，均适用本法。”

我国税收的征收机关有税务、海关等部门，税务机关征收各种工商税收，海关征收关税。《征管法》只适用于由税务机关征收的各种税收的征收管理。而海关征收的关税及代征的增值税、消费税，不适用《征管法》。除此以外，税务机关负责征收的包括教育附加费等其他费用也不适用《征管法》。

8.1.3　交通运输业税收征收管理法的遵守主体

1. 税务行政主体——税务机关

《征管法》第五条规定：“国务院税务主管部门主管全国税收征收管理工作。各地国家税务局和地方税务局应当按照国务院规定的税收征收管理范围分别进行征收管理。”《征管法》和《中华人民共和国税收征收管理法实施细则》（以下简称《实施细则》）规定：“税务机关是指各级税务局、税务分局、税务所和省以下税务局的稽查局。稽查局专司偷税、逃避追缴欠税、骗税、抗税案件的查处。国家税务总局应明确划分税务局和稽查局的职责，避免职责交叉。”

2. 税务行政管理相对人——纳税人、扣缴义务人和其他有关单位

法律、行政法规规定负有纳税义务的单位和个人为纳税人，规定负有代扣代缴、代收代缴税款义务的单位和个人为扣缴义务人。《征管法》规定，纳税人、扣缴义务人必须依照规定缴纳税款、代扣代缴、代收代缴税款，并如实向税务机关提供有关的信息。所以纳税人、扣缴义务人和其他有关单位是税务行政管理的相对人，是《征管法》的遵守主体，必须按照其规定接受税务管理，享受合法权益。

3. 有关单位和部门

《征管法》规定，地方各级人民政府在内的有关单位和部门也是《征管法》的遵守主体，应当依法加强对本行政区域内税收管理工作的领导或者协调，支持税务机关依法执行职务，依照法定税率计算税额，依法征收税款。

8.2 交通运输业税务管理

8.2.1 交通运输业税务登记制度

税务登记是税务机关对纳税人的经营活动进行登记并据此对纳税人实施税务管理的一种法定制度。税务登记又称纳税登记，它是税务机关对纳税人实施税收管理的首要环节和基础工作，是征纳双方法律关系成立的依据和证明，也是纳税人必须依法履行的义务。

根据《国务院办公厅关于加快推进“五证合一、一照一码”登记制度改革的通知》，我国税务登记制度大体包括以下内容。

1. 五证合一

根据2014年国家税务总局关于推进工商营业执照、组织机构代码证和税务登记证“三证合一”改革的若干意见，税务登记证和工商营业执照、组织机构代码证实行“三证合一”。2016年，在全面实施工商营业执照、组织机构代码证、税务登记证“三证合一”登记制度改革的基础上，再整合社会保险登记证和统计登记证，实现“五证合一、一照一码”，由登记部门直接核发加载统一社会信用码的营业执照。是继续深化商事制度改革、优化营商环境、推动大众创业万众创新的重要举措。

2. 开业税务登记

以“三证合一”工作机制及技术方案为基础，按照“五证合一、一照一码”登记制度改革的要求加以完善。全面实行“一套材料、一表登记、一窗受理”的工作模式，申请人办理企业注册登记时只需填写“一张表格”，向“一个窗口”提交“一套材料”。登记部门直接核发加载统一社会信用代码的营业执照，相关信息在全国企业信用信息公示系统公示，并归集至全国信用信息共享平台。企业不再另行办理社会保险登记证和统计登记证。积极推进“五证合一”申请、受理、审查、核准、发照、公示等全程电子化登记管理，加快实现“五证合一”网上办理。

已按照“三证合一”登记模式领取加载统一社会信用代码营业执照的

企业，不需要重新申请办理“五证合一”登记，由登记机关将相关登记信息发送至社会保险经办机构、统计机构等单位。

各省税务机关在交换平台获取“五证合一”企业登记信息后，依据企业住所（以统一代码为标识）按户分配至县（区）税务机关；县（区）税务机关确认分配有误的，将其退回至市（地）税务机关，由市（地）税务机关重新进行分配；省税务机关无法直接分配至县（区）税务机关的，将其分配至市（地）税务机关，由市（地）税务机关向县（区）税务机关进行分配。

对于工商登记已采集信息，税务机关不再重复采集；其他必要涉税基础信息，可在企业办理有关涉税事宜时，及时采集，陆续补齐。发生变化的，由企业直接向税务机关申报变更，税务机关及时更新税务系统中的企业信息。

根据国家税务总局2016年关于明确社会组织等纳税人使用统一社会信用代码及办理税务登记有关问题的通知，对于2016年1月1日以后在机构编制、民政部门登记设立并取得统一社会信用代码的纳税人，以18位统一社会信用代码为其纳税人识别号（具有唯一性），按照现行规定办理税务登记、发放税务登记证件。

3. 变更税务登记

变更税务登记，是纳税人税务登记内容发生重要变化时向税务机关申报办理的税务登记手续。

纳税人办理税务登记后，如发生下列情形之一，应当办理变更税务登记：发生改变名称、改变法定代表人、改变经济性质或经济类型、改变住所和经营地点（不涉及主管税务机关变动的）、改变经营方式、增减注册资金（资本）、改变隶属关系、改变经营期限、改变或增减银行账号、改变经营权属以及改变其他税务登记内容的。

4. 注销税务登记

注销税务登记，则是指纳税人税务登记内容发生了根本性变化，需终止履行纳税义务时向税务机关申报办理的税务登记手续。

1）适用范围

纳税人因经营期限届满而自动解散；企业由于改组、分立、合并等原因而被撤销；企业资不抵债而破产；纳税人住所、经营地址迁移而涉及改变原主管税务机关；纳税人被工商行政管理部门吊销营业执照；以及纳税人依法终止履行纳税义务的其他情形。

2）具体要求

已实行“五证合一、一照一码”登记模式的企业办理注销登记，须先向主管税务机关申报清税，填写《清税申报表》。企业可向国税、地税任何一方税务主管机关提出清税申报，税务机关受理后应将企业清税申报信息同时传递给另一方税务机关，国税、地税税务主管机关按照各自职责分别进行清税，限时办理。清税完毕后一方税务机关及时将本部门的清税结果信息反馈给受理税务机关，由受理税务机关根据国税、地税清税结果向纳税人统一出具《清税证明》，并将信息共享到交换平台。

税务机关应当分类处理纳税人清税申报，扩大即时办结范围。根据企业经营规模、税款征收方式、纳税信用等级指标进行风险分析，对风险等级低的当场办结清税手续；对于存在疑点情况的，企业也可以提供税务中介服务机构出具的鉴证报告。税务机关在核查、检查过程中发现涉嫌偷、逃、骗、抗税或虚开发票的，或者需要进行纳税调整等情形的，办理时限自然中止。在清税后，经举报等线索发现少报、少缴税款的，税务机关将相关信息传至登记机关，纳入“黑名单”管理。

5. 停业、复业登记

实行定期定额征收方式的纳税人，在营业执照核准的经营期限内需要停业的，应当向税务机关提出停业登记，并填写申请停业登记表。停业期限不得超过一年。通过审核的纳税人应当结清税款并上交要求的证件和资料，办理停业登记。纳税人停业期间发生纳税义务，应当及时向主管税务机关申报，依法补缴应纳税款。

纳税人在恢复经营之前，应向税务机关提出复业登记申请，经确认后，办理复业登记，领回或启用上交的证件与资料，纳入正常管理。

纳税人停业期满不能及时恢复经营的，应当在停业期满前向税务机关提出延长停业登记，并填写《停业复业报告书》。如果未申请延长停业的，税务机关应当视为已恢复营业，实施正常的税收征收管理。

6. 外出经营报验登记

（1）纳税人到外县（市）临时从事经营活动的，应当在外出经营以前，持印有统一社会信用代码的营业执照向主管税务机关申请开具《外出经营活动税收管理证明》（以下简称《外管证》）。纳税人在省税务机关管辖区域内跨县（市）经营的，是否开具《外管证》由省税务机关自行决定。

（2）税务机关按照一地一证的原则，核发《外管证》。《外管证》的有效期限一般为30日，最长不得超过180天。

（4）纳税人外出经营活动结束，应当向经营地税务机关填报《外出经营活动情况申报表》，并结清税款、缴销发票。

（5）纳税人应当在《外管证》有效期届满后10日内，持《外管证》回原税务登记地税务机关办理《外管证》缴销手续。

8.2.2 账簿、凭证管理

账簿是纳税人、扣缴义务人连续地记录其各种经济业务的账册或簿籍。凭证是纳税人用来记录经济业务，明确经济责任，并据以登记账簿的书面证明。账簿、凭证管理在税收征管中占有十分重要的地位。

1. 账簿、凭证管理

1）对账簿、凭证设置的管理

（1）设置账簿的范围。《征管法》规定，所有的纳税人和扣缴义务人都必须按照有关法律、行政法规和国务院财政、税务主管部门的规定设置账簿。

账簿是指总账、明细账、日记账以及其他辅助性账簿。

① 从事经营活动的交通运输业纳税人应当自领取营业执照或者自发生纳税义务之日起15日内设置账簿。

② 扣缴义务人应当自税收法律、行政法规规定的扣缴义务发生之日起10日内，按照所代扣、代收的税种，分别设置代扣代缴、代收代缴税款账簿。

③ 经营规模小又确无建账能力的纳税人，可以聘请有资质的专业机构或者财会人员代为建账和办理账务；聘请上述机构或者人员有实际困难的，经县以上税务机关批准，可以建立收支凭证粘贴簿，或者使用税控装置。

（2）对会计核算的要求。《征管法》规定，所有纳税人和扣缴义务人都必须根据合法、有效的凭证进行账务处理。

账务处理纳税人建立的会计电算化系统应当符合国家有关规定，并能正确、完整地核算其收入或者所得。

纳税人使用计算机记账的，应当在使用前将会计电算化系统的会计核算软件、使用说明书及有关资料报送主管税务机关备案。

纳税人、扣缴义务人会计制度健全，能够通过计算机正确、完整地计算其收入和所得或者代扣代缴、代收代缴税款情况的，其计算机输出的完整的书面会计记录，可视同会计账簿。否则，应当建立总账及与纳税或者代扣代缴、代收代缴税款有关的其他账簿。

账簿、会计凭证和报表应当使用中文。民族自治地方可以同时使用当地通用的一种民族文字。外商投资企业和外国企业可以同时使用一种外国文字。

2）对财务会计制度的管理

（1）备案制度。《征管法》规定，凡从事经营活动的交通运输业纳税人必须将所采用的财务、会计制度和具体处理办法报送主管税务机关备案。

（2）当会计制度与税收规定相抵触时，纳税人、扣缴义务人必须按照国务院、财政部或者国家税务总局制定的税收规定计缴税款。

3）关于账簿、凭证的保管

除另有规定者外，相关账簿、记账凭证、完税凭证及其他涉税资料应当保存10年。不得对其进行伪造、变造或者擅自损毁。

2. 发票管理

税务机关是发票的主管机关，负责发票的印制、领购、开具、取得、保管、缴销的管理和监督。

（1）增值税专用发票由国务院税务主管部门指定的企业印制；其他发票分别由省、自治区、直辖市国家税务局、地方税务局指定企业印制。未经规定的税务机关指定，不得印制发票。

（2）发票领购管理。交通运输业的单位和个人向主管税务机关申请领购发票。无固定经营场地或者财务制度不健全的纳税人应提供担保人；不能提供担保人的应缴纳保证金，并限期缴销发票。纳税人可以根据自己的需要申请领购普通发票，增值税专用发票只限于增值税一般纳税人领购使用。

（3）发票开具、使用、取得的管理。单位、个人在提供或者接受经营服务以及从事其他经营活动中，应当按照规定开具、使用、取得发票。普通发票开具、使用、取得的管理，应注意以下几点。

① 销方按规定填开发票。

② 购买方按规定索取发票。

③ 纳税人进行电子商务必须开具或取得发票。

④ 发票要全联一次填写。

⑤ 发票不得跨省、直辖市、自治区使用。发票限于领购单位和个人在本省、自治区、直辖市内开具。发票领购单位未经批准不得跨规定使用区域携带、邮寄、运输空白发票，禁止携带、邮寄或者运输空白发票出入境。

⑥ 开具发票要加盖财务印章或发票专用章。

⑦ 开具发票后，如发生销售退回需开红字发票的，必须收回原发票并注明“作废”字样或取得对方有效证明；发生销售折让的，在收回原发票并证明“作废”后，重新开具发票。

（4）发票保管管理。单位、个人必须建立严格的发票保管制度。包括专人保管制度、专库保管制度、专账登记制度、保管交接制度和定期盘点制度。

（5）发票缴销管理。发票缴销包括发票收缴和发票销毁。发票收缴是指用票单位和个人按照规定向税务机关上缴已经使用或者未使用的发票；发票销毁是指由税务机关统一将自己或者他人已使用或者未使用的发票进行销毁。在发票收缴后一般都要按照法律法规保存一定时期后才能销毁。

3. 税控管理

税控管理是指税务机关利用税控装置对纳税人的经营情况进行监督和管理，以保障国家税收收入，防止税款流失，提高税收征管工作效率，降低征收成本的各项活动的总称。

《征管法》规定，纳税人应当按照规定安装、使用税控装置，不得损毁或者擅自改变税控装置。不符合以上规定的，由税务机关责令限期整改，可处以 2 000 元以下的罚款；情节严重的，处 2 000 元以上 1 万元以下的罚款。

8.2.3 纳税申报管理

纳税申报是纳税人按照税法规定的期限和内容，向税务机关提交有关纳税事项书面报告的法律行为，是纳税人履行纳税义务、界定纳税人法律责任的主要依据，是税务机关税收管理信息的主要来源和税务管理的重要制度。

1. 纳税申报的对象

纳税申报的对象为纳税人和扣缴义务人。纳税人在纳税期内没有应纳税款的，或者享受减税、免税待遇的也应当按照规定办理纳税申报。

2. 纳税申报的内容

纳税申报的主要内容包括：税种、税目，应纳税项目或者应代扣代缴、代收代缴税款项目，计税依据，扣除项目及标准，适用税率或者单位税额，应退税项目及税额、应减免税项目及税额，应纳税额或者应代扣代缴、代收代缴税额，以及税款所属期限、延期缴纳税款、欠税、滞纳金等。

3. 纳税申报的期限

《征管法》规定，纳税人和扣缴义务人都必须按照法定的期限办理纳税申报。申报期限有两种：一种是法律、行政法规明确规定的；另一种是税务机关依照有关法律、行政法规的原则，结合纳税人的实际情况予以确定的。两种期限具有同等的法律效力。

小资料8－1

纳税申报的要求

纳税人办理纳税申报时，应当如实填写纳税申报表，并根据不同的情况相应报送下列有关证件、资料。

① 财务会计报表及其说明材料。

② 与纳税有关的合同、协议书及凭证。

③ 税控装置的电子报税资料。

④ 外出经营活动税收管理证明和异地完税凭证。

⑤ 境内或者境外公证机构出具的有关证明文件。

⑥ 税务机关规定应当报送的其他有关证件、资料。

⑦ 扣缴义务人办理代扣代缴、代收代缴税款报告时，应当如实填写代扣代缴、代收代缴税款报告表，并报送相关合法凭证、其他证件和资料。

---

4. 纳税申报的方式

目前，纳税申报的形式主要有以下三种。

1）直接申报

直接申报是一种传统申报方式，是指纳税人自行到税务机关办理纳税申报。

2）邮寄申报

邮寄申报，是指经税务机关批准的纳税人使用纳税申报专用信封，通过邮政部门寄送并向其索取收据作为申报凭据，以寄出的邮戳日期为实际申报日期。

3）数据电文

数据电文，是指经税务机关确定的电话语音、电子数据交换和网络传输等电子方式。例如，网上申报，以税务机关计算机网络系统收到该数据电文的时间为申报日期，有关资料应该定期书面报送主管税务机关。

除上述方式外，实行定期定额缴纳税款的纳税人，可以实行简易申报、简并征期等申报纳税方式。“简易申报”是指实行定期定额缴纳税款的纳税人在法律、行政法规规定的期限内或税务机关依据法规的规定确定的期限内缴纳税款的，税务机关可以视同申报；“简并征期”是指实行定期定额缴纳税款的纳税人，经税务机关批准，可以采取将纳税期限合并为按季、半年、年的方式缴纳税款。

5. 延期申报管理

延期申报是指纳税人、扣缴义务人不能按照税法规定的期限办理纳税申报或扣缴税款报告，应当在规定的期限内向税务机关提出书面延期申报申请。在县级以上税务机关核准后，应在核准的期限内办理延期申报。如因不可抗力延期申报的，应当在不可抗力情形消除后立即向税务机关报告。

延期申报不等于延期纳税，必须在纳税期内预缴税款，在纳税期内按照上期实际缴纳的税额或者税务机关核定的税额预缴税款。在核准的延期内办理正式申报，并与预缴数相比较，办理纳税结算。

8.3 交通运输业税款征收

税款征收是税收征收管理工作中的中心环节，是全部税收征管工作的目的和归宿，在整个税收工作中占据着极其重要的地位。

8.3.1 税款征收的原则

（1）税务机关是征税的唯一行政主体。

（2）税务机关只能依照法律、行政法规的规定征收税款。

（3）税务机关不得违反法律、行政法规的规定开征、停征、多征、少征、提前征收或者延缓征收税款或者摊派税款。

（4）税务机关征收税款必须遵守法定权限和法定程序。

（5）税务机关征收税款或扣押、查封相关财产时，必须向纳税人开具完税凭证或开付扣押、查封的收据或清单。

（6）税款、滞纳金、罚款统一由税务机关上缴国库。

（7）税款优先。

① 除法律另行规定外，税收优先于无担保债权。

② 纳税人发生欠税在前的，税收优先于抵押权、质权和留置权的执行。纳税人在有欠税的情况下准备设置抵押权、质权、留置权时，应当提

前说明欠税情况。

欠缴的税款是指纳税人发生纳税义务，但未按照规定确定的期限向税务机关申报缴纳的税款或者少缴的税款。纳税人应缴纳税款的期限届满的次日是纳税人欠缴税款的发生时间。

③ 税收优先于罚款、没收非法所得。

8.3.2　税款征收的方式

税款征收的方式是指税务机关根据各税种的不同特点、征纳双方的具体条件而确定的计算征收税款的方法和形式。税款征收的方式主要有以下几种。

1. 查账征收

查账征收是指税务机关按照纳税人提供的账表所反映的经营情况，依照适用税率计算缴纳税款的方式。这种方式一般适用于财务会计制度较为健全，能够认真履行纳税义务的纳税单位。

2. 定期定额征收

定期定额征收是指税务机关通过典型调查，逐户确定营业额和所得额并据以征税的方式。这种方式一般适用于无完整考核依据的小型纳税单位。

3. 委托代征税款

委托代征税款是指税务机关委托代征人以税务机关的名义征收税款，并将税款缴入国库的方式。这种方式一般适用于小额、零散税源的征收。

8.3.3　税款征收制度

1. 交通运输业代扣代缴、代收代缴税款制度

（1）税法规定的扣缴义务人必须依法履行代扣、代收税款义务。如果不履行义务，就要承担法律责任。

（2）扣缴义务人依法履行代扣、代收税款义务时，纳税人不得拒绝。纳税人拒绝的，扣缴义务人应当在1日之内报告主管税务机关处理。

（3）扣缴义务人代扣、代收税款，只限于法律、行政法规规定的范围，并依照法律、行政法规规定的征收标准执行。税务机关按照规定付给扣缴义务人代扣、代收手续费。

2. 延期缴纳税款制度

纳税人和扣缴义务人必须在税法规定的期限内缴纳、解缴税款。但纳税人因有特殊困难不能按期缴纳税款的，经省、自治区、直辖市国家税务局、地方税务局批准，可以延期缴纳税款，但最长不得超过3个月。特殊困难的主要内容包括：一是因不可抗力，导致纳税人发生较大损失，正常经营活动受到较大影响的；二是当期货币资金在扣除应付职工工资、社会保险费后，不足以缴纳税款的。

纳税人在申请延期缴纳税款时应当注意以下几个问题。

（1）在规定期限内提出书面申请。纳税人需要延期缴纳税款的，应当在缴纳税款期限届满前提出申请，并报送相关资料。税务机关应当自收到申请延期缴纳税款报告之日起 20 日内做出批准或者不予批准的决定；不予批准的，从缴纳税款期限届满之次日起加收滞纳金。

（2）税款的延期缴纳，必须经省、自治区、直辖市国家税务局、地方税务局批准，方为有效。

（3）延期期限最长不得超过 3 个月，同一笔税款不得滚动审批。

（4）批准延期内免予加收滞纳金。

3. 税收滞纳金征收制度

纳税人未按照规定期限缴纳税款的，扣缴义务人未按照规定期限解缴税款的，税务机关除责令限期缴纳外，从滞纳税款之日起，按日加收滞纳税款万分之五的滞纳金。

加收滞纳金的具体操作应按下列程序进行。

（1）由税务机关发出催缴税款通知书，责令限期缴纳或解缴税款。

（2）从滞纳之日起加收滞纳金。

（3）拒绝缴纳滞纳金的，可实行强制执行措施，强行划拨或者强制征收。

4. 交通运输业减免税收制度

根据《征管法》和《税收减免管理办法》办理减税、免税应注意以下事项。

（1）减免税必须有法律、行政法规的明确规定。地方各级人民政府、各级人民政府主管部门、单位和个人违反法律、行政法规规定，擅自做出的减税、免税决定无效，税务机关不得执行，并向上级税务机关报告。

（2）纳税人申请减免税，应向主管税务机关提出书面申请，并按规定附送有关资料。

（3）减免税的申请须经法律、行政法规规定的减税、免税审查批准机关审批。

（4）纳税人享受减税、免税的条件发生变化时，应当自发生变化之日起 15 日内向税务机关报告，经税务机关审核后，停止其减税、免税；对不报告的，又不再符合减税、免税条件的，税务机关有权追回已减免的税款。

（5）减税、免税期满，纳税人应当自期满次日起恢复纳税。

（6）减免税分为报批类减免税和备案类减免税。报批类减免税是指应由税务机关审批的减免税项目；备案类减免税是指取消审批手续的减免税项目和不需税务机关审批的减免税项目。

纳税人享受报批类减免税，应提交相应资料，提出申请，经按本办法规定具有审批权限的税务机关（以下简称“有权税务机关”）审批确认后执行。

纳税人享受备案类减免税，应提请备案，经税务机关登记备案后，自登记备案之日起执行。纳税人未按规定备案的，一律不得减免税。

（7）纳税人同时从事减免项目与非减免项目的，应分别核算，独立计算减免项目的计税依据以及减免税额度。不能分别核算的，不能享受减免税；核算不清的，由税务机关按合理方法核定。

（8）纳税人依法可以享受减免税待遇，但未享受而多缴税款的，凡属于无明确规定需经税务机关审批或没有规定申请期限的，纳税人可以在规定的期限内申请减免税，要求退还多缴的税款，但不加算银行同期存款利息。

（9）纳税人可以向主管税务机关申请减免税，或者直接向有权审批的税务机关申请。由纳税人所在地主管税务机关受理，但应当由上级税务机关审批的减免税申请的，主管税务机关应当自受理申请之日起10个工作日内直接上报有权审批的上级税务机关。

（10）税务机关受理或者不予受理减免税申请，应当出具加盖本机关专用印章和注明日期的书面凭证。

（11）减免税期限超过一个纳税年度的，进行一次性审批。

纳税人享受减免税的条件发生变化的，应自发生变化之日起15个工作日内向税务机关报告，经税务机关审核后，停止其减免税。

县、区级税务机关负责审批免税，必须在20个工作日做出审批决定；地市级税务机关负责审批的，必须在30个工作日内做出审批决定；省级税务机关负责审批的，必须在60个工作日内做出审批决定。在规定期限内不能做出决定的，经本级税务机关负责人批准，可以延长10个工作日，并将延长期限的理由告知纳税人。

（12）依法不予减免税的，应当说明理由，并告知纳税人享有依法申请行政复议或者提起行政诉讼的权利。

（13）税务机关做出的减免税审批决定，应当自做出决定之日起10个工作日内向纳税人送达减免税审批书面决定。

减免税批复未下达前，纳税人应按规定办理申报缴纳税款。

（14）备案类减免税之前，必须向主管税务机关申报资料备案。主管税务机关应在受理纳税人减免税备案后7个工作日内完成登记备案工作，并告知纳税人执行。

（15）纳税人已享受减免税的，应当纳入正常申报，进行减免税申报。纳税人享受减免税到期的，应当申报缴纳税款。税务机关和税收管理员应结合纳税检查、执法检查或其他专项检查，每年定期对纳税人减免税事项进行清查、清理，加强监督检查。

5. 税额核定和税收调整制度

1）税额核定制度

纳税人（单位和个人）有下列情形之一的，税务机关有权核定其应纳税额。

（1）依照法律、行政法规的规定可以不设置账簿的。

（2）依照法律、行政法规的规定应当设置但未设置账簿的。

（3）擅自销毁账簿或者拒不提供纳税资料的。

（4）虽设置账簿，但账目混乱或者成本资料、收入凭证、费用凭证残缺不全，难以查账的。

（5）发生纳税义务，未按照规定的期限办理纳税申报，经税务机关责令限期申报，逾期仍不申报的。

（6）纳税人申报的计税依据明显偏低，又无正当理由的。

目前税务机关核定税额的方法主要有以下四种。

（1）参照当地同类行业或者类似行业中，经营规模和收入水平相近的纳税人的收入额和利润率核定。

（2）按照成本加合理费用和利润的方法核定。

（3）按照耗用的原材料、燃料、动力等推算或者测算核定。

（4）按照其他合理的方法核定。

采用以上一种方法不足以正确核定应纳税额时，可以同时采用两种以上的方法核定。

纳税人对税务机关采取规定的方法核定的应纳税额有异议的，应当提供相关证据，经税务机关认定后，调整应纳税额。

2）税收调整制度

这里所说的税收调整制度，主要指的是关联企业的税收调整制度。

《征管法》规定：企业或者外国企业在中国境内设立的从事经营活动的机构、场所与其关联企业之间的业务往来，应当按照独立企业之间的业务往来收取或者支付价款、费用；不按照独立企业之间的业务往来收取或者支付价款、费用，而减少其应纳税的收入或者所得额的，税务机关有权进行合理调整。

所称关联企业，是指有下列关系之一的公司、企业和其他经济组织。

（1）在资金、经营、购销等方面，存在直接或者间接的拥有或者控制关系。

（2）直接或者间接地为第三者所拥有或者控制。

（3）在利益上具有相关联的其他关系。

纳税人与其关联企业之间的业务往来有下列情形之一的，税务机关可以调整其应纳税额。

（1）购销业务未按照独立企业之间的业务往来作价。

（2）融通资金所支付或者收取的利息超过或者低于没有关联关系的企业之间所能同意的数额，或者利率超过或者低于同类业务的正常利率。

（3）提供劳务，未按照独立企业之间的业务往来收取或者支付劳务费用。

（4）转让财产、提供财产使用权等业务往来，未按照独立企业之间的业务往来作价或者收取、支付费用。

（5）未按照独立企业之间业务往来作价的其他情形。

纳税人有上述所列情形之一的，税务机关可以按照下列方法调整计税收入额或者所得额。

（1）按照独立企业之间进行的相同或者类似业务活动的价格。

（2）按照再销售给无关联关系的第三者的价格所应取得的收入和利润水平。

（3）按照成本加合理的费用和利润。

（4）按照其他合理的方法。

调整期限：纳税人与其关联企业未按照独立企业之间的业务往来支付价款、费用的，税务机关自该业务往来发生的纳税年度起3年内进行调整；有特殊情况的，可以自该业务往来发生的纳税年度起10年内进行调整。

上述所称“特殊情况”是指纳税人有下列情形之一：①纳税人在以前年度与其关联企业间的业务往来累计达到或超过10万元人民币的；②经税务机关案头审计分析，纳税人在以前年度与其关联企业的业务往来，预计需调增其应纳税收入或所得额达50万元人民币的；③纳税人在以前年度与设在避税地的关联企业有业务往来的；④纳税人在以前年度未按规定进行关联企业间业务往来的年度申报，或申报内容不实，或不提供有关价格、费用标准的。

6. 税收保全措施

税收保全措施是指税务机关对可能由于纳税人的行为或者某种客观原因，致使以后税款的征收不能保证或难以保证的案件，采取限制纳税人处理或转移相关财产的措施。

税务机关有根据地认为从事经营活动的纳税人有逃避纳税义务行为的，可以在规定的纳税期之前，责令其限期缴纳税款；在限期内发现纳税人有明显的转移、隐匿其应纳税财产迹象的，税务机关应责令其提供纳税担保。

如果纳税人不能提供纳税担保，经县以上税务局（分局）局长批准，税务机关可以采取下列税收保全措施。

（1）书面通知纳税人开户银行或者其他金融机构冻结纳税人的金额相当于应纳税款的存款。

（2）扣押、查封纳税人的价值相当于应纳税款的相关财产。其他财产包括纳税人的房地产、现金、有价证券等不动产和动产。

（3）纳税人在规定的限期内缴纳税款的，税务机关必须立即解除税收保全措施；限期期满仍未缴纳税款的，经县以上税务局（分局）局长批准，税务机关可以书面通知纳税人开户银行或者其他金融机构，从其冻结的存款中扣缴税款，或者依法拍卖或者变卖所扣押、查封的财产，以拍卖或者变卖所得抵缴税款。

☞ 小资料8-2　**哪些财产不在税收保全的范围?**

个人及其所扶养家属维持生活必需的住房和用品，不在税收保全措施的范围之内。个人所扶养家属，是指与纳税人共同居住生活的配偶、直系亲属以及无生活来源并由纳税人扶养的其他亲属。生活必需的住房和用品不包括机动车辆、金银饰品、古玩字画、豪华住宅或者一处以外的住房。税务机关对单价5 000元以下的其他生活用品，不采取税收保全措施和强制执行措施。

根据上述规定，采取税收保全措施应注意以下几个方面。

1）采取税收保全措施的法定程序

（1）责令纳税人提前缴纳税款。税务机关有根据认为从事经营活动的纳税人有逃避纳税义务行为的，可以在规定的纳税期之前，责令其限期缴纳应纳税款，同时填制由纳税人签章的《税务文书送达回证》。

可以采取税收保全措施的纳税人仅限于从事经营活动的纳税人，不包括非从事经营活动的纳税人、扣缴义务人或纳税担保人。

☞ 小思考8-1　**税收保全是否需要查清全部事实再执行?**

"有根据认为"是指税务机关依据一定线索做出的符合逻辑的判断，根据不等于证据，证据是能够表明真相的事实和材料，证据须依法定程序收集和取得。税收保全措施是针对纳税人即将转移、隐匿应税财产的紧急情况下采取的一种紧急处理措施。不可能等到事实全部查清，取得充分的证据以后再采取行动，否则，纳税人早已将其收入和财产转移或隐匿完毕，到时再想采取税收保全措施就晚了。

（2）责成纳税人提供纳税担保。在限期内，纳税人有明显转移、隐匿应纳税财产或者应纳税的收入迹象的，税务机关可以责成纳税人提供纳税担保。

① 纳税担保的具体内容。纳税担保是纳税人为按时足额履行纳税义务而向税务机关做出的保证。纳税担保人，是指在中国境内具有纳税担保能力的公民、法人或其他经济组织。国家机关不得作为纳税担保人。

② 纳税担保的提供。纳税担保人同意为纳税人提供纳税担保的，填写纳税担保书，写明担保对象、担保范围、担保期限和担保责任以及其他有关事项。担保书须经纳税人、纳税担保人和税务机关签字盖章后方为有效。

纳税人以其所拥有的未设置抵押权的财产作为纳税担保的，应当填写作为纳税担保的财产清单，并写明担保财产的价值以及其他有关事项。纳税担保清单须经纳税人和税务机关签字盖章后方为有效。

（3）冻结纳税人的存款。纳税人不能提供纳税担保的，经县以上税务局（分局）局长批准，书面通知纳税人开户银行或者其他金融机构冻结纳税人的金额相当于应纳税款的存款。如果纳税人在税务机关采取税收保全措施后按照税务机关规定的期限缴纳了税款，税务应自收到税款或银行转回的完税凭证之日起1日内解除税收保全。

（4）查封、扣押纳税人的相关财产。纳税人在开户银行或其他金融机构中没有存款，或者税务机关无法掌握其存款情况的，税务机关可以扣押、查封纳税人的价值相当于应纳税款的财产。

查封、扣押应注意以下几个问题。

① 税务机关执行扣押、查封财产时，必须由两名以上税务人员执行，并通知被执行人。被执行人是公民的，应当通知被执行人本人或成年家属到场；被执行人是法人或者其他组织的，应当通知其法定代表人或者主要负责人到场；拒不到场的，不影响执行。

② 税务机关按照前款方法确定应扣押、查封的财产的价值时，还应当包括滞纳金和扣押、查封、保管、拍卖、变卖所发生的费用。

③ 扣押、查封价值相当于应纳税款的财产时，参照同类服务的市场价、出厂价或者评估价估算。

④ 税务机关对相关财产进行扣押时，必须开付收据；进行查封时，必须开付清单。

2）税收保全措施的终止

税收保全的终止有两种情况：一是纳税人在规定的期限内缴纳了应纳税款的，税收保全措施必须立即解除；二是纳税人超过规定的期限仍不缴纳税款的，经税务局（分局）局长批准，终止保全措施，实行强制执行措施。

☜ 小思考8-2

为什么纳税担保要求必须是在规定的纳税期之前和责令限期缴纳应纳税款的限期内？

纳税担保要求必须是在规定的纳税期之前和责令限期缴纳应纳税款的限期内是因为，如果超过限期仍然没有缴纳应纳税款的，税务机关可以直接采取强制执行措施，就不存在纳税保全了。

---

7. 税收强制执行措施

税收强制执行措施指的是当事人不履行法律、行政法规规定的义务，有关国家机关采用法定的强制手段，强迫当事人履行义务的行为。

《征管法》规定，从事经营活动的纳税人、扣缴义务人未按照规定的期限缴纳或者解缴税款，纳税担保人未按照规定的期限缴纳所担保的税款，由税务机关责令限期缴纳，逾期仍未缴纳的，经县以上税务局（分局）局长批准，税务机关可以采取下列强制执行措施。

（1）书面通知其开户银行或者其他金融机构从其存款中扣缴税款，并可以处以不缴或者少缴税款50%以上5倍以下的罚款。

（2）扣押、查封、依法拍卖或者变卖其价值相当于应纳税款的相关财产，以拍卖或者变卖所得抵缴税款、滞纳金、罚款以及扣押、查封、保管、拍卖、变卖等费用。

由于这一系列动作具有连续性，扣押、查封后，可以直接拍卖或者变卖扣押财产来抵缴税款，中间不必再给纳税人履行纳税义务的时间。

根据上述规定，采取税收强制执行措施应注意以下几个方面。

（1）税务机关采取强制执行措施时，对上款所列纳税人、扣缴义务人、纳税担保人未缴纳的滞纳金同时强制执行。但不能对个人及其所扶养家属维持生活必需的住房和用品实行强制执行措施。

（2）税收强制执行的适用范围：采取强制执行措施适用于扣缴义务人、纳税担保人，采取税收保全措施时则不适用。

（3）税收强制执行应坚持告诫在先的原则。税务机关采取税收强制执行措施之前，应当先行告诫当事人，责令限期缴纳。逾期仍未缴纳的，再采取税收强制执行措施。若违背这一原则，直接采取强制执行措施是违法的。

（4）实施扣押、查封、拍卖或者变卖等强制执行措施时，应当通知被执行人或其成年家属到场，否则不能直接采取扣押和查封措施。但被执行人或其成年家属接到通知后拒不到场的，不影响执行。同时，应当通知有关单位和基层组织，他们是扣押、查封财产的见证人，也是税务机关执行工作的协助人。

（5）扣押、查封、拍卖或者变卖被执行人的财产，应当以应纳税额和滞纳金等为限。对于被执行人必要的经营工具，他本人及他所供养家属的生活必需品应当予以保留，不得对其进行扣押、查封、拍卖或者变卖。

（6）在被执行人不可分割的财产超过应纳税额时，税务机关在无其他可供强制执行财产的情况下，可以对其整体扣押、查封、拍卖，以拍卖所得抵缴税款、滞纳金、罚款以及扣押、查封、保管、拍卖等费用。

（7）在对有产权证件的动产或者不动产实施扣押、查封时，税务机关可以责令被执行人将产权证件交税务机关保管，同时可以向有关机关发出协助执行通知书，在扣押、查封期间不再办理该动产或者不动产的过户手续。

（8）税务机关可以指令被执行人负责保管被查封的财产，保管责任由被执行人承担。继续使用被查封的财产不会减少其价值的税务机关可以允许被执行人继续使用；因被执行人保管或者使用的过错造成的损失，由被执行人承担。

（9）税务机关将扣押、查封的财产变价抵缴税款时，应按照以下顺序执行：

① 交由依法成立的拍卖机构拍卖；

② 不适于拍卖的，可以交由当地商业企业代为销售，或者责令纳税人限期处理；

③ 无法委托商业企业销售，且纳税人无法处理的，可以由税务机关变价处理，具体办法由国家税务总局规定。

国家禁止自由买卖的商品，应当交由有关单位按照国家规定的价格收购。拍卖或者变卖所得抵缴后，剩余部分应当在3日内退还被执行人。

8. 欠税清缴制度

欠税是指纳税人未按照规定期限缴纳税款，扣缴义务人未按照规定期限解缴税款的行为。

《征管法》在欠税清缴方面主要采取了以下措施。

1）严格控制欠缴税款的审批权限

缓缴税款的审批权限集中在省、自治区、直辖市国家税务局、地方税务局。

缓缴税款集中审批的好处是什么？ 小思考8－3

对缓缴税款进行集中审批体现了纳税机关严格控制欠缴税款审批权限，一方面为了帮助纳税人渡过暂时的难关，另一方面也体现了严格控制欠缴税款的精神。

2）限期缴税时限

从事经营活动的纳税人、扣缴义务人或纳税担保人未按照规定的期限缴纳或者解缴税款的，由税务机关发出限期缴纳税款通知书，责令缴纳或者解缴税款的最长期限不得超过15日。

3）建立欠税清缴制度，防止税款流失

（1）扩大了阻止出境对象的范围。欠缴税款的纳税人及其法定代表需要出境的，应当在出境前向税务机关结清应纳税款或者提供担保。否则，税务机关可以通知出境管理机关阻止其出境。

执行离境清税制度应注意下列问题。

① 离境清税制度适用于依照我国税法规定，负有纳税义务且欠缴税款的所有自然人、法人的法定代表人和其他经济组织的负责人，包括外国人、无国籍人和中国公民。

② 纳税人以其所拥有的未作抵押的财产作纳税担保的，应当就作为纳税担保的财产的监管和处分等事项在中国境内委托代理人，并将作为纳税担保的财产清单和委托代理证书（副本）交税务机关。

③ 需要阻止出境的，税务机关应当书面通知出入境管理机关执行。

（2）建立改制纳税人欠税的清缴制度。《征管法》第四十八条规定："纳税人有合并、分立情形的，应当向税务机关报告，并依法缴清税款。纳税人合并时未缴清税款的，应当由合并后的纳税人继续履行未履行的纳税义务；纳税人分立时未缴清税款的，分立后的纳税人对未履行的纳税义务应当承担连带责任。"

（3）大额欠税处分财产报告制度。根据相关规定，欠缴税款数额在5

万元以上的纳税人，在处分其不动产或者大额资产之前，应当向税务机关报告。

☞ **小思考8－4** **大额欠税处分财产报告制度有什么意义？**

大额欠税处分财产报告制度有利于税务机关及时掌握欠税企业处置不动产和大额资产的动向。税务机关可以根据其是否侵害了国家税收，是否有转移资产、逃避纳税义务的情形，决定是否行使税收优先权，是否采取税收保全措施或者强制执行措施。

（4）税务机关可以对欠缴税款的纳税人行使代位权、撤销权，即对纳税人的到期债权等财产权利，税务机关可以依法向第三者追索以抵缴税款。如果欠税的纳税人，怠于行使其到期的债权，怠于收回其到期的资产、款项等，税务机关可以向人民法院请求以自己的名义代为行使债权。

（5）建立欠税公告制度。税务机关应当对纳税人欠缴税款的情况定期向社会公告，包括在办税场所或者广播、电视、报纸、期刊网络等新闻媒体上定期予以公告。同时还可以根据实际情况和需要，制定纳税人的纳税信用等级评价制度。

9. 税款的退还和追征制度

1）税款的退还

纳税人超过应纳税额缴纳的税款，有以下两种处理方法。

（1）如果由税务机关发现的，无论多长时间，都应当退还给纳税人，并自发现之日起10日内办理退还手续。

（2）如果由纳税人自结算缴纳税款之日起3年内发现的，可以向税务机关要求退还多缴的税款并加算银行同期存款利息，税务机关应当自接到纳税人退还申请之日起30日内查实并办理退还手续。

2）税款的追征

（1）因税务机关责任，致使纳税人、扣缴义务人未缴或者少缴税款的，税务机关在未缴或少缴税款之日起，3年内可要求纳税人、扣缴义务人补缴税款，但是不得加收滞纳金。

（2）因纳税人、扣缴义务人计算等失误，未缴或者少缴税款的，税务机关在未缴或少缴税款之日起，3年内可以追征税款、滞纳金；有特殊情况的，追征期可以延长到5年。

所称特殊情况，是指纳税人或者扣缴义务人因计算错误等失误，未缴或者少缴、未扣或者少扣、未收或者少收税款，累计数额在10万元以上的。

（3）对偷税、抗税、骗税的，税务机关追征其未缴或者少缴的税款、滞纳金或者所骗取的税款，不受前款规定期限的限制，应无限期追征。

8.4 交通运输业税务检查

8.4.1 交通运输业税务检查的形式和方法

1. 税务检查的形式

（1）重点检查。重点检查指对公民举报、上级机关交办或有关部门转来的有偷税行为或偷税嫌疑的，纳税申报与实际经营情况有明显不符的纳税人及有普遍逃税行为的行业的检查。

（2）分类计划检查。分类计划检查指根据纳税人历来纳税情况、纳税人的纳税规模及税务检查间隔时间的长短等综合因素，按事先确定的纳税人分类、计划检查时间及检查频率而进行的检查。

（3）集中性检查。集中性检查指税务机关在一定时间、一定范围内，统一安排、统一组织的税务检查，这种检查一般规模比较大，如全国范围内的税收、财务大检查。

（4）临时性检查。临时性检查指由各级税务机关根据不同的经济形势、偷逃税趋势、税收任务完成情况等综合因素，在正常的检查计划之外安排的检查。如行业性解剖、典型调查性的检查等。.

（5）专项检查。专项检查指税务机关根据税收工作实际，对某一税种或税收征收管理某一环节进行的检查。比如增值税一般纳税专项检查、漏征漏管户专项检查等。

2. 税务检查的方法

（1）全查法。全查法是对被查纳税人一定时期内所有会计凭证、账簿及报表进行全面、系统检查的一种方法。

（2）抽查法。抽查法是对被查纳税人一定时期内的会计凭证、账簿及报表，抽取一部分进行检查的一种方法。

（3）顺查法。顺查法是对被查纳税人按照其会计核算的顺序，依次检查会计凭证、账簿、报表，并将其相互核对的一种检查方法。

（4）逆查法。逆查法与顺查法对称，指逆会计核算的顺序，依次检查会计报表、账簿及凭证，并将其相互核对的一种稽查方法。

（5）比较分析法。比较分析法是将被查纳税人检查期有关财务指标的实际完成数进行纵向或横向比较，分析其异常变化情况，从中发现纳税问题线索的一种方法。

（6）核对法。核对法指通过对被查纳税人的各种相关联的会计凭证、账簿、报表及实物进行相互核对，验证其在纳税方面存在问题的一种检查方法。

（7）观察法。观察法指通过被查纳税人的经营场所等现场，实地观察看其经营情况，以发现纳税问题或验证账中可疑问题的一种检查方法。

（8）盘存法。盘存法指通过对被查纳税人的货币资金及固定资产等实物进行盘点清查，核实其账实是否相符，进而发现纳税问题的一种检查方法。

8.4.2 税务检查的职责

1. 税务机关具有税务检查的权利

（1）查账权。税务机关有权检查纳税人的账簿、记账凭证、报表和有关资料，检查扣缴义务人代扣代缴、代收代缴税款账簿、记账凭证和有关资料。

① 检查纳税人、扣缴义务人以前会计年度的账簿、记账凭证、报表和其他有关资料时，需经县以上税务局（分局）局长批准，可将上述资料调回税务机关检查。但是税务机关必须向纳税人、扣缴义务人开付清单，并在3个月内完整退还。

② 检查纳税人、扣缴义务人当年的账簿、记账凭证、报表和其他有关资料时，需经设区的市、自治州以上税务局局长批准，可将上述资料调回税务机关检查，但是税务机关必须在30日内退还。

（2）场地检察权。税务机关有权到纳税人的经营场所检查纳税人应纳税的有关财产，检查扣缴义务人与代扣代缴、代收代缴税款有关的经营情况。

（3）询问权。税务机关有权询问纳税人、扣缴义务人有关纳税或者代扣代缴、代收代缴税款的问题和情况。

（4）责成提供资料权。税务机关有权责成纳税人、扣缴义务人提供与纳税或者代扣代缴、代收代缴税款有关的文件、证明材料和有关资料。

（5）在交通要道和邮政企业的查证权。税务机关有权到车站、码头、机场、邮政企业及其分支机构检查纳税人托运、邮寄相关财产的有关单据凭证和资料。

（6）查询存款账户权。经县以上税务局（分局）局长批准，税务机关有权查询从事经营的纳税人，扣缴义务人在银行或者其他金融机构的存款账户；经设区、自治州以上税务局（分局）局长批准，税务机关有权查询涉嫌人员的储蓄存款。

2. 税务机关具有的其他税务检查的权利

（1）税务机关发现纳税人有逃避纳税义务的行为，并有明显的转移、隐匿其应纳税的财产或者应纳税收入的迹象的，可以按照县级以上税务局（分局）局长批准权限，采取税收保全措施或者强制执行措施。

税务机关采取税收保全措施的期限一般不得超过6个月；重大案件需要延长的，应当报国家税务总局批准。

（2）纳税人、扣缴义务人必须接受税务机关依法进行的税务检查，如实反映情况，提供有关资料，不得拒绝、隐瞒。

（3）税务机关依法进行税务检查时，有关单位和个人有义务向税务机关如实提供纳税人、扣缴义务人等当事人有关的资料及证明材料。

（4）税务人员进行税务检查时，应当出示税务检查证和税务检查通知书。税务机关进入纳税人电算化系统进行检查时，有责任保证纳税人会计电算化系统的安全性，并保守纳税人的商业秘密。

8.5　法律责任

8.5.1　违反税务管理基本规定行为的处罚

（1）根据《征管法》第六十条和《实施细则》第九十条规定：纳税人有下列行为之一的，由税务机关责令限期改正，可以处2 000元以下的罚款；情节严重的，处2 000元以上1万元以下的罚款：

① 未按照规定的期限申报办理税务变更或者注销登记的；

② 未按照规定设置、保管账簿或者保管记账凭证和有关资料的；

③ 未按照规定将财务、会计制度或者财务、会计处理办法和会计核算软件报送税务机关备查的；

④ 未按照规定将其全部银账号向税务机关报告的；

⑤ 未按照规定安装、使用税控装置，或者损毁或擅自改动税控装置的。

（2）扣缴义务人未按照规定办理扣缴税款登记的，税务机关应当自发现之日起3日内责令其限期整改，并可处以1 000元以下的罚款。

8.5.2　违反税务管理其他规定行为的处罚

1. 交通运输业扣缴义务人违反账簿、凭证管理的处罚

《征管法》第六十一条规定：扣缴义务人未按照规定设置、保管代扣代缴、代收代缴税款账簿或者保管代扣代缴、代收代缴税款记账凭证及有关资料的，由税务机关责令限期改正，可以处2 000元以下的罚款；情节严重的，处2 000元以上5 000元以下的罚款。

2. 纳税申报相关法律责任

1）纳税人、扣缴义务人未按规定进行纳税申报的法律责任

《征管法》第六十二条规定：纳税人未按照规定的期限办理纳税申报和报送纳税资料的，或者扣缴义务人未按照规定的期限向税务机关报送代扣代缴、代收代缴税款报告表和有关资料的，由税务机关责令限期改正，可以处2 000元以下的罚款；情节严重的，可以处2 000元以上10 000元以下的罚款。

2）进行虚假申报或不进行申报行为的法律责任

《征管法》第六十四条规定：纳税人、扣缴义务人编造虚假计税依据的，由税务机关责令限期改正，并处5万元以下的罚款。

纳税人不进行纳税申报，不缴或者少缴应纳税款的，由税务机关追缴其不缴或者少缴的税款、滞纳金，并处不缴或者少缴税款50%以上5倍以

下的罚款。

3. 对逃避缴纳税款的法律责任

1）对偷税的认定及其法律责任

(1)《征管法》第六十三条规定：纳税人伪造、变造、隐匿、擅自销毁账簿、记账凭证，或者在账簿上多列支出或者不列、少列收入，或者经税务机关通知申报而拒不申报或者进行虚假的纳税申报，不缴或者少缴应纳税款的，是偷税。对纳税人偷税的，由税务机关追缴其不缴或者少缴的税款、滞纳金，并处不缴或者少缴的税款50%以上5倍以下的罚款；构成犯罪的，依法追究刑事责任。

扣缴义务人采取前款所列手段，不缴或者少缴已扣、已收税款，由税务机关追缴其不缴或者少缴的税款、滞纳金，并处不缴或者少缴的税款50%以上5倍以下的罚款；构成犯罪的，依法追究刑事责任。

(2)《中华人民共和国刑法》第二百零一条规定：纳税人采取欺骗、隐瞒手段进行虚假纳税申报或者不申报，逃避缴纳税款数额较大并且占应纳税额百分之十以上的，处三年以下有期徒刑或者拘役，并处罚金；数额巨大并且占应纳税额百分之三十以上的，处三年以上七年以下有期徒刑，并处罚金。

扣缴义务人采取前款所列手段，不缴或者少缴已扣、已收税款，数额较大的，依照前款的规定处罚。

对多次实施前两款行为，未经处理的，按照累计数额计算。

有第一款行为，经税务机关依法下达追缴通知后，补缴应纳税款，缴纳滞纳金，已受行政处罚的，不予追究刑事责任；但是，五年内因逃避缴纳税款受过刑事处罚或者被税务机关给予两次以上行政处罚的除外。

2）逃避追缴欠税的法律责任

《征管法》第六十五条规定：“纳税人欠缴应纳税款，采取转移或者隐匿财产的手段，妨碍税务机关追缴欠缴的税款的，由税务机关追缴欠缴的税款、滞纳金，并处欠缴税款50%以上5倍以下的罚款；构成犯罪的，依法追究刑事责任。

《中华人民共和国刑法》第二百零三条规定：纳税人欠缴应纳税款，采取转移或者隐匿财产的手段，致使税务机关无法追缴欠缴的税款，数额在1万元以上不满10万元的，处3年以下有期徒刑或者拘役，并处或者单处欠缴税款1倍以上5倍以下罚金；数额在10万元以上的，处3年以上7年以下有期徒刑，并处欠缴税款1倍以上5倍以下罚金。

3）抗税的法律责任

《征管法》第六十七条规定：以暴力、威胁方法拒不缴纳税款的，是抗税，除由税务机关追缴其拒缴的税款、滞纳金外，依法追究刑事责任。情节轻微，未构成犯罪的，由税务机关追缴其拒缴的税款、滞纳金，并处拒缴税款1倍以上5倍以下的罚款。

《中华人民共和国刑法》第二百零二条规定：以暴力、威胁方法拒不缴纳税款的，处3年以下有期徒刑或者拘役，并处拒缴税款1倍以上5倍以下罚金；情节严重的，处3年以上7年以下有期徒刑，并处拒缴税款1倍以上5倍以下罚金。

4）在规定期限内不缴或者少缴税款的法律责任

《征管法》第六十八条规定：纳税人、扣缴义务人在规定期限内不缴或者少缴应纳或者应解缴的税款，经税务机关责令限期缴纳，逾期仍未缴纳的，税务机关除依照本法第四十条规定采取强制执行措施追缴其不缴或者少缴的税款外，可以处不缴或者少缴税款50%以上5倍以下的罚款。

5）扣缴义务人不履行扣缴义务的法律责任

《征管法》第六十九条规定：扣缴义务人应扣未扣、应收而不收税款的，由税务机关向纳税人追缴税款，对扣缴义务人处应扣未扣、应收未收税款50%以上3倍以下的罚款。

4. 骗取出口退税的法律责任

《征管法》第六十六条规定：纳税人以假报出口或者其他欺骗手段，骗取国家出口退税款的，由税务机关追缴其骗取的退税款，并处骗取税款1倍以上5倍以下的罚款；构成犯罪的，依法追究刑事责任。

对骗取国家出口退税款的，税务机关可以在规定期间内停止为其办理出口退税。

《中华人民共和国刑法》第二百零四条规定：以假报出口或者其他欺骗手段，骗取国家出口退税款，数额较大的，处5年以下有期徒刑或者拘役，并处骗取税款1倍以上5倍以下罚金；数额巨大或者有其他严重情节的，处5年以上10年以下有期徒刑，并处骗取税款1倍以上5倍以下罚金；数额特别巨大或者有其他特别严重情节的，处10年以上有期徒刑或者无期徒刑，并处骗取税款1倍以上5倍以下罚金或者没收财产。

5. 不配合税务机关依法检查的法律责任

（1）《征管法》第七十条规定：纳税人、扣缴义务人逃避、拒绝或者以其他方式阻挠税务机关检查的，由税务机关责令改正，可以处1万元以下的罚款；情节严重的，处1万元以上5万元以下的罚款。

逃避、拒绝或者以其他方式阻挠税务机关检查的情形。

① 提供虚假资料，不如实反映情况，或者拒绝提供有关资料的。

② 拒绝或者阻止税务机关记录、录音、录像、照相和复制与案件有关的情况和资料的。

③ 在检查期间，纳税人、扣缴义务人转移、隐匿、销毁有关资料的。

④ 有不依法接受税务检查的其他情形的。

（2）税务机关依照《征管法》第五十四条第（五）项的规定：到车站、码头、机场、邮政企业及其分支机构检查纳税人有关情况时，有关单位拒绝的，由税务机关责令改正，可以处1万元以下的罚款；情节严重的，处1万元以上5万元以下的罚款。

6. 非法印制发票的法律责任

（1）《征管法》第七十一条规定：企业非法印制发票的，由税务机关销毁非法印制的发票，没收违法所得和作案工具，并处 1 万元以上 5 万元以下的罚款；构成犯罪的，依法追究刑事责任。”

（2）《中华人民共和国刑法》第二百零六条规定：伪造或者出售伪造的增值税专用发票的，处 3 年以下有期徒刑、拘役或者管制，并处 2 万元以上 20 万元以下罚金；数量较大或有其他严重情节的，处 3 年以上 10 年以下有期徒刑，并处 5 万元以上 50 万元以下罚金；数量巨大或者有其他特别严重情节的，处 10 年以上有期徒刑或者无期徒刑，并处 5 万元以上 50 万元以下罚金或者没收财产。

单位犯本条规定之罪的，对单位判处罚金，并对其直接负责的主管人员和其他直接责任人员，处 3 年以下有期徒刑、拘役或者管制；数量较大或者有其他严重情节的，处 3 年以上 10 年以下有期徒刑；数量巨大或者有其他特别严重情节的，处 10 年以上有期徒刑或无期徒刑。

（3）《中华人民共和国刑法》第二百零九条规定：伪造、擅自制造或者出售伪造、擅自制造的可以用于骗取出口退税、抵扣税款的其他发票的，处 3 年以下有期徒刑、拘役或者管制，并处以 2 元以上 20 万元以下罚金；数量巨大的，处 3 年以上 7 年以下有期徒刑，并处 5 万元以上 50 万元以下罚金；数量特别巨大的，处 7 年以上有期徒刑，并处 5 万元以上 50 万元以下罚金或者没收财产。

伪造、擅自制造或者出售伪造、擅自制造的前款规定以外的其他发票的，处 2 年以下有期徒刑、拘役或去管制，并或者单处 1 万元以上 5 万元以下罚金；情节严重的，处 2 年以上 7 年以下有期徒刑，并处 5 万元以上 50 万元以下罚金。

（4）《实施细则》第九十一条规定：非法印制、转借、倒卖、变造或者伪造完税凭证的，由税务机关责令整改，处 2000 元以上 1 万元以下的罚款；情节严重的，处 1 万元以上 5 万元以下的罚款；构成犯罪的，依法追究刑事责任。

8.6 交通运输业纳税担保

纳税担保，是指经税务机关同意或确认，纳税人或其他自然人、法人、经济组织以保证、抵押、质押的方式，为纳税人应当缴纳的税款及滞纳金提供担保的行为。

8.6.1 纳税保证

纳税保证，是指纳税保证人向税务机关保证，当纳税人未按照税收法律、行政法规规定或者税务机关确定的期限缴清税款、滞纳金时，由纳税保证人按照约定履行缴纳税款及滞纳金的行为。税务机关认可的，保证成立；税务机关不认可的，保证不成立。

1. 纳税保证人

纳税保证人，是指在中国境内具有纳税担保能力的自然人、法人或者其他经济组织。

纳税担保人的具体要求　　小资料8－3

法人或其他经济组织财务报表资产净值超过需要担保的税额及滞纳金2倍以上的，自然人、法人或其他经济组织所拥有或者依法可以处分的未设置担保的财产的价值超过需要担保的税额及滞纳金的，为具有纳税担保能力。

企业法人的职能部门不得作为纳税保证人。企业法人的分支机构有法人书面授权的，可以在授权范围内提供纳税担保。

有以下情形之一的，不得作为纳税保证人。

① 有偷税、抗税、骗税、逃避追缴欠税行为被税务机关、司法机关追究过法律责任未满2年的。

② 因有税收违法行为正在被税务机关立案处理或涉嫌刑事犯罪被司法机关立案侦查的。

③ 纳税信誉等级被评为C级以下的。

④ 无民事行为能力或限制民事行为能力的自然人。

⑤ 与纳税人存在担保关联关系的。

⑥ 有欠税行为的。

---

2. 纳税担保范围

纳税担保范围包括税款、滞纳金和实现税款、滞纳金的费用。费用包括抵押、质押登记费用、质押保管费用，以及保管、拍卖、变卖担保财产等相关费用支出。

纳税人有下列情况之一的，适用纳税担保。

（1）税务机关有根据认为从事经营活动的纳税人有逃避纳税义务行为，在规定的纳税期之前经责令其限期缴纳应纳税款，在限期内发现纳税人有明显的转移、隐匿其应纳税财产或者应纳税收入的迹象，责成纳税人提供纳税担保的。

（2）欠缴税款、滞纳金的纳税人或者其法定代表人需要出境的。

（3）纳税人同税务机关在纳税上发生争议而未缴清税款，需要申请行政复议的。

（4）税收法律、行政法规规定可以提供纳税担保的其他情形。

3. 纳税保证责任

纳税保证为连带责任保证，纳税人和纳税保证人对所担保的税款及滞纳金承担连带责任。当纳税人在期限届满未缴清税款及滞纳金的，税务机关即可要求纳税保证人在其担保范围内承担保证责任，缴纳担保的税款及滞纳金。

保证人用于纳税担保的财产、权利的价值不得低于应当缴纳的税款、滞纳金，并考虑相关的费用。纳税担保的财产价值不足以抵缴的，税务机关应当向提供担保的纳税人或纳税担保人继续追缴。用于纳税担保的财产、权利的价格估算，除法律、行政法规另有规定外，由税务机关参照同类服务的市场价、出厂价或者评估价估算。

4. 纳税担保时限

（1）纳税担保书须经纳税人、纳税保证人签字盖章并经税务机关签字盖章同意方为有效。纳税担保从税务机关在纳税担保书签字盖章之日起生效。

（2）保证期间为纳税人应缴纳税款期限届满之日起60日内，在此期间税务机关有权要求纳税保证人承担保证责任，缴纳税款、滞纳金。纳税保证人应当自收到税务机关的纳税通知书之日起15日内履行保证责任，缴纳税款及滞纳金。纳税保证期间内税务机关未通知纳税保证人承担担保责任的，纳税保证人免除担保责任。

（3）纳税人在规定的期限届满未承担担保责任的，税务机关在保证期限内书面通知纳税保证人的，纳税保证人应按照纳税担保及约定的范围，自收到纳税通知书之日起15日内缴纳税款及滞纳金，履行担保责任。

纳税保证人未按照规定承担担保责任的，由税务机关发出责令限期缴纳通知书，责令纳税保证人在限期15日内缴纳；逾期仍未缴纳的，经县以上税务局（分局）局长批准，对纳税保证人采取强制执行措施，通知其开户银行或其他金融机构从其存款中扣缴所担保的纳税人应缴纳的税款、滞纳金，或扣押、查封、拍卖、变卖其价值相当于所担保的纳税人应缴纳的税款、滞纳金的财产来抵缴担保的税款、滞纳金。

8.6.2 纳税抵押

纳税抵押是指纳税人或纳税担保人不转移下列可抵押财产的占有，将该财产作为税款及滞纳金的担保。纳税人逾期未缴清税款及滞纳金的，税务机关有权依法处置该财产以抵缴税款及滞纳金。

抵押人为纳税人或者纳税担保人，抵押权人为税务机关，抵押物为提供担保的财产。

☞ 小资料8－4

纳税抵押财产的具体规定

1. 下列财产可以抵押

① 抵押人所有的房屋和其他地上定着物。

② 抵押人所有的机器、交通运输工具和其他财产。

③ 抵押人依法有权处分的国有房屋和其他地上定着物。

④ 抵押人依法有权处分的国有的机器、交通运输工具和其他财产。

⑤ 经设区的市、自治州以上税务机关确认的其他可以抵押的合法财产。

依法取得的国有土地上的房屋抵押的，该房屋占用范围内的国有土地使用权同时抵押。以乡（镇）、村企业的厂房建筑物抵押的，其占用范围内的土地使用权同时抵押。

2. 下列财产不得抵押

① 土地所有权。

② 土地使用权，上述抵押范围规定的除外。

③ 校、幼儿园、医院等以公益为目的的事业单位、社会团体、民办非企业单位的教育设施、医疗卫生设施和其他社会公益设施。

④ 所有权、使用权不明或者有争议的财产。

⑤ 依法被查封、扣押、监管的财产。

⑥ 依法定程序确认为违法、违章的建筑物。

⑦ 法律、行政法规规定禁止流通的财产或者不可转让的财产。

⑧ 经设区的市、自治州以上税务机关确认的其他不予抵押的财产。

抵押办理程序如下。

（1）填写抵押担保书和纳税担保财产清单。

纳税担保书应当包括担保的纳税人应缴纳的税款及滞纳金数额、期限、抵押物的名称和数量等信息，以及抵押担保的范围及担保责任等。纳税担保财产清单应当写明财产价值以及相关事项。纳税担保书和纳税担保财产清单须经纳税人签字盖章并经税务机关确认。

（2）提供有关部门出具的抵押登记的证明及其复印件。纳税抵押自抵押物登记之日起生效。

抵押期间，经税务机关同意，纳税人可以转让已办理登记的抵押物，并告知受让人转让物已经抵押的情况。纳税人转让抵押物所得的价款，应当向税务机关提前缴纳所担保的税款、滞纳金。超过部分归纳税人所有，不足部分由纳税人缴纳或提供相应的担保。

（3）抵押财产的处理。

① 当抵押物灭失、毁损或者被征用，若担保的纳税义务履行期未满，税务机关可以要求将保险金、赔偿金或补偿金等作为担保财产。若担保的纳税义务履行期满，税务机关可要求优先受偿，抵缴税款、滞纳金。

② 纳税人在规定的期限内未缴清税款、滞纳金的，税务机关应当依法拍卖、变卖抵押物，变价抵缴税款、滞纳金。

③ 纳税担保人以其财产为纳税人提供纳税抵押担保的，按照纳税人提供抵押担保的规定执行。

④ 纳税人在规定的期限届满未缴清税款、滞纳金的，税务机关应当在期限届满之日起15日内书面通知纳税担保人。纳税担保人需自收到纳税通知书之日起15日内缴纳担保的税款、滞纳金。若纳税担保人逾期未履行其担保责任，由税务机关责令其限期在15日内缴纳；逾期仍未缴纳

的，经县以上税务局（分局）局长批准，税务机关依法拍卖、变卖抵押物，抵缴税款、滞纳金。

8.6.3 纳税质押

纳税质押是指经税务机关同意，纳税人或纳税担保人将其动产或权利凭证移交税务机关占有，将该动产或权利凭证作为税款及滞纳金的担保。纳税人逾期未缴清税款及滞纳金的，税务机关有权依法处置该动产或权利凭证以抵缴税款及滞纳金。纳税质押分为动产质押和权利质押。

动产质押包括现金以及其他除不动产以外的财产提供的质押。权利质押包括汇票、支票、本票、债券、存款单等权利凭证提供的质押。

1. 动产质押

纳税人以动产提供质押担保的，应当填写纳税担保书和纳税担保财产清单并签字盖章。纳税质押自纳税担保书和纳税担保财产清单经税务机关确认和质押物移交之日起生效。

2. 权利质押

纳税人以汇票、支票、本票、公司债券出质的，税务机关应当于纳税人背书清单上记载“质押”字样。以存款单出质的，应由签发的金融机构核押。若兑现日期先于纳税义务履行期或者担保期的，兑现的价款用于缴纳或者抵缴所担保的税款及滞纳金。

3. 交通运输业质押的处理

（1）纳税担保人以其动产或财产权利为纳税人提供纳税质押担保的，按照纳税人提供质押担保的规定执行。

（2）纳税人在规定的期限内未缴清税款、滞纳金的，税务机关应当在期限届满之日起 15 日内书面通知纳税担保人。纳税担保人应自收到纳税通知书之日起 15 日内缴纳担保的税款、滞纳金。

（3）若纳税担保人逾期缴纳所担保的税款、滞纳金，由税务机关责令限期在 15 日内缴纳；缴清税款、滞纳金的，税务机关自缴清之日起 3 个工作日内返还质押物、解除质押关系；逾期仍未缴纳的，经县以上税务局（分局）局长批准，税务机关依法拍卖、变卖质押物，抵缴税款、滞纳金。

8.6.4 法律责任

（1）纳税人、纳税担保人采取欺骗、隐瞒等手段提供担保的，由税务机关处以 1 000 元以下的罚款；属于经营行为的，处以 10 000 元以下的罚款。

（2）非法为纳税人、纳税担保人实施虚假纳税担保提供方便的，由税务机关处以 1 000 元以下的罚款。

（3）纳税人采取欺骗、隐瞒等手段提供担保，造成应缴税款损失的，由税务机关处以未缴、少缴税款 50% 以上 5 倍以下的罚款。

（4）税务机关负有妥善保管质押物的义务。因保管不当而带来损失的，税务机关应当对直接损失承担赔偿责任。

本章小结

税收征收管理法是有关税收征收管理法律规范的总称，包括税收征收管理法及税收征收管理的有关法律、法规和规章。其立法目的是为了加强税收征收管理，规范税收征收和缴纳行为，保障国家税收收入，保障纳税人的合法权益，促进经济和社会发展。本章具体介绍了交通运输业的税务管理、税款征收、税务检查、法律规范和纳税担保这几方面内容。

主要法律依据

[1]《中华人民共和国税收征收管理法》（第九届全国人民代表大会常务委员会）。成文日期：2001 年 04 月 28 日。

[2]《中华人民共和国税收征收管理法实施细则》（中华人民共和国国务院令第 362 号）。成文日期：2002 年 09 月 07 日。

[3]《中华人民共和国刑法》（中华人民共和国主席令第 83 号）。成文日期：1997 年 03 月 14 日。

[4]《国家税务总局关于修改〈税务登记管理办法〉的决定》（国家税务总局令第 36 号）。成文日期：2014 年 12 月 27 日。

[5]《国务院办公厅关于加快推进“五证合一、一照一码”登记制度改革的通知》（国办发〔2016〕53 号）。成文日期：2016 年 06 月 30 日。

习　题

一、思考题

1. 税收征管理法的目的是什么？
2. 税收征管理法遵守的主体是什么？
3. 纳税申报包括什么内容？
4. 采取税收保全措施的法定程序是什么？
5. 税款征收的原则有哪些？
6. 纳税申报有哪几种方式？
7. 纳税担保范围是什么？

二、单项选择题

1. 因纳税人住所、经营地址迁移而改变原主管税务机关的，要向原登记机关办理（　　）。

A. 外出经营报验登记　　B. 停业登记

C. 注销登记　　D. 变更登记

2. 纳税人停业期满未按期复业又不申请延长停业的，税务机关应当视为（　　）。

A. 自动注销税务登记

B. 已恢复营业，实施正常的税收管理

C. 自动延长停业登记

D. 纳税人已自动接受罚款处理

3. 因纳税人、扣缴义务人计算等失误、未缴或者少缴税款的，税务机关在 3 年内可以追征税款、滞纳金；有特殊情况的，可（　　）。

A. 只追征税款不加收滞纳金

B. 将追征期延长到 10 年

C. 将追征期延长到 5 年

D. 处以 2 000 元以上 1 万元以下的罚款

4. 下列各项关于纳税申报管理的表述中，正确的是（　　）。

A. 扣缴人不得采取邮寄申报的方式

B. 纳税人在纳税期内没有应纳税款的，不必办理纳税申报

C. 实行定期定额缴纳税款的纳税人可以实行简易申报、简并征期等申报纳税方式

D. 主管税务机关根据纳税人实际情况及其所纳税种确定的纳税申报期限不具有法律效力

5. 对下列企业或个人，税务机关可以采取税收保全措施的是（　　）。

A. 扣缴义务人

B. 纳税担保人

C. 从事经营的交通运输业纳税人

D. 非从事经营的交通运输业纳税人

6. 税务机关采取税收保全措施的期限，一般不得超过 6 个月，重大案件需要延长的，应报经批准。有权批准的税务机关是（　　）。

A. 县级税务局　　B. 市级税务局

C. 省级税务局　　D. 国家税务总局

7. 下列关于税收强制执行措施的表述中，正确的是（　　）。

A. 税收强制执行措施不适用于扣缴义务人

B. 作为家庭唯一代步工具的轿车，不在税收强制执行的范围之内

C. 税务机关采取强制执行措施时，可对纳税人未缴纳的滞纳金同时强制执行

D. 税务机关可对未按期缴纳工薪收入个人所得税的个人实施税收强制执行措施

8. 根据《中华人民共和国税收征收管理法》规定，扣缴义务人应扣未扣、应收未收税款的，由税务机关向纳税人追缴税款，对扣缴义务人处一定数额的罚款。其罚款限额是（　　）。

A. 2 000 元以下

B. 200 元以上 5 000 元以下

C. 应扣未扣、应收未收税款 50% 以上 3 倍以下

D. 应扣未扣、应收未收税款 50% 以上 5 倍以下

9. 纳税担保人未按照规定的期限缴纳所担保的税款、滞纳金的，由税务机关责令限期在（　　）日内缴纳；逾期仍未缴纳的，经县以上税务局（分局）局长批准，税务机关依法拍卖、变卖抵押物，抵缴税款、滞纳金。

A. 10　　B. 15

C. 30　　D. 45

10. 某城市税务分局对辖区内一家内资企业进行税务检查时，发现该企业故意少缴增值税 58 万元，遂按相关执法程序对该企业做出补缴增值税、城市维护建设税和教育费附加、地方教育附加并加收滞纳金（滞纳时间 50 天）和罚款（与税款等额）的处罚决定。该企业于当日接受了税务机关的处罚，补缴的增值税、城市维护建设税及滞纳金、罚款合计为（　　）元。

A. 1 215 100　　B. 1 216 115

C. 1 241 200　　D. 1 256 715

三、多项选择题

1. 对纳税人的（　　）行为，税务机关可以无限期追征其税款、滞纳金。

A. 偷税

B. 抗税

C. 骗取出口退税

D. 明显的笔误造成少缴、未缴税款的

2. 纳税人应办理变更税务登记的情形有（　　）。

A. 纳税人改变名称

B. 纳税人改变隶属关系

C. 纳税人改变经营地址而改变原主管税务机关的

D. 纳税人银行账号改变

3. 关于税务登记中停业复业登记的正确表述为（　　）。

A. 适用于代扣代缴征收方式的纳税人

B. 纳税人的停业期限不得超过一年

C. 纳税人应当于恢复经营之前，向税务机关提出复业登记申请

D. 由省级税务机关负责办理

4. 下列纳税申报方式中，符合税收征收管理法规定的有（　　）。

A. 直接申报　　B. 口头申报　　C. 网上申报　　D. 邮寄申报

5. 下列各项中，税务机关可以采取"核定征收"方式征税的有（　　）。

A. 擅自销毁账簿或者拒不提供纳税资料的

B. 企业开业初期、经营尚未正规的

C. 企业财务会计管理人员严重不足的

D. 纳税人申报的计税依据明显偏低，又无正当理由的

6. 下列关于税务机关实施税收保全措施的表述中，正确的有（　　）。

A. 税收保全措施仅限于从事经营活动的交通运输业纳税人

B. 只有在事实全部查清，取得充分证据的前提下才能进行

C. 冻结纳税人的存款时，其数额要以相当于纳税人应纳税款的数额为限

D. 个人及其扶养家属维持生活必需的住房和用品，不在税收保全措施的范围之内

7. 纳税担保是指经税务机关同意，为纳税人应当缴纳的税款及滞纳金提供担保的行为。纳税担保范围包括（　　）。

A. 税款　　B. 滞纳金

C. 罚款　　D. 实现税款、滞纳金的费用

8. 下列各项中，可以作为纳税抵押财产的有（　　）。

A. 抵押人所有的房屋

B. 抵押人拥有的土地所有权

C. 抵押人依法被查封的财产

D. 抵押人所有的交通运输工具

9. 某房地产开发企业被税务机关要求提供纳税担保，该企业拥有的下列资产中，可以用作纳税抵押品的有（　　）。

A. 小轿车　　B. 写字楼

C. 库存钢材　　D. 土地所有权

10. 下列各项中，能够表明法人或其他经济组织满足纳税担保能力要求的有（　　）。

A. 未曾因偷漏税款被税务机关处罚

B. 上年缴纳的税款超过担保税额及滞纳金 3 倍以上

C. 财务报表资产净值超过需要担保的税额及滞纳金 2 倍以上

D. 可处分的未设置担保的财产价值超过需要担保的税额及滞纳金

参考文献

[1] 中国注册会计师协会. 税法［M］. 北京：经济科学出版社，2017.

[2] 东奥会计在线. 2017年注册会计师全国统一考试辅导教材［M］. 北京：北京大学出版社，2017.

[3] 全国税务师职业资格考试教材编写组. 税法Ⅱ［M］. 北京：中国税务出版社，2016.

[4] 全国税务师职业资格考试教材编写组. 涉税服务实务［M］. 北京：中国税务出版社，2016.

[5] 李晓红. 税法［M］. 北京：清华大学出版社，2013.

[6] 王冬梅. 税收理论与实务［M］. 3版. 北京：清华大学出版社，2014.

[7] 刘颖. 注册会计师考试应试指导及全真模拟测试税法［M］. 北京：北京大学出版社，2016.

[8] 庄粉荣. 企业所得税检查应对技巧［M］. 北京：机械工业出版社，2011.

[9] 戴琼. 企业纳税风险管控与纳税评估案例［M］. 上海：立信会计出版社，2013.

[10] http://www.chinatax.gov.cn/index.html.

[11] http://www.tax.sh.gov.cn/pub/.